Level

5

초등영문법

문장

의

원리

Final

실전 테스트

구성과 특징

▶ 영어 문장의 핵심 원리를 익혀, 실전 문제 풀이까지 자신 있게!

〈초등영문법 문장의 원리 5〉는 중학교에 가기 전, 초등학생이 꼭 알아야 할 문장의 핵심 원리를 담은 책이에요.
〈문장의 핵심 원리 학습 ➡ Exercise로 실력 다지기 ➡ 실전 Test ➡ Workbook으로 복습〉의 4단계로 학습해요.
핵심 개념을 공부한 후 다양한 문제를 풀면서 영문법에 대한 자신감을 키워보세요!

1 Key Principle Learning

문장의 핵심 원리 익히기

〈문장의 원리 5〉에서는 초등학생이 알아야 할 영어 문장의 핵심 원리를
정리했어요. 〈문장의 원리 1~4〉에서 공부한 주요 내용을 큰 개념에 따
라 Day로 나누었으므로 빠르고 체계적으로 공부하세요.

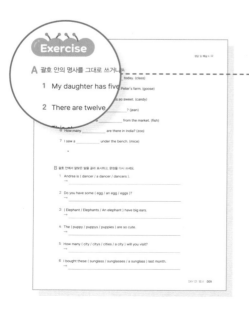

2 Focus on Training

연습 문제로 실력 다지기

공부한 핵심 원리를 집중적으로 다루는 연습 문제를 풀어보세요. 생생
한 표현이 담긴 문장을 통해, 배운 개념을 충분히 복습하면서 실력을
다져보세요.

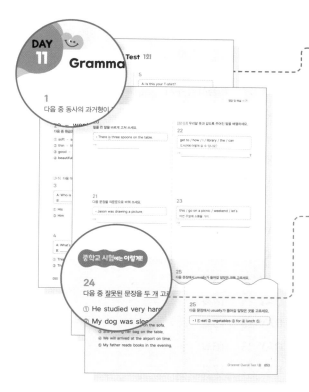

3 Overall Review

실전 종합 문제로 테스트하기

앞에서 공부한 개념을 골고루 섞은 Grammar Overall Test를 풀어보
세요. 시험에 어떤 문법과 유형이 나오더라도 자신 있게 맞힐 수 있도록
객관식 문제는 물론, 다양한 서술형 문제를 접해보세요.

▶ 중학교 시험에는 이렇게!

실제 중학교 시험에 출제된 문제 유형을 살펴볼 수 있어요. 중학교 수준의
문제를 풀면서 도전 의식을 기르고, 공부 방향도 점검해보세요.

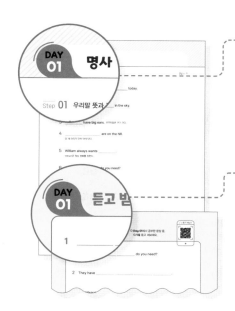

4 Making Sentences

통문장 만들기 완성!

본책에서 배운 핵심 원리가 적용된 문장을 반복해서 익혀보세요.
〈알맞은 것 고르기 ➡ 빈칸 채우기 ➡ 틀린 곳 고치기 ➡ 바르게 배열
하기 ➡ 통문장 쓰기〉의 과정을 거치며 실력을 완성하세요!

▶ 듣고 받아쓰기

Day마다 10문장씩 듣고 받아쓰기를 해보세요.
핵심 표현과 어휘, 덩어리로 쓰는 말, 잘못 듣기 쉬운 단어를 주의 깊게
듣고 쓰면서 하루 학습을 완벽히 마무리하세요.

차례 😊

Chapter 1 Grammar Point

DAY 01	명사	008
DAY 02	대명사	012
DAY 03	be동사	016
DAY 04	일반동사	020
DAY 05	시제	024

DAY 06	조동사	028
DAY 07	형용사와 부사	032
DAY 08	비교 표현	036
DAY 09	전치사와 접속사	040
DAY 10	다양한 문장 형태	044

Chapter 2 Grammar Overall Test

DAY 11	1회	050
DAY 12	2회	054
DAY 13	3회	058
DAY 14	4회	062
DAY 15	5회	066
DAY 16	6회	070
DAY 17	7회	074
DAY 18	8회	078
DAY 19	9회	082
DAY 20	10회	086

DAY 21	11회	090
DAY 22	12회	094
DAY 23	13회	098
DAY 24	14회	102
DAY 25	15회	106
DAY 26	16회	110
DAY 27	17회	114
DAY 28	18회	118
DAY 29	19회	122
DAY 30	20회	126
▶ 일반동사 불규칙 변화		130

별책 Workbook / 정답 및 해설

▶ 초등영문법 문장의 원리 LEVEL 1~4에서 공부하는 내용

LEVEL 1	LEVEL 2	LEVEL 3	LEVEL 4
1. 문장의 구성	1. 일반동사(1)	1. 의문사(1)	1. 과거진행형
2. 명사(1)	2. 일반동사(2)	2. 의문사(2)	2. 미래(1)
3. 명사(2)	3. 형용사	3. There is[are] ~	3. 미래(2)
4. 관사	4. 기수와 서수	4. be동사의 과거	4. 비교급
5. 대명사(1)	5. some, any, every, all	5. 일반동사의 과거	5. 최상급
6. 대명사(2)	6. 부사	6. 조동사(1)	6. 접속사
7. be동사(1)	7. 현재진행형	7. 조동사(2)	7. 부가의문문
8. be동사(2)	8. 전치사	8. 명령문, 청유문, 감탄문	8. 다양한 의미의 It is ~

학습 계획표

Chapter 1 · Grammar Point

DAY		내용	학습 날짜
01	명사	• 셀 수 있는 명사 • 복수형 – 규칙 변화 • 복수형 – 불규칙 변화 • 셀 수 없는 명사 및 수량 표현	/
02	대명사	• 인칭대명사 • 명사의 소유격과 소유대명사 • this/that • it • 비인칭 주어 it	/
03	be동사	• 주어와 be동사 • 부정문 • 의문문 • 의문사 있는 의문문	/
04	일반동사	• 주어와 일반동사 • 부정문 • 부가의문문 • 의문문 • 의문사 있는 의문문	/
05	시제	• 일반동사의 과거형 • 일반동사 과거 부정문 • 일반동사 과거 의문문 • 현재진행형/과거진행형 • 진행형의 부정문/의문문	/
06	조동사	• will • can • may • must • 의문문	/
07	형용사와 부사	• 형용사 • 수량 형용사 • 부사 • 빈도부사	/
08	비교 표현	• 비교급/최상급 만들기 • 비교급+than • 최상급 • 원급 비교	/
09	전치사와 접속사	• 위치, 장소, 방향 전치사 • 시간, 수단, 목적 전치사 • 접속사 and, but, or, because • 시간을 나타내는 before, after	/
10	다양한 문장 형태	• There is/are ~ • 명령문 • 청유문 • What/How 감탄문	/

Chapter 2   Grammar Overall Test

DAY	내용	학습 날짜	DAY	내용	학습 날짜
11	1회	/	21	11회	/
12	2회	/	22	12회	/
13	3회	/	23	13회	/
14	4회	/	24	14회	/
15	5회	/	25	15회	/
16	6회	/	26	16회	/
17	7회	/	27	17회	/
18	8회	/	28	18회	/
19	9회	/	29	19회	/
20	10회	/	30	20회	/

CHAPTER

1

Grammar Point

DAY 01	명사	DAY 06	조동사
DAY 02	대명사	DAY 07	형용사와 부사
DAY 03	be동사	DAY 08	비교 표현
DAY 04	일반동사	DAY 09	전치사와 접속사
DAY 05	시제	DAY 10	다양한 문장 형태

명사

1 셀 수 있는 명사

· 명사는 셀 수 있는 것과 셀 수 없는 것으로 구분합니다. 셀 수 있는 명사가 하나(단수)일 때는 a(n)를 붙이고, 두 개 이상 (복수)일 때는 +(e)s를 붙입니다. ◐ [참고] 언급된 것 또는 유일한 것에는 the를 붙입니다.

❶ [단수] There is **an eagle** in the sky. 하늘에 독수리 한 마리가 있다. ◐ eagle이 모음으로 시작하므로 an을 붙입니다.

❷ [복수] The jacket has three **pockets**. 그 재킷에는 주머니가 세 개 있다.

2 복수형 – 규칙 변화

명사 대부분	+s	pens, legs, flowers	자음 + -o	+es	tomatoes, potatoes
-s, -x, -ch, -sh	+es	buses, boxes, matches, dishes	모음 + -o	+s	radios, zoos
			자음 + -y	-y → i+es	babies, candies
-f(e)	-f(e) → v+es	leaves, knives	모음 + -y	+s	boys, toys

◐ 예외: roofs (O), rooves (X) / pianos (O), pianoes (X) / photos (O), photoes (X) 등

❶ Pass me the **dishes**, please. 그 접시들을 제게 건네주세요.

❷ How many **knives** do you need? 너는 칼이 얼마나 많이(몇 개가) 필요하니?

3 복수형 – 불규칙 변화

모음이 바뀌는 경우	• foot → feet • tooth → teeth • man/woman → men/women
형태가 바뀌는 경우	• child → children • mouse → mice • ox → oxen
단수형 = 복수형	• sheep → sheep • deer → deer • fish → fish
복수형으로 쓰는 명사	• pants • jeans • scissors

❶ Some **women** make baskets. 여자들 몇 명은 바구니를 만든다.

❷ Three **sheep** are on the hill. 양 세 마리가 언덕 위에 있다. ◐ sheeps (X)

4 셀 수 없는 명사 및 수량 표현

· 눈에 보이지 않는 것, 사람·나라·지역 이름에는 a(n)를 붙이지 않습니다.

· 정해진 형태가 없는 명사는 담는 용기나 세는 단위로 수량을 나타냅니다. ◐ 셀 수 없는 것을 여러 개로 나타낼 때: 단위를 복수형으로!

a cup of	~ 한 컵	coffee, tea	a piece of	~ 한 조각	cake, cheese, paper
a glass of	~ 한 잔	milk, juice, water	a slice of	~ 한 조각[장]	pizza, cheese
a bottle of	~ 한 병	juice, water, shampoo	a sheet of	~ 한 장	paper
a bowl of	~ 한 그릇	rice, cereal	a loaf of	~ 한 덩어리	bread, meat
a carton of	~ 한 통[곽]	milk, juice	a bar of	~ 한 개	soap, chocolate

❶ **William** always wants **peace**. William은 항상 평화를 원한다. ◐ A William (X), peaces (X)

❷ I have **two loaves of bread**. 나는 빵 두 덩어리가 있다. ◐ two loaf of breads (X), two loaves of breads (X)

A 괄호 안의 명사를 그대로 쓰거나 형태를 바꿔 쓰세요.

1 My daughter has five _____ today. (class)

2 There are twelve _____ at Peter's farm. (goose)

3 This strawberry _____ is so sweet. (candy)

4 Does he wear these old _____? (jean)

5 The truck carries the _____ from the market. (fish)

6 How many _____ are there in India? (zoo)

7 I saw a _____ under the bench. (mice)

B 괄호 안에서 알맞은 말을 골라 표시하고, 문장을 다시 쓰세요.

1 Andrea is (dancer / a dancer / dancers).
   → _____

2 Do you have some (egg / an egg / eggs)?
   → _____

3 (Elephant / Elephants / An elephant) have big ears.
   → _____

4 The (puppy / puppys / puppies) are so cute.
   → _____

5 How many (city / citys / cities / a city) will you visit?
   → _____

6 I bought these (sunglass / sunglasses / a sunglass) last month.
   → _____

C 괄호 안에서 알맞은 말을 고르세요.

1 My parents bought (a / an) new refrigerator last week.

2 She drank (two coffees of cup / two cups of coffee) yesterday.

3 Ms. Collins needs four different (toy / toys / toies) for her kids.

4 There are three blue (bus / buses) at the bus stop.

5 Do you see the beautiful (leaves / leafs) on the tree?

6 Why do you need (bag of a flour / a bag of flour)?

7 You can use my (scissors / scissor). I'll borrow them to you.

8 My son drinks (a carton of milk / carton of a milk) every day.

D 빈칸에 알맞은 말을 [보기]에서 골라 쓰세요. (필요시 형태를 바꾸고, 한 번씩만 사용할 것)

> **보기**
>
> glass   bag   loaf   jar   bowl   bar   slice

1 I need six _____ of cheese to make sandwiches.
나는 샌드위치를 만들기 위해 치즈 여섯 장이 필요하다.

2 He made two _____ of apple jam at home. 그는 집에서 사과잼 두 병을 만들었다.

3 Can I buy some _____ of meat here? 제가 여기서 고기 몇 덩어리를 좀 살 수 있을까요?

4 A _____ of cold water is enough for me. 차가운 물 한 잔이면 나에게는 충분해.

5 The guy wants a _____ of delicious soup. 그 남자는 맛있는 수프 한 그릇을 원한다.

6 They have three _____ of salt. 그들은 소금 세 봉지를 가지고 있다.

7 I will give her four _____ of nice soap. 나는 그녀에게 좋은 비누 네 개를 줄 거야.

Word Test

DAY 01에 나온 단어입니다. 영어는 우리말로, 우리말은 영어로 바꿔 써보세요.

1 eagle

_____

2 leaf

_____

3 시합, 대결; 성냥

_____

4 ox

_____

5 hill

_____

6 cereal

_____

7 비누

_____

8 peace

_____

9 loaf

_____

10 carry

_____

11 bench

_____

12 puppy

_____

13 도시

_____

14 month

_____

15 refrigerator

_____

16 밀가루

_____

17 carton

_____

18 (입구가 큰) 병

_____

19 bowl

_____

20 enough

_____

☆ **Answers**

1 독수리 **2** 잎 **3** match **4** 황소 **5** 언덕 **6** 시리얼, 곡물 **7** soap **8** 평화 **9** 덩어리 **10** 나르다
11 벤치, 긴 의자 **12** 강아지 **13** city **14** 달, 월 **15** 냉장고 **16** flour **17** 통, 곽 **18** jar **19** 그릇 **20** 충분한

대명사

1 인칭대명사

• 사람 · 사물을 가리키며, 주격(~은/는), 소유격(~의), 목적격(~을/를, ~에게), 소유대명사(~의 것)로 구분합니다.

	수	주격	소유격	목적격	소유대명사	수	주격	소유격	목적격	소유대명사
1인칭		I	my	me	mine		we	our	us	ours
2인칭		you	your	you	yours		you	your	you	yours
3인칭	단수	he	his	him	his	복수	they	their	them	theirs
		she	her	her	hers					
		it	its	it	·					

2 명사의 소유격과 소유대명사

• 일반 명사 또는 사람 이름에 's를 붙이면 '~의/~의 것'이라는 뜻입니다.

❶ This house is my **parents'** (house). 이 집은 나의 부모님의 것(= 집)이다. ◐ s로 끝나면 '만 붙여요.

❷ The book on the desk is **Jenny's** (book). 책상 위에 있는 책은 Jenny의 것(= 책)이다.

3 this/that

• this(이것)와 that(저것)은 단수형이며, 복수형은 각각 these와 those입니다.

❶ **This** is Amy's backpack and **that** is mine. 이것은 Amy의 배낭이고, 저것은 나의 것이다.

❷ Look at **those** pictures. 저 그림들을 봐. ◐ 명사 앞에서 명사를 수식하기도 합니다. (지시형용사)

4 it

• 앞에서 언급한 특정한 단수 명사를 가리킬 때 it(그것)을 쓰며, 복수일 때는 they/them을 씁니다.

❶ I have a pencil. **It** is expensive. 나는 연필 하나를 가지고 있다. 그것은 비싸다.
　　◐ 복수일 때는 'I have pencils. They are expensive.'

5 비인칭 주어 it

• 날짜, 요일, 날씨, 시간, 거리 등을 나타내며, 이때 it은 해석하지 않습니다. ◐ '그것'(x)

❶ What's the date? 며칠이니? — **It**'s June 24th. 6월 24일이야.
　　◐ 요일을 물을 때는 'What day is it?'

❷ How's the weather? 날씨가 어때? — **It**'s sunny. 맑아.

❸ **It**'s far from here. 여기서 멀어.

A 괄호 안에서 알맞은 말을 고르세요.

1 (It / That) is summer in Korea. 한국은 여름이다.

2 (These / This) salad looks delicious. 이 샐러드는 맛있어 보인다.

3 (That / Those) boy bought a red T-shirt. 저 소년은 빨간색 티셔츠를 샀다.

4 This is (my / mine) new chair. 이것은 나의 새 의자이다.

5 Those sneakers are (they / theirs). 저 운동화는 그들의 것이다.

B 빈칸에 알맞은 말을 [보기]에서 골라 쓰세요. (대·소문자 구분 없음, 중복 사용 가능)

보기							
we	you	him	our	yours	his	her	my
I	them	me	your	ours	it	its	us

1 The car outside is _____. 밖에 있는 자동차는 우리의 것이다.

2 I gave my sunglasses to _____. 나는 내 선글라스를 그녀에게 주었다.

3 I have an old bike. _____ is my favorite.
나는 오래된 자전거가 하나 있다. 그것은 내가 가장 좋아하는 것이다.

4 What is _____ email address? 그의 이메일 주소는 무엇이니?

5 Mike is _____ friend. Mike는 우리의 친구이다.

6 _____ is time to go to bed. 잠자리에 들 시간이야.

7 Is this watch _____? 이 손목시계는 너의 것이니?

8 How far is _____? 얼마나 머니?

9 Susan told _____ about the house and _____ price.
Susan은 나에게 그 집과 그것의 가격에 대해 말해주었다.

C 밑줄 친 부분을 알맞은 대명사로 바꿔 문장을 다시 쓰세요.

1 <u>Tony and Jim</u> are good friends.

→ _____

2 Those gray gloves are <u>my gloves</u>.

→ _____

3 I met your uncle yesterday and <u>your uncle</u> was very kind.

→ _____

4 <u>You and Jimmy</u> had dinner together.

→ _____

5 A woman is in the park and <u>the woman's</u> hat looks nice.

→ _____

6 <u>Stacy and I</u> are from Canada.

→ _____

D 문장에서 틀린 단어를 찾아 바르게 고쳐 쓰세요.

1 They parents work very hard. 그들의 부모님은 매우 열심히 일하신다.

_____ → _____

2 Why don't you come with our? 우리와 함께 갈래?

_____ → _____

3 Are this your shoes? 이것들은 너의 신발이니?

_____ → _____

4 What time is its now? 지금 몇 시니?

_____ → _____

5 That books are not interesting. 저 책들은 재미없다.

_____ → _____

6 That was Wednesday yesterday. 어제는 수요일이었다.

_____ → _____

Word Test

DAY 02에 나온 단어입니다. 영어는 우리말로, 우리말은 영어로 바꿔 써보세요.

1 parents _____

2 backpack _____

3 그림, 사진 _____

4 expensive _____

5 날짜 _____

6 날씨 _____

7 sunny _____

8 far _____

9 outside _____

10 give _____

11 favorite _____

12 email _____

13 손목시계 _____

14 price _____

15 여름 _____

16 salad _____

17 ~해 보이다 _____

18 delicious _____

19 열심히 _____

20 interesting _____

☆ **Answers**

1 부모 2 배낭, 가방 3 picture 4 비싼 5 date 6 weather 7 (날씨가) 맑은 8 (거리가) 먼 9 밖에(서) 10 주다

11 가장 좋아하는 것; 가장 좋아하는 12 이메일, 전자우편 13 watch 14 가격 15 summer 16 샐러드 17 look 18 맛있는 19 hard 20 재미있는

be동사

1 주어와 be동사

- be동사는 '~이다, ~에 있다'라는 뜻입니다. 현재형은 주어의 인칭과 수에 따라 am, are, is를 씁니다.
- 과거형은 I와 3인칭 단수 주어에는 was를, 나머지에는 모두 were를 씁니다.

수		주어		be동사	줄임말
단수	1인칭	I	·	am	I'm
	2인칭	you	·	are	you're
	3인칭	he / she / it	this / that	is	he's / she's / it's / that's
복수	1, 2, 3인칭	we / you / they	these / those	are	we're / you're / they're

▶ this's / these're / those're로는 쓰지 않아요.

❶ He/Paul **is** a middle school student. 그는/Paul은 중학생이다.

❷ They/The girls **are** at home now. 그들은/그 소녀들은 지금 집에 있다.

2 부정문

- '~이 아니다, ~에 있지 않다'라는 의미의 부정문은 be동사 뒤에 not을 씁니다.

❶ Mina **is not** in the classroom. 미나는 교실에 있지 않다. ▶ is not은 isn't로, are not은 aren't로 쓸 수 있어요.

❷ Those **are not** my books. 저것들은 내 책이 아니다.

3 의문문

- '~이니?, ~에 있니?'라는 의미의 의문문은 주어와 be동사의 순서를 바꿉니다.

❶ **The players are** ready for the game. → **Are the players** ready for the game?
그 선수들은 경기를 위한 준비가 되었다.   그 선수들은 경기를 위한 준비가 되었니?

❷ **That woman is** Eric's sister. → **Is that woman** Eric's sister?
저 여자는 Eric의 누나이다.   저 여자는 Eric의 누나니? ▶ be동사로 시작하는 질문에는 Yes/No로 대답합니다.

4 의문사 있는 의문문

- 의문사는 who(누가), what(무엇을), when(언제), where(어디에), how(어떻게), why(왜)입니다.
- 의문사가 있는 의문문은 「의문사+be동사+주어 ~?」로 씁니다.

❶ **Who** is that guy over there? 저기에 있는 저 남자는 누구니?

❷ **Where** are your red gloves? 너의 빨간색 장갑은 어디에 있니?

❸ A: **Why** is the dog angry? 그 개는 왜 화가 났니?

B: She is angry because someone touched her tail. 그 개는 누군가가 꼬리를 만져서 화가 났어.

▶ 의문사로 시작하는 질문에는 Yes/No로 대답할 수 없어요.

A 다음 빈칸에 is와 are 중 알맞은 것을 쓰세요.

1 The streets _____ not clean in this city.

2 A bottle of olive oil _____ on the shelf.

3 _____ the black car theirs?

4 Why _____ those people sick?

5 Four cups of coffee _____ in the kitchen.

6 Where _____ your pencil case?

7 The eggs in the refrigerator _____ fresh.

B 우리말 뜻과 같도록 괄호 안의 말을 알맞게 배열하세요.

1 (how / in Egypt / the weather / is) 이집트의 날씨는 어떠니?
→ _____?

2 (not / are / your / these / sneakers) 이것들은 너의 운동화가 아니다.
→ _____.

3 (is / best / who / friend / your) 너의 가장 친한 친구는 누구니?
→ _____?

4 (are / triangles / those / small / not) 그 삼각형들은 작지 않다.
→ _____.

5 (of / is / slice / on the dish / a / pizza) 피자 한 조각이 접시 위에 있다.
→ _____.

6 (favorite / your / what / food / is) 네가 가장 좋아하는 음식은 무엇이니?
→ _____?

7 (are / sad / why / the babies) 그 아기들은 왜 슬프니?
→ _____?

C 문장의 주어가 될 수 있는 것을 괄호 안에서 모두 고르세요.

1 [The men / He / They] are not musicians.

2 [An apple tree / Some mice / It] is behind the house.

3 [These / Puppies / Those deer] are so cute.

4 [The maps / That watermelon / These cows] is not ours.

5 [The lights / The leaves / Your hair] are bright green.

6 [That / Brian and Sally / Your answer] is wrong.

D 다음 대화의 빈칸에 알맞은 말을 쓰세요.

1 A: _____ _____ Sophia's birthday? Sophia의 생일은 언제니?

 B: _____ birthday _____ October eleventh. 그녀의 생일은 10월 11일이야.

2 A: _____ _____ the young man next to Jessica? Jessica 옆에 있는 젊은 남자는 누구니?

 B: He _____ Jessica's cousin. 그는 Jessica의 사촌이야.

3 A: _____ that chair expensive? 그 의자는 비싸니?

 B: Yes, it _____. _____ three hundred dollars. 응, 그래. 그것은 300달러야.

4 A: _____ _____ the five little sheep? 그 어린 양 다섯 마리는 어디에 있니?

 B: _____ _____ with their mom. 그들은 그들의 엄마와 함께 있어.

5 A: _____ their son in the swimming pool? 그들의 아들이 수영장에 있니?

 B: No, he _____. _____ _____ in the playground. 아니, 그렇지 않아. 그는 운동장에 있어.

6 A: _____ _____ the weather in winter in your country? 너희 나라에서 겨울 날씨는 어떠니?

 B: It _____ so cold. 매우 추워.

7 A: _____ your brothers in Jeonju now? 너의 형제들은 지금 전주에 있니?

 B: No, _____ _____ _____ in Jeonju now. _____ _____ in
 Daejeon. 아니, 그들은 지금 전주에 있지 않아. 그들은 대전에 있어.

Word Test

DAY 03에 나온 단어입니다. 영어는 우리말로, 우리말은 영어로 바꿔 써보세요.

1 middle school _____

2 classroom _____

3 ready _____

4 화가 난 _____

5 touch _____

6 꼬리 _____

7 street _____

8 clean _____

9 shelf _____

10 신선한, 상쾌한 _____

11 sneakers _____

12 triangle _____

13 slice _____

14 musician _____

15 behind _____

16 수박 _____

17 light _____

18 wrong _____

19 나라 _____

20 playground _____

☆ **Answers**

1 중학교 2 교실 3 준비된 4 angry 5 만지다 6 tail 7 길, 거리, 도로 8 깨끗한 9 선반 10 fresh

11 운동화 12 삼각형, 세모 13 조각, 장 14 음악가 15 ～의 뒤에 16 watermelon 17 빛, 조명 18 틀린, 잘못된 19 country 20 운동장, 놀이터

DAY 04 일반동사

1 주어와 일반동사

- 일반동사는 be동사, 조동사를 제외한 나머지 동사이며, 주어의 동작, 상태를 나타냅니다.
- 주어가 1인칭, 2인칭이거나 복수일 때 현재 시제는 동사원형을 씁니다.
- 주어가 3인칭 단수이고 현재 시제일 때 동사원형에 -s나 -es를 붙입니다.

❶ The children **enjoy** camping near the lake. 그 아이들은 호수 근처에서 캠핑을 즐긴다.
❷ Mr. Green **goes** to work by subway. Green 씨는 지하철을 타고 일하러 간다.

2 부정문

- 주어가 1인칭, 2인칭이거나 복수일 때 현재 시제의 부정문은 「do not[don't]+동사원형」 형태로 씁니다.
- 주어가 3인칭 단수이고 현재 시제일 때 부정문은 「does not[doesn't]+동사원형」 형태로 씁니다.

❶ We **don't know** her e-mail address. 우리는 그녀의 이메일 주소를 알지 못한다.
❷ My father **does not wear** glasses. 나의 아버지는 안경을 쓰지 않는다.

3 부가의문문

- 부가의문문은 평서문을 말한 후, '그렇지 않니?/그렇지?'하고 덧붙여 묻는 것입니다.
- 긍정문이면 부정 「don't[doesn't]+주어(대명사)」로, 부정문이면 긍정 「do[does]+주어(대명사)」로 반대로 씁니다.
  ▶ 부정형은 반드시 축약형으로 쓰고, 주어는 인칭대명사를 씁니다.

❶ You like pizza, **don't you**? 너는 피자를 좋아하지, 그렇지 않니?
❷ Ally doesn't take the math class, **does she**? Ally는 그 수학 수업을 듣지 않아, 그렇지?
  ▶ 대답은 긍정이면 'Yes, she does.'로, 부정이면 'No, she doesn't.'로 하면 됩니다.

4 의문문

- 「Do[Does]+주어+동사원형 ~?」으로 쓰며, Do[Does]는 주어의 수와 인칭에 맞춰 씁니다.

❶ **Do your cats play** with the toy? 너의 고양이들은 그 장난감을 가지고 노니? ▶ 주어(cats)가 복수이므로 Do
❷ **Does David eat** meat? David는 고기를 먹니? ▶ 주어(David)가 3인칭 단수이므로 Does

5 의문사 있는 의문문

- 「의문사+do[does]+주어+동사원형 ~?」으로 쓰며, do[does]는 주어의 수와 인칭에 맞춰 씁니다.

❶ **What does she have** for dinner? 그녀는 저녁으로 무엇을 먹니?
❷ **Who practices** the violin in the music room? 누가 음악실에서 바이올린을 연습하니?
  ▶ Who(누가)가 주어이므로 동사를 practices로 썼어요.

A 괄호 안에서 알맞은 말을 고르세요.

1 He (enjoy / enjoys) jogging in the morning.

2 The girl doesn't (wear / wears) a school uniform.

3 (Do / Does) your grandparents live in Seoul?

4 Her brother has short hair, (does / doesn't) he?

5 When (does Catherine / Catherine does) visit New York?

6 Who (cleans / does clean) the bathroom?

7 What does your friend (prepare / prepares) for the party?

B 우리말 뜻과 같도록 괄호 안의 말을 바르게 배열하세요.

1 (your uncle / late / come / home / does) 너희 삼촌은 집에 늦게 오시니?
→ _____?

2 (Emily / does / to Australia / how / go) Emily는 호주에 어떻게 가니?
→ _____?

3 (deep / looks / so / doesn't / the river / it) 강이 매우 깊어 보여, 그렇지 않니?
→ _____?

4 (go / you / to school / when / do) 너는 학교에 언제 가니?
→ _____?

5 (Ms. Johnson / leave / does / why / early) Johnson 씨는 왜 일찍 떠나니?
→ _____?

6 (this week / where / the women / stay / do) 그 여자들은 이번 주에 어디에서 머무르니?
→ _____?

7 (the name / remembers / of the mobile game / who) 누가 그 모바일 게임의 이름을 기억하니?
→ _____?

C 밑줄 친 부분을 바르게 고쳐 쓰세요. (시제는 모두 현재)

1 The football game <u>start</u> at eight. → _____

2 <u>Who does drink</u> green tea? → _____

3 Your dog Max climbs up the stairs so well, <u>don't</u> he? → _____

4 <u>What you have</u> for breakfast? → _____

5 The tennis coach <u>doesn't has</u> a car. → _____

6 <u>What do Patrick does</u> after school? → _____

D 다음 문장을 괄호 안의 지시대로 바꿔 쓰세요. (시제는 모두 현재)

1 The car runs so fast on the road. (주어를 The buses로)
   → _____

2 Those birds have beautiful feathers. (의문문으로)
   → _____

3 My aunt wears scarf. (부정문으로)
   → _____

4 Your grandmother teaches science at middle school. (부가의문문 추가)
   → _____

5 Do you listen to music every night? (주어를 James로)
   → _____

6 Tiffany needs some new clothes. (What으로 시작하는 의문문으로)
   → _____

7 I use the old cart. (Who로 시작하는 의문문으로)
   → _____

Word Test

DAY 04에 나온 단어입니다. 영어는 우리말로, 우리말은 영어로 바꿔 써보세요.

1 near

_____

2 subway

_____

3 address

_____

4 고기, 육류

_____

5 practice

_____

6 school uniform

_____

7 clean

_____

8 prepare

_____

9 늦게; 늦은

_____

10 깊은

_____

11 leave

_____

12 기억하다

_____

13 green tea

_____

14 climb

_____

15 stair

_____

16 coach

_____

17 road

_____

18 깃털

_____

19 clothes

_____

20 cart

_____

☆ **Answers**

1 ~ 근처에, ~ 가까이에 2 지하철 3 주소 4 meat 5 연습하다 6 교복 7 청소하다; 깨끗한 8 준비하다 9 late 10 deep

11 떠나다 12 remember 13 녹차 14 올라가다 15 계단 16 감독, 코치 17 도로, 길 18 feather 19 옷 20 수레, 카트

시제

1 일반동사의 과거형

- '~했다'라는 과거의 동작, 상태를 나타낼 때, 보통 일반동사의 끝에 -(e)d를 붙입니다.
- -(e)d를 붙이지 않고 불규칙하게 변화하는 동사도 있습니다. ○ p.130 일반동사 불규칙 변화

❶ We **helped** a man two hours ago. 우리는 두 시간 전에 한 남자를 도왔다.
❷ I **studied** hard last week. 나는 지난주에 열심히 공부했다.
❸ He **made** some pancakes. 그는 팬케이크를 좀 만들었다. ○ make에 -(e)d를 붙이지 않고 made로 불규칙 변화
❹ She **put** the magazine on the desk. 그녀는 그 잡지를 책상 위에 놓았다. ○ put(현재) = put(과거) 형태가 같음

2 일반동사 과거 부정문

- 과거 부정문은 주어에 상관없이 「did not[didn't]+동사원형」으로 씁니다.

❶ I/Fred **did not[didn't] buy** the expensive necklace. 나는/Fred는 그 비싼 목걸이를 사지 않았다.

   ○ 주어가 3인칭 단수일 때 did not buys로 쓰지 않도록 주의하세요.

3 일반동사 과거 의문문

- 과거 의문문은 「Did+주어+동사원형 ~?」으로, 의문사를 쓸 때는 「의문사+did+주어+동사원형 ~?」으로 씁니다.

❶ **Did she use** the calendar? 그녀가 그 달력을 사용했니? ○ Did she uses (X), Did she used (X)
❷ **What did you buy** for your son? 당신은 아들을 위해 무엇을 샀나요?
❸ **Who cut** down that tree? 누가 그 나무를 베어냈니? ○ Who가 주어일 때는 바로 뒤에 동사를 씁니다.

4 현재진행형 / 과거진행형: 「be동사+-ing」

- 현재진행형은 「am/are/is+-ing」로, 과거진행형은 「was/were+-ing」로 씁니다.

❶ They **are/were discussing** the problem. 그들은 그 문제를 논의하고 있다/있었다.
❷ He <u>is needing</u> a pen. (×) ○ 좋아함(like), 소유(have), 필요(need, want) 동사는 진행형으로 쓰지 않아요.

5 진행형의 부정문 / 의문문

- 부정문은 「be동사+not+-ing」로 씁니다.
- 의문문은 「be동사+주어+-ing ~?」로 쓰고, 의문사를 쓸 때는 「의문사+be동사+주어+-ing ~?」로 씁니다.

❶ Gloria **is not drawing** a picture. Gloria는 그림을 그리고 있지 않다.
❷ **Are you practicing** tennis? 너는 테니스 연습을 하고 있니?
❸ **Where were they going**? 그들은 어디로 가고 있었니?

A 우리말 뜻과 같도록 괄호 안의 말을 사용해 빈칸을 채우세요.

1 _____ _____ _____ _____ Olivia yesterday? (meet)
너는 어제 어디에서 Olivia를 만났니?

2 _____ _____ here last night? (swim) 누가 어젯밤에 여기서 수영했니?

3 The magic show _____ 30 minutes ago. (begin) 마술쇼가 30분 전에 시작했다.

4 Andrew _____ _____ _____ the ruler on the floor. (drop)
Andrew는 자를 바닥에 떨어뜨리지 않았다.

5 A man _____ _____ shoes near the bus stop. (sell)
한 남자가 버스정류장 근처에서 신발을 팔고 있다.

6 _____ _____ _____ _____ so early? (leave)
왜 James는 그렇게 일찍 떠났니?

B 밑줄 친 동사를 괄호 안의 지시대로 바꿔 쓰세요.

1 My daughter was writing a letter to her friend. (과거로) → _____

2 The cook tasted the soup in the kitchen. (현재진행형으로) → _____

3 My parents collected old coins. (과거진행형으로) → _____

4 Lisa's uncle teaches science at middle school. (과거로) → _____

5 Some goats slept on the hill. (현재진행형으로) → _____

6 The cat catches a spider above the shelf. (과거로) → _____

7 The student smiled at the teacher. (과거진행형으로) → _____

8 The little boy reads English aloud. (과거로) → _____

C 밑줄 친 부분을 바르게 고쳐 문장을 다시 쓰세요.

1 <u>Were your cousin playing</u> soccer after school? 너의 사촌은 방과 후에 축구하고 있었니?
→ _____

2 <u>Did how the monkeys get</u> bananas? 원숭이들이 어떻게 바나나를 얻었니?
→ _____

3 <u>Did Victoria brought</u> her textbook? Victoria는 자기 교과서를 가져왔니?
→ _____

4 The horses <u>did not ate</u> carrots yesterday. 그 말들은 어제 당근을 먹지 않았다.
→ _____

5 <u>Is Ms. Dale and her son shopping</u> at the store? Dale 씨와 그녀의 아들이 가게에서 쇼핑하고 있니?
→ _____

6 <u>Where the women are learning</u> yoga? 그 여자들은 어디에서 요가를 배우고 있니?
→ _____

7 <u>Who did drop</u> these earrings here? 누가 여기에 이 귀걸이를 떨어뜨렸니?
→ _____

8 <u>Why did you</u> doing your homework at Steve's house? 너는 왜 숙제를 Steve의 집에서 하고 있었니?
→ _____

9 <u>What is he cut</u> in the garden now? 그는 지금 정원에서 무엇을 자르고 있니?
→ _____

10 My uncle <u>did send</u> this photo to me last week. 나의 삼촌께서 지난주에 나에게 이 사진을 보내셨다.
→ _____

11 <u>Did when read you</u> that novel? 너는 언제 그 소설을 읽었니?
→ _____

Word Test

DAY 05에 나온 단어입니다. 영어는 우리말로, 우리말은 영어로 바꿔 써보세요.

1 magazine

2 necklace

3 달력

4 discuss

5 problem

6 practice

7 taste

8 과학

9 collect

10 goat

11 잡다, 붙잡다

12 above

13 aloud

14 begin

15 떨어트리다

16 팔다

17 textbook

18 earring

19 보내다

20 novel

☆ **Answers**

1 잡지 2 목걸이 3 calendar 4 논의하다 5 문제(점) 6 연습하다 7 맛보다; 맛 8 science 9 모으다 10 염소
11 catch 12 ~ 위에 13 소리 내어, 크게 14 시작하다 15 drop 16 sell 17 교과서 18 귀걸이 19 send 20 소설

조동사

1 will(~할 것이다): 예정, 의지

- 「주어+will (not)+동사원형」으로 쓰며, will not은 won't로 줄여 쓸 수 있습니다.
- will이 예정을 나타낼 때 be going to와 바꿔 쓸 수 있으며, be동사는 주어의 인칭과 수에 맞춰 씁니다.

❶ Eric **will/will not** learn chess. Eric은 체스를 배울 것이다/배우지 않을 것이다.

❷ She **is going to** finish the work soon. 그녀는 그 일을 곧 끝낼 예정이다. ◑ She에 맞춰 be를 is로 썼어요.

2 can(~할 수 있다): 능력, 가능, 허락

- 「주어+can/cannot+동사원형」으로 쓰며, cannot은 can't로 줄여 쓸 수 있습니다.
- can이 능력을 나타낼 때 be able to로 바꿔 쓸 수 있으며, be동사는 주어의 인칭과 수에 맞춰 씁니다.

❶ The girl **can/cannot** ride a bike. 그 소녀는 자전거를 탈 수 있다/없다.

❷ My sister **is able to** speak Russian. 나의 누나는 러시아어를 말할 수 있다.

3 may(~해도 된다): 허락

- 「주어+may (not)+동사원형」으로 쓰며, 주로 May I ~?(~해도 될까요?) 형태로 씁니다.

❶ You **may** come in. 너는 들어와도 된다.

❷ **May** I use this chair? 이 의자를 사용해도 될까요? — Yes, you **may**. / No, you **may not**.

4 must(~해야 한다): 의무

- 「주어+must (not)+동사원형」으로 쓰며, must를 have to나 should로 바꿔 쓸 수 있습니다.
- should는 '~해야 한다(의무), ~하는 것이 좋다(충고)'라는 뜻이며, must와 have to보다는 약한 느낌입니다.

❶ You **must** pay for the food. 너는 그 음식에 대해 돈을 내야 한다. ◑ = You have to pay for the food.

❷ You **must not** take photos in the gallery. 너는 미술관에서 사진을 찍으면 안 된다.

❸ You **should** eat healthy food. 너는 건강에 좋은 음식을 먹어야 한다/먹는 것이 좋다.

❹ You <u>don't have to</u> read the e-mail. 너는 그 이메일을 읽을 필요가 없다/읽지 않아도 된다.

◑ '~하면 안 된다'가 아니니 유의하세요.

5 의문문

- 의문문은 「조동사+주어+동사원형 ~?」으로 쓰고, 의문사가 있으면 「의문사+조동사+주어+동사원형 ~?」으로 씁니다.

❶ **Will you go** there tomorrow? 너는 내일 거기에 갈 거니? ◑ 의문사가 있을 때: How will you go there? (방법)

❷ **Should I take** off my shoes? 제가 신발을 벗어야 하나요?

A 우리말 뜻과 같도록 괄호 안의 말을 알맞게 배열하세요.

1 (in time / take / they / the bus / cannot) 그들은 제시간에 버스를 탈 수 없다.

➡ _____.

2 (have / those children / early / to / tomorrow / get up) 그 아이들은 내일 일찍 일어나야 한다.

➡ _____.

3 (you / next year / will / another job / find) 너는 내년에 다른 직업을 찾을 거니?

➡ _____?

4 (able / at the station / Mr. Benson / arrive / is / to) Benson 씨가 역에 7시에 도착할 수 있니?

➡ _____ at seven?

5 (exercise / you / regularly / should) 너는 규칙적으로 운동해야 한다.

➡ _____.

B 밑줄 친 부분을 바르게 고쳐 문장을 다시 쓰세요.

1 You <u>not may open</u> the mailbox. 너는 우편함을 열면 안 된다.

➡ _____

2 You <u>should to get</u> there before 6 p.m. 너는 거기에 오후 6시 전에 도착해야 한다.

➡ _____

3 Your friend <u>joins will</u> us tomorrow. 네 친구는 내일 우리와 함께할 거야.

➡ _____

4 <u>Will Emma goes</u> to Leo's birthday party? Emma는 Leo의 생일 파티에 갈 거니?

➡ _____

5 Mark <u>have to finish</u> the work right now. Mark는 그 일을 지금 바로 끝내야 한다.

➡ _____

6 I <u>am able not to play</u> the piano. 나는 피아노를 치지 못한다[칠 수 없다].

➡ _____

Exercise

C 빈칸에 알맞은 말을 각각 골라 써서 문장을 완성하세요.

> have / have to / has / has to   listen / listens
>
> → The boy ___has to___ ___listen___ to his parents. 그 소년은 부모님의 말씀을 들어야 한다.

1 Be / Are / Is   go to visit / going to visit / go to visiting

   → _____ your aunt _____ France next year?
   너희 고모는 내년에 프랑스를 방문하실 예정이니?

2 Will / Wills   trying / try / to try

   → _____ she _____ the song again? 그녀가 그 노래를 다시 시도할까?

3 May / Mays   have / having / have to

   → _____ I _____ your name, please? 이름을 알려주시겠어요?

4 not can / cannot / can   entering / to enter / enter

   → You _____ _____ that building before 9:00.
   너는 9시 전에는 그 건물에 들어갈 수 없다.

5 be / be to / is / are   can kick / to kick / kicks / kick

   → This monkey _____ able _____ a ball. 이 원숭이는 공을 찰 수 있다.

6 must / must not / not must   sleep / to sleep / sleep not

   → You _____ _____ in the classroom. 너는 교실에서 자면 안 된다.

7 have not / have to / don't have to   fill / to fill / filling

   → You _____ _____ the cup with water.
   너는 그 컵에 물을 채울 필요가 없어.

Word Test

DAY 06에 나온 단어입니다. 영어는 우리말로, 우리말은 영어로 바꿔 써보세요.

1 배우다

2 chess

3 끝내다

4 soon

5 ride

6 pay

7 gallery

8 healthy

9 일, 직업

10 find

11 exercise

12 regularly

13 mailbox

14 join

15 내일

16 France

17 다시, 또

18 들어가다

19 kick

20 fill

☆ **Answers**

1 learn 2 체스 3 finish 4 곧 5 타다 6 돈을 내다, 지불하다 7 미술관 8 건강에 좋은, 건강한 9 job 10 찾다

11 운동하다 12 규칙적으로 13 우편함 14 함께하다 15 tomorrow 16 프랑스 17 again 18 enter 19 발로 차다 20 채우다, 채워 넣다

형용사와 부사

1 형용사

- 형용사는 명사 앞에서 명사를 꾸며 줍니다. '～한/～인 명사'로 해석합니다.
- 형용사는 동사 뒤에서 주어를 설명하기도 합니다. 「주어＋동사＋형용사」는 '주어가 ～하다'라고 해석합니다. 이때 동사는 be동사 또는 look, smell, sound, taste, feel 등입니다.

❶ Do you have a **good** idea? 너는 좋은 생각이 있니?

❷ My wife is **busy** this week. 나의 아내는 이번 주에 바쁘다.

❸ You look **sick**. 너 아파 보인다.

❹ This is **my favorite** song. 이것은 내가 가장 좋아하는 노래야. ◉「소유격＋형용사」로 쓸 수 있어요.

2 수량 형용사

- 셀 수 있는 명사의 수(복수) 또는 셀 수 없는 명사의 양(단수)을 나타냅니다.

뜻	형용사	함께 쓰는 명사	수	뜻	형용사	함께 쓰는 명사	수
많은	many	셀 수 ○	복수	약간의, 몇몇의	a few	셀 수 ○	복수
	much	셀 수 ×	단수	거의 없는	few		
	a lot of / lots of	셀 수 ○, × 둘 다 가능 (○일 때: 복수 / ×일 때: 단수)		약간의	a little	셀 수 ×	단수
				거의 없는	little		

◉ all＋단수·복수 / every＋단수

❶ Mike doesn't drink **much** water. Mike는 물을 많이 마시지 않는다. ◉ many water (×)

❷ **A few** ducks are on the river. 오리 몇 마리가 강 위에 있다. ◉ A little ducks (×) / Little ducks '작은' 오리들 (○)

❸ **A lot of** people enjoy fishing. 많은 사람들이 낚시를 즐긴다.

❹ We can see **lots of** snow in winter. 우리는 겨울에 많은 눈을 볼 수 있다.

3 부사

- 부사는 형용사, 동사, 다른 부사, 문장 전체를 꾸밀 수 있으며, 보통 형용사에 -ly를 붙여 만듭니다.

❶ The story ended **happily**. 그 이야기는 행복하게 끝났다. ◉ 동사 ended를 꾸며요.

❷ This is a safely boat. (×) ◉ 부사는 명사를 꾸밀 수 없어요. → a safe boat (○)

4 빈도부사

- 횟수나 정도를 나타내며, always(항상), usually(보통, 주로), often(자주), sometimes(가끔), hardly(거의 ～ 않다), never(전혀 ～ 않다)가 있습니다. 위치는 be동사나 조동사 뒤, 일반동사 앞에 옵니다.

❶ He is **sometimes** late for school. 그는 가끔 학교에 지각한다.

❷ I **hardly** watch sad movies. 나는 슬픈 영화를 거의 보지 않는다. ◉ hard 〔형〕 어려운; 단단한 〔부〕 열심히

A 우리말 뜻과 같도록 괄호 안의 말을 알맞게 넣으세요. (필요시 형태를 바꿀 것)

1 Harry is an _____ man. He _____ tells a lie. (honest, never)
Harry는 정직한 사람이다. 그는 절대 거짓말을 하지 않는다.

2 I have _____ dreams every _____. (badly, nights)
나는 매일 밤 나쁜 꿈을 꾼다.

3 They do _____ work in _____ summer. (a little, rainy)
그들은 비가 오는 여름에는 거의 일을 하지 않는다.

4 There are lots of _____ on the road. We should be _____. (car, carefully)
도로에 차가 많아. 우리는 조심해야 해.

B 밑줄 친 부분이 옳으면 ○를 쓰고, 틀리면 ✕를 쓰고 문장을 고쳐 쓰세요.

1 This <u>largely</u> dinosaur did not live in Korea. 이 커다란 공룡은 한국에 살지 않았다.
→ [　　]: _____

2 David always talks <u>kindly</u> to us. David는 항상 우리에게 친절하게 말한다.
→ [　　]: _____

3 Clara got <u>a lots of honey</u> from her grandparents. Clara는 조부모님으로부터 많은 꿀을 받았다.
→ [　　]: _____

4 My brother <u>hard</u> takes a walk. 나의 형은 산책을 거의 하지 않는다.
→ [　　]: _____

5 Wow, that sounds <u>greatly</u>! 와, 그거 멋지겠는데!
→ [　　]: _____

6 Where did you find <u>these a little</u> balls? 너는 이 작은 공들을 어디에서 찾았니?
→ [　　]: _____

7 The egg <u>smells bad</u>. You should not eat it. 그 달걀은 냄새가 안 좋아. 너는 그것을 안 먹는 게 좋아.
→ [　　]: _____

C 빈칸에 알맞은 말을 각각 골라 써서 문장을 완성하세요.

1 sweet / sweetly → I don't like _____ food.

2 perfect / perfectly → I feel _____ good now.

3 well / good → Tracy dances _____.

4 Lot of / Lots of / A lot   student / students

→ _____ _____ are studying at the library.

5 late / lately   many / much / a few

→ Why are you so _____? We don't have _____ time.

6 high / highly   fastly / fast

→ Basketball players can jump _____ and they can run _____.

D 문장에 들어갈 수 있는 말에 <u>모두</u> 표시하세요.

1 My dog looks (sadly / sleepy / hungry).

2 Do you (often / sometimes / many) send flowers to your mom?

3 I have (lots of / a few / a lot of) paper in my backpack.

4 William knows (some kindly / those nice / my close) friends.

5 Haeundae is (my favorite / a beautifully / a famous) beach in Korea.

6 The kid read (every / all / little) book on the bookshelf.

Word Test

DAY 07에 나온 단어입니다. 영어는 우리말로, 우리말은 영어로 바꿔 써보세요.

1 생각, 아이디어 _____

2 가장 좋아하는 _____

3 fishing _____

4 safe _____

5 hardly _____

6 honest _____

7 lie _____

8 dream _____

9 rainy _____

10 조심하는 _____

11 dinosaur _____

12 take a walk _____

13 smell _____

14 sweet _____

15 늦은; 늦게 _____

16 높은; 높게 _____

17 close _____

18 famous _____

19 beach _____

20 bookshelf _____

☆ **Answers**

1 idea 2 favorite 3 낚시 4 안전한 5 거의 ~ 않다 6 정직한 7 거짓말 8 꿈 9 비가 (많이) 오는 10 careful

11 공룡 12 산책하다 13 냄새[향기]가 나다 14 단, 달콤한 15 late 16 high 17 가까운, 친한 18 유명한 19 해변 20 책장, 책꽂이

비교 표현

1 비교급 / 최상급 만들기

대부분	+ -er / -est	• tall – tall**er** – tall**est**	• fast – fast**er** – fast**est**
-e로 끝남	+ -r / -st	• wise – wise**r** – wise**st**	• nice – nice**r** – nice**st**
「모음 1개+ 자음 1개」로 끝남	자음 하나 더 쓰고 + -er / -est	• big – big**ger** – big**gest** • fat – fat**ter** – fat**test**	• hot – hot**ter** – hot**test**
「자음+y」로 끝남	y를 i로 고치고 + -er / -est	• happy – happ**ier** – happ**iest** • heavy – heav**ier** – heav**iest**	• easy – eas**ier** – eas**iest**
2~3음절	앞에 more/most를 붙임	• famous – **more** famous – **most** famous • expensive – **more** expensive – **most** expensive • beautiful – **more** beautiful – **most** beautiful	
-ly로 끝나는 부사		• slowly – **more** slowly – **most** slowly	
불규칙	• good/well – **better** – **best** • bad – **worse** – **worst**	• many – **more** – **most** • little – **less** – **least**	

2 비교급 + than

• 「비교급+than ….」은 '…보다 더 ～한/하게'를 의미하며, 두 대상을 비교할 때 씁니다.

❶ Cars run **faster than** bikes. 자동차는 자전거보다 더 빨리 달린다.
❷ Her dress is **more beautiful than** that dress. 그녀의 드레스는 저 드레스보다 더 아름답다.

3 최상급

• 최상급은 '가장 ～한/하게'를 의미하며, 앞에 the를 붙입니다.
• 「the+최상급 ～ in/of ….」은 '…(중)에서 가장 ～한/하게'라는 뜻을 나타냅니다.

❶ That was **the best** answer. 그것은 최고의 대답이었다.
❷ Golf is **the most boring** sport for me. 골프는 나에게 가장 지루한 스포츠이다.
❸ He is **the smartest** student **in** my class. 그는 우리 반에서 가장 똑똑한 학생이다.
   ❍ 소유격과 최상급을 함께 쓸 때는 the를 빼야 해요. my best friend 나의 가장 친한 친구 (O) / the my best friend. (X)
❹ Bella arrived **(the) latest**. Bella는 가장 늦게 도착했다. ❍ 부사의 최상급은 the를 생략할 수 있어요.

4 원급 비교

• '～만큼 …한/…하게'를 뜻하며, 비교 대상끼리 거의 같거나 비슷함을 나타냅니다.
• 「as+형용사/부사의 원급+as ～」로 쓰고, 부정문은 「not as+원급+as ～」로 씁니다.

❶ I can finish the work **as quickly as** Tom. 나는 Tom만큼 일을 빨리 끝낼 수 있다.
❷ This lake is **not as deep as** the sea. 이 호수는 바다만큼 깊지 않다.

A 밑줄 친 부분을 바르게 고쳐 쓰세요.

1 Her story is <u>interesting</u> than his story.　　　　→ _____
그녀의 이야기는 그의 이야기보다 더 흥미롭다.

2 This is the <u>expensivest</u> computer in the shop.　　　→ _____
이것은 가게에서 가장 비싼 컴퓨터이다.

3 What is the <u>better</u> painting in this gallery?　　　→ _____
이 미술관에서 최고의 그림은 무엇입니까?

4 John is the <u>more famous</u> student in my class.　　→ _____
John은 우리 반에서 가장 유명한 학생이다.

5 Amy's voice is <u>loud</u> than Ben's.　　　　　　　→ _____
Amy의 목소리는 Ben의 것보다 더 크다.

6 Your coffee is the <u>hotest</u> of the three.　　　　→ _____
너의 커피는 셋 중 가장 뜨겁다.

B 괄호 안의 말을 사용해 비교급 문장을 완성하세요.

1 Sleeping is _____ eating for me. (important)

2 Math is _____ science, isn't it? (easy)

3 These books are _____ those. (cheap)

4 That screen looks _____ this. (bright)

5 The dance contest was _____ the singing contest. (exciting)

6 Your idea is _____ mine. (useful)

7 Esther speaks Chinese _____ me. (well)

8 The toy is not _____ this box. (large)

Exercise

C 괄호 안의 말을 사용해 최상급 문장을 완성하세요.

1 Mr. Harrison is _____ man in his village. (brave)

2 Steve can run _____ in my class. (fast)

3 This plant grows _____ in my garden. (quickly)

4 The second bowl is _____ of the four. (heavy)

5 What is _____ mountain in the world? (high)

6 This is _____ question on the test. (difficult)

7 Jamie works _____ in the office. (hard)

8 It was _____ choice for me. (bad)

D 우리말 뜻과 같도록 괄호 안의 말을 사용해 문장을 완성하세요.

1 Your hair is not _____ mine. (short)
너의 머리는 나의 것만큼 짧지 않다.

2 This cheese is _____ that sandwich. (salty)
이 치즈는 저 샌드위치만큼 짜다.

3 Daniel's notebook is _____ this magazine. (thick)
Daniel의 공책은 이 잡지만큼 두껍지 않다.

4 I always wake up _____ my grandmother. (early)
나는 항상 나의 할머니만큼 일찍 일어난다.

5 Spring in this area is _____ spring in Korea. (warm)
이 지역의 봄은 한국의 봄만큼 따뜻하지 않다.

6 The music festival is _____ the World Cup. (popular)
그 음악 축제는 월드컵만큼 인기가 있다.

Word Test

DAY 08에 나온 단어입니다. 영어는 우리말로, 우리말은 영어로 바꿔 써보세요.

1 아름다운 _____

2 answer _____

3 boring _____

4 smart _____

5 quickly _____

6 lake _____

7 deep _____

8 interesting _____

9 painting _____

10 loud _____

11 중요한 _____

12 cheap _____

13 bright _____

14 contest _____

15 useful _____

16 choice _____

17 (맛이) 짠 _____

18 thick _____

19 area _____

20 festival _____

☆ **Answers**

1 beautiful 2 대답 3 지루한 4 똑똑한, 영리한 5 빨리, 빠르게 6 호수 7 깊은 8 흥미로운, 재미있는 9 그림 10 (소리가) 큰
11 important 12 값싼 13 밝은 14 대회, 경연 15 유용한 16 선택 17 salty 18 두꺼운 19 지역 20 축제

전치사와 접속사

1 위치, 장소, 방향 전치사

위치, 장소	방향
on ~ 위에 above ~ 위에 in ~ 안에 at ~에 under ~ 아래에 below ~ 아래에 around ~ 주위에 out of ~ 밖에 in front of ~ 앞에 behind ~ 뒤에 next to ~ 옆에 between A and B A와 B 사이에	up ~ 위로 down ~ 아래로 to ~으로 into ~ 안으로 out of ~ 밖으로 along ~을 따라서 across ~을 가로질러서 through ~을 통과해서

❶ Your textbooks are **on** the desk. 너의 교과서들은 책상 위에 있다. ◑ 전치사는 명사 앞에 옵니다.

❷ He lives **in** Canada. 그는 캐나다에 산다.

❸ Please take three cups **out of** the box. 컵 세 개를 상자 밖으로 꺼내세요.

2 시간, 수단, 목적 전치사

시간	수단, 목적
at ~에(시각, 시간) in ~에(월, 계절, 연도) on ~에(요일, 날짜)	about ~에 관한 by ~로, ~을 타고 for ~을 위한 with ~와 함께, ~을 가지고 (동반) / ~으로 (수단)

❶ His father died **in** 2022. 그의 아버지는 2022년에 사망했다.

❷ Do you go to school **by** bus? 너는 버스를 타고 학교에 가니? ◑ by a bus (×), by the bus (×)

3 접속사 and, but, or, because

• and(그리고), but(그러나, 하지만), or(또는)는 단어와 단어, 구(말 덩어리)와 구, 문장과 문장을 연결합니다.

• because(~ 때문에)는 이유를 나타내며, 문장과 문장을 연결합니다.

❶ He ate pizza, pasta, **and** Coke. 그는 피자, 파스타, 그리고 콜라를 먹었다. ◑ 셋 이상을 연결할 때는 마지막에만 and를 써요.

❷ Will you go fishing **or** go shopping? 너는 낚시하러 갈래, 아니면 쇼핑하러 갈래?

❸ I didn't eat the cake **because** I was full. 나는 배가 불렀기 때문에 케이크를 먹지 않았다.

　　◑ because 뒤에는 「주어+동사」를 갖춘 문장이 와야 해요. because was full (×), because full (×)

4 시간을 나타내는 before, after

• before(~ 전에)와 after(~ 후에)는 전치사와 접속사로 모두 쓰이며, 접속사일 때는 뒤에 문장이 옵니다.

❶ I brush my teeth **before** I go to bed. 나는 자기 전에 이를 닦는다. ◑ 접속사로 쓰임

❷ We took a walk **after** lunch. 우리는 점심 식사 후에 산책을 했다. ◑ 전치사로 쓰임

❸ Cathy will buy some bread **before** she goes home. Cathy는 집에 가기 전에 빵을 좀 살 것이다.

　　◑ before/after 뒤에는 will을 쓰지 않아요. before she will go home (×)

A 우리말 뜻과 같도록 빈칸에 알맞은 말을 쓰세요.

1 A blue boat is moving _____ the river. 파란색 배 한 대가 강을 가로질러 움직이고 있다.

2 Do you watch TV _____ the evening? 너는 저녁에 TV를 보니?

3 Maya always eats cereals _____ her cute spoon.
Maya는 항상 자신의 귀여운 숟가락으로 시리얼을 먹는다.

4 The shoes factory is _____ the museum. 신발 공장은 박물관 옆에 있다.

5 My parents usually go to work _____ subway. 나의 부모님은 주로 지하철로 출근하신다.

6 Can you borrow me some books _____ Korean history?
한국 역사에 관한 책을 좀 빌려줄 수 있니?

7 We should walk _____ the tunnel. It's faster. 우리는 터널을 통과해 걷는 것이 좋겠어. 그게 더 빨라.

8 Who is that little kid _____ Lena _____ Bill? Lena와 Bill 사이에 있는 저 꼬마 아이는 누구니?

9 Wendy's uncle is making a bigger cage _____ chickens.
Wendy의 삼촌은 닭들을 위해 더 큰 닭장을 만들고 있다.

10 Do you see the bench _____ the library? 도서관 앞의 저 벤치가 보이니?

B 우리말 뜻과 같도록 빈칸에 알맞은 말을 쓰세요.

1 I will call her on Monday _____ Tuesday. 나는 그녀에게 월요일 또는 화요일에 전화할 것이다.

2 He doesn't remember my name _____ we met long ago.
우리가 오래전에 만났기 때문에 그는 내 이름을 기억하지 못한다.

3 The baby ate a lot _____ slept well. 그 아기는 많이 먹고 잘 잤다.

4 We did our best _____ we lost the game. 우리는 최선을 다했지만 경기에서 졌다.

5 Let's take a walk _____ breakfast. 아침 식사 후에 산책을 하자.

C 우리말 뜻과 같도록 <u>틀린</u> 단어를 바르게 고쳐 문장을 다시 쓰세요.

1 A man is going down the hill. 한 남자가 언덕을 오르고 있다.

➡ _____

2 Please knock on the door after you come in. 들어오기 전에 노크해 주세요.

➡ _____

3 What are you going to do in September fifth? 너는 9월 5일에 무엇을 할 거니?

➡ _____

4 The radio program starts on 9 a.m. 그 라디오 프로그램은 오전 9시에 시작한다.

➡ _____

5 You can see lions, giraffes, or zebras in Africa. 너는 아프리카에서 사자와 기린과 얼룩말을 볼 수 있다.

➡ _____

D 우리말 뜻과 같도록 괄호 안의 말을 배열하세요. (반드시 전치사나 접속사를 추가할 것)

1 (should / begins / the game / arrive) 너는 경기가 시작하기 전에 도착해야 해.

➡ You _____ .

2 (coming / you / to the Christmas party / are) 크리스마스 파티에 우리와 함께 가겠니?

➡ _____ us?

3 (a cold / was / last week / caught / so cold / it)
지난주에 매우 추웠기 때문에 나는 감기에 걸렸다.

➡ I _____ .

4 (the first / won / 2021 / prize) Brian의 팀은 2021년에 1등을 차지했다.

➡ Brian's team _____ .

5 (the living room / leave / they / clean / will) 나는 그들이 떠난 후에 거실을 청소할 것이다.

➡ I _____ .

6 (didn't / to the shop / buy / went / anything) 나는 가게에 갔었지만, 아무것도 사지 않았다.

➡ I _____ .

Word Test

DAY 09에 나온 단어입니다. 영어는 우리말로, 우리말은 영어로 바꿔 써보세요.

1 below	**11** tunnel
2 die	**12** call
3 go fishing	**13** remember
4 배부른, 꽉 찬	**14** 지다; 잃다
5 brush	**15** hill
6 move	**16** knock
7 cereal	**17** zebra
8 공장	**18** catch a cold
9 subway	**19** prize
10 역사	**20** 떠나다

☆ **Answers**

1 ~ 아래에 **2** 사망하다, 죽다 **3** 낚시하러 가다 **4** full **5** (이를) 닦다, (머리를) 빗다 **6** 움직이다 **7** 시리얼, 곡물 **8** factory **9** 지하철 **10** history
11 터널 **12** 전화하다, 부르다 **13** 기억하다 **14** lose **15** 언덕 **16** 노크하다 **17** 얼룩말 **18** 감기에 걸리다 **19** 상 **20** leave

다양한 문장 형태

1 There is/are ~

- 「There+be동사+(주어)」는 '~(주어)가 있다'라는 뜻입니다. ❍ There가 주어가 아니라, be동사 뒤의 명사가 주어!
- 주어가 단수이면 is/was를, 복수이면 are/were를 씁니다.
- 부정문(~이 있지 않다/~이 없다)은 be동사 뒤에 not을 씁니다.
- 의문문(~이 있니?)은 「Be동사+there+주어 ~?」로 씁니다.

❶ **There is** a coin on the floor. 바닥에 동전 하나가 있다.

❷ **There is not** any salt in the bottle. 병 안에 소금이 전혀 없다. ❍ There is/are not any + 명사: '~이 전혀 없다'

❸ **Are there** any questions? 질문이 있나요? ❍ 대답은 'Yes, there are. / No, there aren't.'로 합니다.

2 명령문

- '~해라'는 주어 없이 「동사원형」으로 시작하며, '~하지 마라'는 「Don't+동사원형」으로 씁니다. ❍ 원래 주어는 You
- 「명령문, and ....」는 '~해라, 그러면 …할 것이다'라는 뜻입니다.
- 「명령문, or ....」는 '~해라, 그러지 않으면 …할 것이다'라는 뜻입니다.

❶ **Be** careful. 조심해라. ❍ Be careful, will you?(조심해라, 알았지?): 명령문의 부가의문문은 'will you?'를 씁니다.

❷ **Don't** touch me, please. 저를 건드리지 마세요.

❸ **Close** the door, **and** it will be warm. 문을 닫아라, 그러면 따뜻할 거야.

❹ **Hurry** up, **or** you will miss the bus. 서둘러라, 그러지 않으면 너는 그 버스를 놓칠 거야.

3 청유문

- '~하자'는 「Let's+동사원형」, '~하지 말자'는 「Let's not+동사원형」으로 씁니다.

❶ **Let's** eat out, shall we? 외식하자, 그럴래? ❍ 청유문의 부가의문문은 'shall we?'를 씁니다.

❷ **Let's not** talk about him. 그에 대해 얘기하지 말자.

4 What / How 감탄문

- What으로 시작하는 감탄문은 「What+a(n)+형용사+명사(+주어+동사)!」로 씁니다. 복수형/셀 수 없는 명사일 때는 a(n)를 붙이지 않습니다.
- How로 시작하는 감탄문은 「How+형용사/부사(+주어+동사)!」로 씁니다.
  ❍ 감탄문 끝의 「주어+동사」는 생략 가능

❶ **What** a fantastic sky it is! 정말 환상적인 하늘이구나!
  ❍ What a fantastic sky! (「주어(it)+동사(is)」를 함께 생략) / What a fantastic sky is! (x)

❷ **What** big watermelons they are! 정말 큰 수박들이구나!

❸ **How** fast the player runs! 저 선수는 정말 빠르게 달리는구나! ❍ How fast!

A 우리말 뜻과 같도록 괄호 안의 말을 알맞게 배열하세요. (반드시 be동사를 추가할 것)

1 (a lot of / in / offices / there / the building) 건물 안에 많은 사무실이 있다.
→ _____ .

2 (for / any / there / me / chance) 나에게 기회가 좀 있니?
→ _____ ?

3 (a / car accident / there / last Saturday) 지난 토요일에 자동차 사고가 있었다.
→ _____ .

4 (the bookstore / there / customers / at / any) 서점에 손님들이 좀 있니?
→ _____ ?

5 (in / toys / the box / there / many) 상자 안에 많은 장난감들이 있다.
→ _____ .

6 (any / the glass / not / in / there / water) 컵에 물이 전혀 없다.
→ _____ .

B 우리말 뜻과 같도록 괄호 안의 말을 사용해 문장을 완성하세요.

1 _____ _____ the ball. (kick) 공을 차지 마세요.

2 Please _____ me, _____ you will find him. (follow)
저를 따라오세요, 그러면 당신은 그를 찾을 것입니다.

3 _____ _____ lunch together on Sunday. (have) 일요일에 같이 점심 식사하자.

4 _____ quiet in the library. (be) 도서관에서는 조용히 해라.

5 _____ _____ _____ at night, shall we? (swim) 밤에 수영하지 말자, 그럴래?

6 _____ _____ afraid, will you? (be) 두려워하지 마, 알았지?

7 _____ hard, _____ you can't win the game. (try)
열심히 노력해라, 그러지 않으면 너는 경기에서 이길 수 없어.

Exercise

C 우리말 뜻과 같도록 괄호 안의 말을 알맞게 배열하세요.

1 (exciting / is / the match / how) 시합이 정말 흥미진진하구나!

➡ _____ !

2 (they / what / towers / are / high) 정말 높은 탑들이구나!

➡ _____ !

3 (tree / is / old / what / it / an) 정말 오래된 나무구나!

➡ _____ !

4 (are / how / the stories / amazing) 이야기들이 정말 놀랍구나!

➡ _____ !

5 (is / sweet / the ice cream / how) 아이스크림이 정말 달콤하구나!

➡ _____ !

6 (road / a / it / what / dangerous / is) 정말 위험한 도로구나!

➡ _____ !

D 다음 문장을 감탄문으로 바꿔 쓰세요. (주어와 동사를 생략하지 말 것)

1 The kitchen is dirty.

➡ How _____ !

2 Sally is smart.

➡ How _____ !

3 She is a cute girl.

➡ What _____ !

4 The boxes are heavy.

➡ What _____ !

5 The vegetables are fresh.

➡ How _____ !

Word Test

DAY 10에 나온 단어입니다. 영어는 우리말로, 우리말은 영어로 바꿔 써보세요.

1 바닥, 층 _____

2 조심하는 _____

3 touch _____

4 miss _____

5 fantastic _____

6 사무실 _____

7 chance _____

8 accident _____

9 customer _____

10 (발로) 차다 _____

11 find _____

12 따라가다 _____

13 조용한 _____

14 afraid _____

15 tower _____

16 amazing _____

17 dangerous _____

18 더러운 _____

19 무거운 _____

20 fresh _____

☆ **Answers**

1 floor   2 careful   3 건드리다, 만지다   4 놓치다   5 환상적인   6 office   7 기회   8 사고   9 손님, 고객   10 kick

11 찾다, 알아내다   12 follow   13 quiet   14 두려워하는, 걱정하는   15 탑, 타워   16 놀라운, 뛰어난   17 위험한   18 dirty   19 heavy   20 신선한

2

Grammar
Overall Test

DAY 11	Grammar Overall Test 1회	**DAY 21**	Grammar Overall Test 11회
DAY 12	Grammar Overall Test 2회	**DAY 22**	Grammar Overall Test 12회
DAY 13	Grammar Overall Test 3회	**DAY 23**	Grammar Overall Test 13회
DAY 14	Grammar Overall Test 4회	**DAY 24**	Grammar Overall Test 14회
DAY 15	Grammar Overall Test 5회	**DAY 25**	Grammar Overall Test 15회
DAY 16	Grammar Overall Test 6회	**DAY 26**	Grammar Overall Test 16회
DAY 17	Grammar Overall Test 7회	**DAY 27**	Grammar Overall Test 17회
DAY 18	Grammar Overall Test 8회	**DAY 28**	Grammar Overall Test 18회
DAY 19	Grammar Overall Test 9회	**DAY 29**	Grammar Overall Test 19회
DAY 20	Grammar Overall Test 10회	**DAY 30**	Grammar Overall Test 20회

Grammar Overall Test 1회

1

다음 중 동사의 과거형이 <u>잘못된</u> 것을 고르세요.

① go – went
② hit – hit
③ swim – swam
④ lend – lend

2

다음 중 원급과 비교급이 <u>잘못된</u> 것을 고르세요.

① soft – softer
② thin – thinner
③ good – better
④ beautiful – beautifuler

[3-5] 다음 대화의 빈칸에 들어갈 알맞은 말을 고르세요.

3

A: Who is the boy in this picture?
B: _____ is my brother.

① His   ② He
③ Him   ④ These

4

A: What's the date?
B: _____ is September 1st.

① This   ② It
③ That   ④ Those

5

A: Is this your T-shirt?
B: _____ It is Susan's.

① Yes, it is.
② Yes, it isn't.
③ No, it is.
④ No, it isn't.

6

밑줄 친 It[it]의 쓰임이 나머지와 <u>다른</u> 것을 고르세요.

① <u>It</u>'s 2:30.
② What day is <u>it</u> today?
③ <u>It</u>'s my sister's hat.
④ <u>It</u> is cold outside.

7

다음 표를 보고 빈칸에 들어갈 말이 바르게 짝지어진 것을 고르세요.

Name	Height	Age
Jane	150 cm	13
Sue	147 cm	12
Jim	162 cm	15

• Jim is _____ student of the three.
• Sue is _____ than Jane.

① the tallest – younger
② the oldest – youngest
③ older – younger
④ taller – youngest

8

다음 대화의 빈칸에 들어갈 알맞은 말을 고르세요.

A: _____ do you do in your free time?
B: I play soccer with my friends.

① How
② What
③ When
④ Who

9

다음 중 허락을 나타내는 문장을 고르세요.

① I'm going to study science.
② You may sit here.
③ You must not swim in this river.
④ You have to save money.

10

우리말 뜻과 같도록 빈칸에 알맞은 말을 고르세요.

• Michael is the _____ student in our class.
Michael은 우리 반에서 가장 똑똑한 학생이다.

① largest
② most popular
③ smartest
④ most difficult

11

다음 중 밑줄 친 부분과 바꿔 쓸 수 있는 것을 고르세요.

• Jack can play the guitar.

① am going to play
② be able to play
③ is able to play
④ has to play

12

다음 중 밑줄 친 부분이 잘못된 문장을 고르세요.

① Some ladies are cooking.
② We will carry the boxs.
③ Look at the leaves.
④ There are five children in the room.

13

다음 중 빈칸에 들어갈 말이 나머지와 다른 것을 고르세요.

① My birthday is _____ April.
② I was 12 years old _____ 2015.
③ Tim and I are going to meet _____ noon.
④ My grandfather goes for a walk _____ the evening.

14

빈칸에 들어갈 말이 바르게 짝지어진 것을 고르세요.

- Study hard, _____ you can't get a good grade.
- I want to buy the camera, _____ I don't have much money.

① but – or
② but – and
③ and – but
④ or – but

15

다음 문장을 과거진행형으로 바르게 바꾼 것을 고르세요.

- My sister and I cleaned the living room.

① My sister and I am cleaning the living room.
② My sister and I was cleaning the living room.
③ My sister and I were cleaning the living room.
④ My sister and I were cleaned the living room.

16

다음 우리말을 영어로 바르게 옮긴 것을 고르세요.

나는 오늘 학교에 가지 않았다.

① I went not to school today.
② I didn't go to school today.
③ I don't went to school today.
④ I didn't went to school today.

17

밑줄 친 부분의 쓰임이 나머지와 다른 것을 고르세요.

① James is a <u>famous</u> singer.
② I found an <u>old</u> dictionary.
③ I feel <u>cold</u>. Close the door.
④ The baby likes the <u>small</u> ball.

18

다음 빈칸에 들어갈 알맞은 말을 고르세요.

- The movie was not interesting, _____?

① was it
② is it
③ did it
④ isn't this

서술형 대비 문제

19

다음 대화의 빈칸에 알맞은 한 단어를 쓰세요.

A: Were they late for the class?
B: Yes, they _____.

20

밑줄 친 말을 바르게 고쳐 쓰세요.

> • There <u>is</u> three spoons on the table.

→ _____

21

다음 문장을 의문문으로 바꿔 쓰세요.

> • Jason was drawing a picture.

→ _____

22

[22-23] 우리말 뜻과 같도록 주어진 말을 배열하세요.

> get to / how / I / library / the / can
> 도서관에 어떻게 갈 수 있나요?

→ _____ ?

23

> this / go on a picnic / weekend / let's
> 이번 주말에 소풍을 가자.

→ _____ .

중학교 시험에는 이렇게!

24

다음 중 어법상 잘못된 문장을 <u>두 개</u> 고르세요.

① He studied very hard.

② My dog was sleeping on the sofa.

③ She putting her bag on the table.

④ We will arrived at the airport on time.

⑤ My father reads a book in the evening.

25

다음 문장에서 usually가 들어갈 알맞은 곳을 고르세요.

> • I ① eat ② vegetables ③ for ④ lunch ⑤.

Grammar Overall Test 2회

1

다음 중 3인칭 단수형이 <u>잘못된</u> 것을 고르세요.

① fix – fixes

② know – knows

③ wash – washs

④ like – likes

2

다음 중 동사의 -ing형이 <u>잘못된</u> 것을 고르세요.

① die – dieing

② smile – smiling

③ hit – hitting

④ keep – keeping

3

다음 두 문장의 뜻이 같도록 빈칸에 알맞은 말을 고르세요.

• You must follow the rules.
= You _____ follow the rules.

① has to

② have to

③ may

④ are able to

4

다음 중 <u>잘못된</u> 것을 고르세요.

① his teeth

② lots of fish

③ three knifes

④ some sandwiches

[5-8] 다음 빈칸에 들어갈 알맞은 말을 고르세요.

5

• _____ you sleep well last night?

① Are

② Does

③ Will

④ Did

6

• Jack _____ playing the piano at that time.

① was

② does

③ were

④ is

7

• What _____ your favorite subject?

① were

② does

③ did

④ is

8

• There _____ many students in the playground.

① be

② are

③ do

④ is

9

다음 문장을 부정문으로 바르게 바꾼 것을 고르세요.

• I am going to buy the books.

① I not am going to buy the books.

② I am not going to buy the books.

③ I am don't going to buy the books.

④ I do not going to buy the books.

10

다음 중 짝지어진 대화가 어색한 것을 고르세요.

① A: What time is it?
  B: It's 2:30.

② A: What's the date today?
  B: It's Monday.

③ A: When do you exercise?
  B: I exercise in the evening.

④ A: Whose bag is this?
  B: It's my mother's.

11

다음 중 금지를 나타내는 문장을 고르세요.

① You can go now.

② I'm able to speak Korean.

③ You must not be late for class.

④ He will meet her at the beach.

12

다음 중 빈칸에 들어갈 말이 나머지와 다른 것을 고르세요. (시제는 모두 현재)

① My uncle _____ a scientist.

② Susan _____ looking at the stars.

③ Betty and Sam _____ good friends.

④ There _____ an old house.

13

다음 중 밑줄 친 부분이 잘못된 문장을 고르세요.

① My mother doesn't drink much water.

② There are many boxes on the table.

③ I have a lot of homework to do.

④ Tony met a little reporters.

14

다음 빈칸에 들어갈 말이 바르게 짝지어진 것을 고르세요.

• _____ pretty the dress is!

• _____ join the dance club.

① How – Let's

② How – Not let's

③ What – Let's

④ What – Let

15

다음 우리말을 영어로 바르게 옮긴 것을 고르세요.

> 그는 숙제를 하지 않았어, 그렇지?

① He doesn't do his homework, did he?

② He didn't do his homework, did he?

③ He did do his homework, didn't he?

④ He didn't do his homework, didn't he?

16

우리말 뜻과 같도록 빈칸에 알맞은 말을 고르세요.

> • _____ a smartphone too long.
> 스마트폰을 너무 오래 사용하지 마라.

① Be not use

② Do use not

③ Do not use

④ Let's not use

17

밑줄 친 부분의 쓰임이 나머지와 다른 것을 고르세요.

① This is the START button.

② Look at those butterflies.

③ These are my sneakers.

④ Do you want that?

18

다음 문장을 의문문으로 바르게 바꾼 것을 고르세요.

> • The farmer has many carrots.

① Is the farmer has many carrots?

② Is the farmer have many carrots?

③ Does the farmer has many carrots?

④ Does the farmer have many carrots?

서술형 대비 문제

19

두 문장이 같은 뜻이 되도록 빈칸에 주어진 철자로 시작하는 한 단어를 쓰세요.

> • You must not park here.
> = You s_____ not park here.

→ _____

20

우리말 뜻과 같도록 주어진 말을 바르게 배열하세요.

> wakes / Henry / always / up / early
> Henry는 항상 일찍 일어난다.

→ _____.

21

우리말 뜻과 같도록 빈칸에 알맞은 말을 쓰세요.

> • He stayed at home all day _____ it was windy and chilly outside.
> 밖에 바람이 불고 쌀쌀했기 때문에 그는 하루 종일 집에 머물렀다.

→ _____

22

다음 빈칸에 공통으로 들어갈 알맞은 말을 쓰세요. (대·소문자 구분 없음)

> • _____ is far from here.
> • What time is _____ in London?

→ _____

24

다음 중 밑줄 친 부분이 잘못된 문장을 두 개 고르세요.

① Put the glass <u>carefully</u> in the drawer.
② Please be <u>quiet</u>. They're sleeping.
③ Julia walked with a <u>quick</u> step.
④ My mom hugged me <u>lovely</u>.
⑤ Those gloves look <u>warmly</u>.

23

다음 문장을 각각 괄호 안의 지시대로 바꿔 쓰세요.

> (1) My father is doing the dishes.
> (과거진행형으로)
> (2) Your family moved to New York in 2020.
> (의문문으로)
> (3) He sent me a Christmas card. (부정문으로)

(1) _____

(2) _____

(3) _____

25

다음 문장에서 잘못된 부분을 찾아 번호를 쓰고 바르게 고쳐 쓰세요.

> • I <u>am</u> <u>go</u> <u>to</u> <u>visit</u> my grandparents next
>   ① ② ③ ④
> Monday.

→ [   ]: _____

1

다음 중 3인칭 단수형이 잘못된 것을 고르세요.

① practice – practices

② cross – crosses

③ wear – wears

④ try – trys

2

다음 중 명사의 복수형이 잘못된 것을 고르세요.

① tomato – tomatoes

② sheep – sheeps

③ candy – candies

④ eye – eyes

3

다음 빈칸에 알맞은 말이 바르게 짝지어진 것을 고르세요.

• The musical _____ amazing!
• Brian and I _____ at the same school.

① are – was

② are – were

③ was – are

④ is – am

4

다음 중 부정문을 만들 때 빈칸에 들어갈 말이 나머지와 다른 것을 고르세요. (시제는 모두 현재)

① Students _____ read many books.

② Kelly _____ want to be a firefighter.

③ We _____ talk on the phone for an hour.

④ Tom and Susan _____ like watching movie.

5

다음 문장의 빈칸에 들어갈 수 없는 것을 고르세요.

• _____ has breakfast at 8:00 a.m. every day.

① He

② Minsu

③ Minji and I

④ My English teacher

6

다음 중 짝지어진 대화가 어색한 것을 고르세요.

① A: What is your dog's name?
   B: His name is Max.

② A: Where are you from?
   B: I'm from Australia.

③ A: Who's the man in the picture?
   B: It's my brother's.

④ A: What sport do you like?
   B: I like baseball.

7

다음 빈칸에 들어갈 말이 바르게 짝지어진 것을 고르세요.

> • Mom cooked spaghetti _____ me.
> • I went to school _____ my sister.

① with – on

② in – about

③ for – with

④ for – of

8

다음 우리말을 영어로 바르게 옮긴 것을 고르세요.

> 그는 방에 들어가지 않았다.

① He enter not the room.

② He doesn't enter the room.

③ He did not enter the room.

④ He did not entered the room.

9

우리말 뜻과 같도록 빈칸에 알맞은 말을 고르세요.

> • She _____ eats an apple in the morning.
> 그녀는 보통 아침에 사과 한 개를 먹는다.

① never   ② always

③ now   ④ usually

10

다음 중 허락을 나타내는 문장이 <u>아닌</u> 것을 <u>두 개</u> 고르세요.

① You may leave now.

② You can use my cellphone.

③ She may need some help.

④ I can ride a bicycle.

[11-12] 다음 중 밑줄 친 부분이 <u>잘못된</u> 문장을 고르세요.

11

① We <u>danced</u> all night.

② The baby <u>huged</u> the doll.

③ I <u>drew</u> a big circle on the paper.

④ She <u>called</u> two hours ago.

12

① I need a <u>better</u> answer.

② That was <u>worse</u> than this.

③ We'll try <u>more hard</u> this year.

④ The earth is <u>hotter</u> than before.

13

다음 대화의 빈칸에 들어갈 말이 바르게 짝지어진 것을 고르세요.

> A: Can you play the guitar?
> B: No, I _____, but I _____ play the violin.

① can – can   ② can – can't

③ can't – can   ④ can't – can't

14

다음 빈칸에 들어갈 말이 바르게 짝지어진 것을 고르세요.

> • I don't have _____ money.
> • There are _____ people in the hall.

① many – many

② many – much

③ much – much

④ much – many

15

다음 중 어법상 알맞게 쓰인 문장을 고르세요.

① That is 7:30 now.

② You like fishing, aren't you?

③ Her pictures are wonderfully.

④ There are lots of students in the library.

16

다음 질문에 대한 대답으로 알맞은 것을 고르세요.

> • What did you do last Sunday?

① Yes, I did.

② Sorry, I can't.

③ It was last Sunday.

④ I went shopping with my friends.

17

다음 중 밑줄 친 fast의 쓰임이 나머지와 다른 것을 고르세요.

① He is really fast.

② I was a fast runner.

③ How fast can you swim?

④ The bus is not as fast as the train.

18

다음 문장을 어법상 알맞게 고친 것을 고르세요.

> • Sally and I were enjoy computer games.

① Sally and I were enjoying computer games.

② Sally and I were enjoyed computer games.

③ Sally and I am enjoying computer games.

④ Sally and I was enjoy computer games.

서술형 대비 문제

19

두 문장이 같은 뜻이 되도록 빈칸에 알맞은 말을 쓰세요.
(반드시 be동사를 포함할 것)

> • I will not tell a lie to my parents.
> = I _____ _____ _____
> _____ tell a lie to my parents.

20
우리말 뜻과 같도록 빈칸에 알맞은 말을 쓰세요.

> • (1) _____ are (2) _____ shoes.
> 이것들은 그녀의 신발들이야.

21
다음 문장의 빈칸에 공통으로 들어갈 말을 쓰세요.

> • What will you have, chicken _____ beef?
> • Check your address again, _____ you won't get the gift.

→ _____

22
우리말 뜻과 같도록 주어진 말을 바르게 배열하세요.

> like / do / pictures / you / taking
> 너는 사진 찍는 것을 좋아하니?

→ _____?

23
다음 문장을 각각 괄호 안의 지시대로 바꿔 쓰세요.

> (1) You ate breakfast. (과거진행형으로)
> (2) He swims in the pool. (현재진행형으로)
> (3) My mother picked up trash in the park.
> (과거진행형으로)

(1) _____

(2) _____

(3) _____

중학교 시험에는 이렇게!

24
다음 중 밑줄 친 부분이 잘못된 문장을 두 개 고르세요.

① I ate a bowl of fried rice.
② I bought two piece of cakes.
③ She has five sheets of paper.
④ We need four loafs of meat.
⑤ He drinks a cup of green tea every day.

25
다음 중 밑줄 친 말의 위치가 잘못된 문장을 고르세요.

① He is always kind to other people.
② We often go to the Chinese restaurant.
③ You always can use my notebook.
④ She is never late for school.
⑤ I sometimes visit my parents.

Grammar Overall Test 4회

1
다음 중 원급과 비교급이 <u>잘못된</u> 것을 고르세요.

① nice – nicer
② easy – easier
③ large – more large
④ famous – more famous

2
다음 문장의 빈칸에 들어갈 수 <u>없는</u> 것을 고르세요.

• She _____ having breakfast in her room.

① was   ② is
③ was not   ④ will

3
다음 중 명사의 복수형이 <u>잘못된</u> 것을 고르세요.

① key – keys   ② woman – women
③ foot – feet   ④ leaf – leafs

4
다음 대화의 빈칸에 들어갈 말이 바르게 짝지어진 것을 고르세요.

A: Excuse me, what date is _____ today?
B: _____ February 13th.

① it – It's   ② this – It's
③ it – Is   ④ this – It

5
다음 우리말을 영어로 바르게 옮긴 것을 고르세요.

그는 방과 후에 무엇을 배우나요?

① Does what he learn after school?
② What does he learn after school?
③ What he does learn after school?
④ What he learns after school?

6
다음 중 밑줄 친 부분이 <u>잘못된</u> 문장을 고르세요.

① That cheese cake is <u>for my sister</u>.
② The baby cried <u>because was hungry</u>.
③ Their bikes are <u>in front of the door</u>.
④ The doll is <u>between the cup and the mirror</u>.

7
다음 빈칸에 들어갈 알맞은 말을 고르세요.

• Your sons are taking a walk in the park, _____?

① are they
② are you
③ aren't they
④ don't they

8

다음 문장의 빈칸에 들어갈 수 <u>없는</u> 것을 고르세요.

> • This is a _____ umbrella.

① new ② light

③ safely ④ broken

9

다음 빈칸에 들어갈 말이 바르게 짝지어진 것을 고르세요.

> • She wants a _____ of water.
> • Can you lend me a _____ of paper?

① slice – sheet

② piece – slice

③ glass – sheet

④ glass – loaf

10

다음 대화의 빈칸에 알맞은 대답을 고르세요.

> A: Are there any pictures on the wall?
> B: _____

① Yes, there is.

② Yes, are there.

③ No, there isn't.

④ No, there aren't.

11

우리말 뜻과 같도록 빈칸에 알맞은 말을 고르세요.

> • I _____ a diary at seven.
> 나는 7시에 일기를 쓰고 있지 않았다.

① was not writing

② did not writing

③ not was writing

④ was not write

12

다음 빈칸에 공통으로 들어갈 말을 고르세요.

> • My cat ate _____ food today.
> • I will visit _____ countries next year.

① many ② a lot of

③ much ④ a few

13

다음 대화에서 어법상 <u>어색한</u> 것을 고르세요.

> A: When ①<u>do</u> the baseball game ②<u>start</u>?
> B: ③<u>It</u> starts ④<u>at</u> 3 p.m.

14

다음 문장을 부정문으로 바르게 바꾼 것을 고르세요.

> • Roy studied in the library yesterday.

① Roy studied not in the library yesterday.

② Roy didn't study in the library yesterday.

③ Roy didn't studied in the library yesterday.

④ Roy didn't not study in the library yesterday.

15

다음 중 밑줄 친 부분이 잘못된 문장을 고르세요.

① This lake is <u>not as wide as</u> the ocean.

② Volleyball is <u>less popular than</u> soccer.

③ This room is <u>as warm as</u> my room.

④ He is <u>greatest painter</u> in France.

16

다음 중 잘못된 문장을 고르세요.

① She may need this map.

② May I see your passport?

③ Do may I use this table?

④ You may not enter the room.

17

우리말 뜻과 같도록 빈칸에 각각 알맞은 말을 고르세요.

> • _____ left, _____ you'll see the bus stop.
> 왼쪽으로 돌아라, 그러면 버스 정류장이 보일 것이다.

① Turn – or

② Turns – or

③ Turn – and

④ Turns – and

18

다음 빈칸에 들어갈 알맞은 말을 고르세요.

> • Sophia has four cousins. She likes _____.

① they

② them

③ their

④ him

서술형 대비 문제

19

두 문장의 뜻이 같도록 빈칸에 알맞은 말을 쓰세요. (반드시 be동사를 포함할 것)

> • We can solve the problem together.
>   = We _____ _____ _____ solve the problem together.

20

다음을 읽고, 직장에 자주 늦는 순서대로 이름을 쓰세요.

- Wendy is never late for work.
- Lisa is always late for work.
- Paul is often late for work.
- Brian is rarely late for work.

_____ → _____ → _____

→ _____

21

우리말 뜻과 같도록 주어진 말을 사용하여 문장을 완성하세요.

arrive / be going to

Tom이 곧 도착할 예정입니까?

→ _____ soon?

중학교 시험에는 **이렇게!**

24

밑줄 친 형용사의 쓰임이 나머지와 다른 것을 고르세요.

① That's <u>great</u>.
② You look <u>sad</u> today.
③ This flower smells <u>good</u>.
④ The cookie tastes <u>sweet</u>.
⑤ Look at those <u>beautiful</u> birds.

22

다음을 읽고, 괄호 안의 말을 사용해 빈칸을 완성하세요.

- Sean goes to bed at 9:00. Mark goes to bed at 10:00. (late)

→ Mark _____ _____ _____

_____ _____ Sean.

23

다음 문장에서 <u>어색한</u> 부분을 바르게 고쳐 문장을 다시 쓰세요.

- What an interesting story is it!

→ _____

25

다음 두 문장을 각각 괄호 안의 지시대로 바꿔 쓰세요.

(1) My dad was buying some meat. (과거 시제로)

(2) I am going to do the work.
    (will을 사용하여 같은 의미의 문장으로)

(1) _____

(2) _____

Grammar Overall Test 5회

1
다음 중 동사의 과거형이 잘못된 것을 고르세요.

① run – runed
② try – tried
③ cut – cut
④ watch – watched

2
다음 중 동사의 -ing형이 잘못된 것을 고르세요.

① excite – exciting
② ring – ringing
③ talk – talking
④ get – geting

[3-4] 다음 대화의 빈칸에 들어갈 알맞은 말을 고르세요.

3

A: _____ does he live?
B: He lives in New York.

① Who   ② What
③ When   ④ Where

4

A: _____ is your favorite color?
B: I like blue best.

① Who   ② What
③ When   ④ Where

5
밑줄 친 It[it]의 쓰임이 나머지와 다른 것을 고르세요.

① It's Monday.
② It's his textbook.
③ What time is it now?
④ It's very hot these days.

6
다음 중 빈칸에 들어갈 말이 나머지와 다른 것을 고르세요.

① _____ a beautiful day it is!
② _____ kind he is!
③ _____ a cute rabbit!
④ _____ big animals they are!

7
다음 대화의 빈칸에 알맞은 대답을 고르세요.

A: Are they your dogs?
B: _____

① Yes, they are.
② Yes, they aren't.
③ No, it isn't.
④ No, it aren't.

8

다음 중 밑줄 친 부분이 잘못된 문장을 고르세요.

① Two <u>men</u> walked into the room.

② My parents have three <u>geese</u>.

③ I saw the <u>thieves</u> last night.

④ Look at those <u>oxes</u>.

9

다음 빈칸에 알맞은 말이 순서대로 연결된 것을 고르세요.

> • I want _____ new bicycle.
> • Jack studied math for _____ hour.
> • I have a car. _____ car is expensive.

① the – an – A

② an – a – The

③ a – an – The

④ a – a – The

10

다음 문장을 의문문으로 바르게 바꾼 것을 고르세요.

> • She speaks English very well.

① Do she speaks English very well?

② Does she speak English very well?

③ Does she is speak English very well?

④ Does she speaking English very well?

11

다음 중 밑줄 친 부분이 잘못된 문장을 고르세요.

① <u>Are</u> you in the first grade?

② My English teacher <u>is</u> Mr. Oh.

③ She <u>was</u> the best student in my class.

④ Tom and I <u>am</u> going to do the dishes.

12

다음 빈칸에 들어갈 가장 알맞은 말을 고르세요.

> • I can't buy the camera _____ I don't have money.

① or

② because

③ before

④ but

13

다음 빈칸에 들어갈 말이 바르게 짝지어진 것을 고르세요.

> • Your backpack is _____ than mine.
> • This dress is _____ than that dress.

① heaviest – more pretty

② heaviest – prettier

③ heavier – pretty

④ heavier – prettier

14

우리말 뜻과 같도록 빈칸에 알맞은 말을 고르세요.

> • My cat is hiding _____ the sofa.
> 나의 고양이는 소파 아래에 숨어 있다.

① under
② behind
③ out of
④ between

15

다음 문장을 과거진행형으로 바르게 바꾼 것을 고르세요.

> • My brother walked on the street.

① My brother walking on the street.
② My brother did walk on the street.
③ My brother is walking on the street.
④ My brother was walking on the street.

16

다음 빈칸에 들어갈 알맞은 말을 고르세요.

> • They didn't answer the phone, _____?

① aren't they
② didn't they
③ did they
④ do them

[17-18] 다음 중 잘못된 문장을 고르세요.

17

① Turn off the radio.
② Don't open the door.
③ Don't late for school.
④ Get up early in the morning.

18

① When does the magic show begin?
② What does Lydia do on Sundays?
③ Who are cleaning the classroom?
④ Why are your friends so angry?

서술형 대비 문제

19

우리말 뜻과 같도록 괄호 안의 말을 사용해 문장을 완성하세요.

(1) 그는 한국에서 가장 유명한 배우이다.
(famous, actor)
→ He is _____ in Korea.

(2) Julia는 그녀의 가족 중 가장 키가 큰 사람이다.
(tall, person)
→ Julia is _____ in her family.

20

두 문장의 뜻이 같도록 빈칸에 주어진 철자로 시작하는 알맞은 말을 쓰세요.

> • You should exercise every day.
>   = You h_____ _____ exercise every day.

21

우리말 뜻과 같도록 괄호 안의 말을 사용해 문장을 완성하세요.

> 웨이터는 우리에게 물 세 잔을 주었다. (glass)

→ The waiter gave us _____.

22

우리말 뜻과 같도록 빈칸에 알맞은 말을 쓰세요.

> • _____ _____ an old clock on the wall.
>   벽에 낡은 시계가 있다.

23

다음 문장을 〈보기〉와 같이 바꿔 쓰세요.

> **보기**
> • He likes the small and cute cat.
> → Does he like the small and cute cat?

• Susan knows his phone number.

→ _____

중학교 시험에는 이렇게!

24

다음 중 잘못된 문장을 고르세요.

① We're going to play tennis.
② I'm going to visit Seoul last week.
③ He's going to finish the work soon.
④ They're going to sleep here tonight.
⑤ Sue is going to visit her mom next month.

25

다음 우리말을 영어로 바르게 옮긴 것을 고르세요.

> 그들은 자주 기차를 타고 여행한다.

① They often travel by train.
② They travel often by train.
③ They often travels by train.
④ They never travel by train.
⑤ They always travel by train.

Grammar Overall Test 6회

1
다음 중 단어의 성격이 나머지와 <u>다른</u> 것을 고르세요.

① hungry   ② friendly

③ angry   ④ highly

[2-3] 다음 중 밑줄 친 부분이 <u>잘못된</u> 문장을 고르세요.

2

① The cook <u>fryed</u> onions.

② The flower <u>smelt</u> good.

③ He <u>read</u> the word twice.

④ The girl <u>dropped</u> her glasses.

3

① I bought <u>this</u> pencil yesterday.

② <u>These</u> pictures are great.

③ Are <u>that</u> your notebooks?

④ <u>These</u> are my new clothes.

4
다음 빈칸에 들어갈 가장 알맞은 말을 고르세요.

> • I went to the hospital _____ I had a
> headache.

① because   ② and

③ but   ④ or

[5-6] 다음 중 <u>잘못된</u> 문장을 고르세요.

5

① May I sit here?

② I will make cheese cake.

③ You must not telling a lie.

④ You can get there in 10 minutes.

6

① You can do better next time.

② Come closer and sit here.

③ English is easy than math.

④ I should get up earlier.

7
다음 우리말을 영어로 바르게 옮긴 것을 고르세요.

> 나는 지금 돈이 전혀 없다.

① I don't have some money now.

② I don't have any money now.

③ I have not any money now.

④ I have some money now.

8

다음 빈칸에 들어갈 알맞은 말을 고르세요.

• _____ you travel to Canada next year?

① Are
② Does
③ Will
④ Did

9

다음 빈칸에 들어갈 말이 바르게 짝지어진 것을 고르세요.

• Can I _____ some water?
• My uncle _____ to fix the TV.

① get – can
② get – is able
③ got – be able
④ to get – is able

10

다음 중 밑줄 친 부분이 잘못된 문장을 고르세요.

① I am stronger than <u>you</u>.
② Your hair is as long as <u>me</u>.
③ He learns tennis, but <u>his</u> friend does not.
④ The new clothes on the sofa are <u>yours</u>.

11

다음 문장을 부정문으로 바르게 바꾼 것을 고르세요.

• I knew his name and address.

① I don't knew his name and address.
② I didn't knew his name and address.
③ I didn't know his name and address.
④ I didn't knew not his name and address.

12

다음 중 밑줄 친 부분이 잘못된 문장을 고르세요.

① We play <u>the baseball</u> after school.
② Jenny plays <u>the violin</u> in the room.
③ We should protect <u>the earth</u>.
④ Her office is on <u>the fifth floor</u>.

13

다음 문장을 감탄문으로 바르게 바꾼 것을 고르세요.

• The cat is very cute.

① What a cat cute is!
② How the cat cute is!
③ What cute the cat is!
④ How cute the cat is!

14

다음 문장의 빈칸에 들어갈 말이 순서대로 연결된 것을 고르세요.

- It snowed a lot _____ Christmas Day.
- When I was a baby, I lived _____ France.
- You can go there _____ bus.

① at – on – in

② on – in – by

③ on – at – with

④ in – on – by

15

다음 문장의 빈칸에 들어갈 수 없는 것을 고르세요.

- There are _____ tall buildings in Seoul.

① many

② much

③ a lot of

④ lots of

16

밑줄 친 pretty의 쓰임이 나머지와 다른 것을 고르세요.

① Look at that pretty shirt.

② She plays the piano pretty well.

③ This orange juice is pretty sour.

④ My brother is pretty busy.

17

다음 빈칸에 들어갈 알맞은 말을 고르세요.

- I play soccer _____ weekend.
  나는 주말마다 축구를 한다.

① some

② all

③ every

④ any

18

다음 문장의 빈칸에 공통으로 들어갈 말을 고르세요.

- Exercise every day, _____ you'll be healthier.
- My school is between the bakery _____ the bank.

① in

② but

③ or

④ and

서술형 대비 문제

19

우리말 뜻과 같도록 주어진 말을 바르게 배열하세요.

the girls / your / are / friends
그 소녀들은 너의 친구들이니?

→ _____ ?

20

우리말 뜻과 같도록 괄호 안의 말을 알맞은 형태로 바꿔 쓰세요.

• My mother _____ to work every day. (go)

나의 어머니는 매일 일하러 가신다.

21

우리말 뜻과 같도록 주어진 말을 바르게 배열하세요. (단, 단어 하나를 추가할 것)

expensive / notebook / more / is / your / mine

너의 공책은 내것보다 더 비싸다.

→ _____ .

24

다음 문장의 빈칸에 알맞은 부가의문문을 각각 쓰세요.

(1) They visited the farm last week, _____?
(2) Ms. Kelly was not in the office, _____?

(1) _____

(2) _____

22

괄호 안의 말을 알맞은 곳에 넣어 문장을 다시 쓰세요.

• Minsu is nice to his classmates. (always)

→ _____

23

괄호 안의 말을 사용하여 우리말을 영작하세요.

Judy와 Kelly는 지금 어디에 있니? (where, now)

→ _____

25

다음 문장을 명령문으로 바꿔 쓰세요.

• You should not use your cellphone during the class.

→ _____

Grammar Overall Test 7회

1

다음 중 동사의 과거형이 잘못된 것을 고르세요.

① see – saw

② say – sayed

③ go – went

④ take – took

2

다음 중 어법상 알맞게 쓰인 것을 고르세요.

① a cups of coffee

② two glasses of milks

③ five piece of papers

④ three bottles of Coke

3

다음 중 밑줄 친 부분이 잘못된 문장을 고르세요.

① Jazz music relaxes me.

② He always finishs work at 7.

③ The baby sleeps well at night.

④ She never studies in the library.

4

다음 중 잘못된 문장을 고르세요.

① I amn't strong.

② Jack isn't a girl.

③ She's from Vancouver.

④ They're twenty years old.

5

밑줄 친 hard의 쓰임이 나머지와 다른 것을 고르세요.

① I studied hard for the exam.

② This stone is very hard.

③ My father always works hard.

④ She practiced hard for the contest.

6

다음 중 문장을 잘못 해석한 것을 고르세요.

① You must keep your promise.
: 너는 네 약속을 지켜야 해.

② He cannot win the match.
: 그는 시합에서 이길 수 없어.

③ May I see the message?
: 제가 그 메시지를 봐야 하나요?

④ You should not speak loudly.
: 너는 큰 소리로 말하면 안 돼.

7

다음 문장을 의문문으로 바꿀 때 빈칸에 알맞은 말을 고르세요.

• Michael has many friends in China.
→ _____ Michael have many friends in China?

① Do

② Does

③ Did

④ Has

8

다음 빈칸에 들어갈 알맞은 말을 고르세요.

• Your daughter is riding her bike, _____?

① isn't riding she

② isn't she

③ isn't it

④ is she

9

다음 빈칸에 들어갈 말이 순서대로 연결된 것을 고르세요.

• Julia gets up _____ 7:00 every day.

• I want to buy a book _____ animals.

• My mom will go shopping _____ the afternoon.

① in – in – at

② on – about – at

③ at – about – in

④ at – with – on

10

다음 중 빈칸에 들어갈 말이 나머지와 다른 것을 고르세요. (시제는 모두 현재)

① There _____ coins on the desk.

② There _____ two boys in the classroom.

③ There _____ many fish in the aquarium.

④ There _____ some water in the glass.

11

다음 문장의 빈칸에 공통으로 들어갈 말을 고르세요. (대·소문자 구분 없음)

• Don't _____ late for school.

• Tomorrow morning, it will _____ sunny.

• _____ nice to other people.

① be   ② let's

③ it   ④ do

12

다음 문장의 빈칸에 들어갈 수 없는 것을 고르세요.

• She is _____ kind.

① really   ② never

③ polite   ④ very

13

다음 중 잘못된 문장을 고르세요.

① My boss is drinking water.

② I don't go jogging yesterday.

③ She bought a new computer.

④ They were taking pictures of you.

14

다음 중 밑줄 친 부분이 잘못된 문장을 고르세요.

① Do you feel happy today?

② Let's meet in the lately afternoon.

③ The book is really interesting, isn't it?

④ The boat arrived safely.

15

다음 중 빈칸에 a가 들어갈 수 있는 문장을 고르세요.

① Sumi has _____ cute dogs.

② I have a doll. It is _____ pretty.

③ My father is _____ English teacher.

④ Busan is _____ big city.

16

다음 빈칸에 들어갈 말이 바르게 짝지어진 것을 고르세요.

> • Tom is _____ boy in the class.
> • This book is _____ than that book.

① the smarter – lighter

② smartest – more lighter

③ the smartest – lighter

④ the smartest – most light

17

다음 문장을 의문문으로 바르게 바꾼 것을 고르세요.

> • Jinsu is going to go to Korea.

① Is Jinsu is going to go to Korea?

② Is Jinsu going to go to Korea?

③ Be Jinsu going to go to Korea?

④ Does Jinsu is going to go to Korea?

18

다음 중 밑줄 친 부분이 잘못된 문장을 고르세요.

① <u>That</u> is my science teacher.

② <u>Those</u> magazines are mine.

③ <u>This</u> are very cheap pencils.

④ <u>These</u> monkeys were in the zoo.

서술형 대비 문제

19

다음 밑줄 친 부분을 알맞은 형태로 고치세요. (단, 시제는 현재)

> • My son <u>play often</u> basketball with his friends after school.

→ _____

20

우리말 뜻과 같도록 빈칸에 알맞은 말을 쓰세요.

> • _____ brave the students are!
> 정말 용감한 학생들이구나!

21

다음 문장의 빈칸에 공통으로 들어갈 말을 쓰세요. (대·소문자 구분 없음)

> • How far is _____ ?
> • _____ is December 8th.
> • _____ will be cold tomorrow.

→ _____

22

다음 문장을 부정문으로 바꿔 쓰세요.

> • My sister watches TV after dinner.

→ _____

23

각 문장의 빈칸에 알맞은 말을 〈보기〉에서 골라 쓰세요. (한 번씩만 사용할 것)

> **보기**
> and   because   but

(1) I am thin _____ my brother is fat.

(2) I couldn't sleep well _____ it was noisy outside.

(3) Sumin _____ Joe are working together.

중학교 시험에는 이렇게!

24

다음 중 잘못된 문장을 고르세요.

① Jamie does her homework in her room.

② We practices badminton in the park.

③ They had a birthday party yesterday.

④ You went fishing with your father.

⑤ Betty wants to be a lawyer.

25

다음 우리말을 영어로 바르게 옮긴 것을 고르세요.

> 그는 지난밤에 집에 없었다.

① He isn't at home tonight.

② He was at home last night.

③ He wasn't at home last night.

④ He don't at home last night.

⑤ He were not at home last night.

Grammar Overall Test 8회

1

다음 중 형용사를 부사로 잘못 바꾼 것을 고르세요.

① soft → softly

② easy → easyly

③ terrible → terribly

④ beautiful → beautifully

2

다음 중 비교급이 잘못된 것을 고르세요.

① bad – worse

② much – most

③ warm – warmer

④ delicious – more delicious

3

다음 중 기수와 서수가 잘못 짝지어진 것을 고르세요.

① one – first

② three – third

③ eight – eighth

④ nine – nineth

4

다음 중 주격 인칭대명사로 잘못 바꾼 것을 고르세요.

① a fat man → he

② Amy and Jisu → we

③ you and Susan → you

④ Jane and her parents → they

[5-6] 다음 중 밑줄 친 부분이 잘못된 문장을 고르세요.

5

① We <u>sited</u> on the bench.

② Who <u>turned</u> the TV on?

③ The movie <u>started</u> an hour ago.

④ The company <u>built</u> a new building.

6

① People painted their <u>roofs</u> red.

② I saw four <u>deer</u> in the forest.

③ My dog likes these <u>toys</u>.

④ Will you show me the <u>photoes</u>?

7

다음 중 짝지어진 대화가 어색한 것을 고르세요.

① A: Why are you crying?
   B: I lost my dog.

② A: Does she have sisters?
   B: Yes, she has.

③ A: What are you doing?
   B: I'm having dinner with my family.

④ A: Where does he live?
   B: He lives in Jeju.

8
다음 중 어법상 어색한 문장을 고르세요.

① I cleaned my room yesterday.
② John was on vacation last week.
③ Sally was absent from school tomorrow.
④ I was not in the classroom at that time.

9
다음 우리말을 영어로 바르게 옮긴 것을 고르세요.

> 진수는 항상 학교에 걸어간다.

① Jinsu walks always to school.
② Jinsu always walks to school.
③ Jinsu rarely walks to school.
④ Jinsu walks usually to school.

10
다음 빈칸에 들어갈 알맞은 말을 고르세요.

> • I read a book about dinosaurs yesterday.
> _____ was interesting.

① It   ② This
③ They   ④ What

11
다음 대화의 빈칸에 들어갈 알맞은 말을 고르세요.

> A: _____ we meet next weekend?
> B: Yes, sounds good.

① Let's   ② Have
③ Why   ④ Shall

12
다음 중 밑줄 친 부분이 잘못된 문장을 고르세요.

① He gave me a piece of pizza.
② Mom needs a jar of sugars.
③ Bring me two glasses of juice.
④ Emily drinks a cup of coffee.

13
문장을 괄호 안의 지시대로 바꾼 것 중 잘못된 것을 고르세요.

① He wants to be a doctor. (부정문으로)
  → He doesn't want to be a doctor.
② A rabbit has four legs. (부정문으로)
  → A rabbit hasn't four legs.
③ You're going to watch the game. (의문문으로)
  → Are you going to watch the game?
④ The children play in the park. (과거진행형으로)
  → The children were playing in the park.

14
다음 중 밑줄 친 부분이 알맞게 쓰인 것을 고르세요.

① He doesn't like her, is he?
② You read this book yesterday, did you?
③ The girls dance well, don't they?
④ You are telling me the truth, are you?

Grammar Overall Test 8회

15

다음 빈칸에 공통으로 들어갈 말을 고르세요.

> • I can run _____ fast _____ you can.
> 나는 너만큼 빨리 달릴 수 있다.

① and　　　　　② as

③ well　　　　　④ not

16

다음 대화의 빈칸에 알맞은 질문을 고르세요.

> A: _____
> B: He is my favorite singer.

① Who is the man in the picture?

② Where is your favorite singer?

③ Who the man is in the picture?

④ What is your favorite singer?

17

다음 질문에 알맞은 대답을 고르세요.

> • Where were you going?

① No, I didn't.

② You go to the library.

③ I was going to the bakery.

④ I was talking on the phone.

18

다음 빈칸에 들어갈 말이 바르게 짝지어진 것을 고르세요.

> • Study hard, _____ you can pass the test.
> • Did you go there by bus _____ by train?

① and – or　　　　② but – or

③ and – but　　　　④ or – and

서술형 대비 문제

19

두 문장의 뜻이 같도록 빈칸에 알맞은 말을 쓰세요.

> • I must finish my homework today.
> = I _____ _____ finish my homework today.

20

a, an, the를 한 번씩만 사용하여 빈칸에 알맞은 말을 쓰세요.

> • There is (1)_____ egg in the refrigerator.
> • I am able to play (2)_____ piano.
> • The dog has (3)_____ long tail.

21

다음 중 밑줄 친 부분이 잘못된 문장 두 개를 골라 번호를 쓰고, 바르게 고쳐 쓰세요.

> (1) Eva needs three <u>loaves of meats</u>.
> (2) Do you have five <u>slices of cheese</u>?
> (3) I ate two <u>bowls of soup</u>.
> (4) They want seven <u>cup of tea</u>.

→ [   ]: _____

   [   ]: _____

22

우리말 뜻과 같도록 주어진 말을 바르게 배열하세요. (단, 단어 하나의 형태를 바꿀 것)

> school / let's / badminton / playing / after
>
> 방과 후에 배드민턴을 치자.

→

_____.

중학교 시험에는 이렇게!

24

다음 중 문장에서 생략할 수 있는 부분의 번호를 모두 쓰세요.

> • What a dangerous dog it is!
>   ① ②   ③   ④⑤

→ _____

23

다음 문장을 각각 괄호 안의 지시대로 바꿔 쓰세요.

> (1) He looked at the picture of his cat.
>   (과거진행형으로)
>
> (2) Sujin watches a movie in her room.
>   (현재진행형으로)
>
> (3) You knocked on the door. (부정문으로)

(1) _____

(2) _____

(3) _____

25

다음 중 잘못된 문장을 고르세요.

① Please don't forget us.

② I'm really like my sister.

③ Let's join the tennis club.

④ He ordered two pieces of cake.

⑤ I can't understand your question.

Grammar Overall Test 9회

1
다음 중 명사의 복수형이 <u>잘못된</u> 것을 고르세요.

① meal – meals
② glass – glasses
③ chance – chances
④ city – citys

2
다음 중 동사의 과거형이 <u>잘못된</u> 것을 고르세요.

① reach – reached
② sleep – sleeped
③ have – had
④ eat – ate

3
다음 문장을 의문문으로 바르게 바꾼 것을 고르세요.

> • He broke the window of the house.

① Does he break the window of the house?
② Did he break the window of the house?
③ Did he broke the window of the house?
④ Was he break the window of the house?

4
다음 대화의 빈칸에 들어갈 알맞은 말을 고르세요.

> A: _____ time does he get up?
> B: He gets up at 6.

① What   ② When
③ How   ④ Why

5
다음 중 빈칸에 them이 들어갈 수 <u>없는</u> 것을 고르세요.

① I will go there with _____.
② What did he make for _____?
③ Please show me _____ messages.
④ I have two cats and I love _____.

6
다음 중 밑줄 친 부분이 <u>잘못된</u> 문장을 고르세요.

① <u>I'm</u> not a singer.
② <u>He's</u> a famous actor.
③ <u>Its</u> not my notebook.
④ <u>They're</u> high school students.

7
다음 중 짝지어진 대화가 <u>어색한</u> 것을 고르세요.

① A: What are you looking for?
   B: I'm looking for my cellphone.
② A: What's the date today?
   B: It's January 7th.
③ A: Is he good at cooking?
   B: Yes, he is.
④ A: Does she have dogs?
   B: Yes, she has a cat.

8
우리말 뜻과 같도록 빈칸에 알맞은 말을 고르세요.

> • He always brushes his teeth _____ meals.
>
> 그는 식사 후에 항상 양치를 한다.

① after   ② before

③ in   ④ of

9
다음 중 허락을 나타내는 문장이 아닌 것을 고르세요.

① Can I use your pencil?

② You may leave early today.

③ May I come in?

④ My father can drive a car.

10
우리말 뜻과 같도록 빈칸에 알맞은 말을 고르세요.

> • Rachel _____ eat vegetables.
>
> Rachel은 채소를 거의 먹지 않는다.

① doesn't   ② hard

③ hardly   ④ never

11
다음 중 밑줄 친 부분이 잘못된 문장을 고르세요.

① <u>There are</u> many cars on the road.

② <u>There is</u> a mirror on the wall.

③ <u>There are</u> some water in the bowl.

④ <u>Is there</u> a cat in the backyard?

12
다음 빈칸에 공통으로 들어갈 말을 고르세요.

> • _____ wonderful the movie is!
>
> 정말 훌륭한 영화야!
>
> • _____ long will you stay here?
>
> 당신은 여기 얼마나 오래 머무를 건가요?

① How   ② What

③ Why   ④ It

13
밑줄 친 What의 쓰임이 나머지와 다른 것을 고르세요.

① <u>What</u> size do you wear?

② <u>What</u> grade are you in?

③ <u>What</u> is the main dish?

④ <u>What</u> color do you like?

14

다음 문장의 빈칸에 들어갈 수 <u>없는</u> 것을 고르세요.

• She watched a very _____ movie last night.

① exciting   ② sad

③ scary   ④ well

15

다음 문장을 부정문으로 바르게 바꾼 것을 고르세요.

• Jack caught the mouse in the hole.

① Jack didn't caught the mouse in the hole.
② Jack doesn't caught the mouse in the hole.
③ Jack doesn't catch the mouse in the hole.
④ Jack didn't catch the mouse in the hole.

16

다음 빈칸에 들어갈 알맞은 말을 고르세요.

• Jason had two erasers but he lost _____ yesterday.

① it   ② them

③ they   ④ any

17

다음 문장의 빈칸에 들어갈 수 <u>없는</u> 것을 고르세요.

• There are _____ children in the museum.

① lots of

② a lot of

③ a little

④ a few

18

다음 우리말을 영어로 바르게 옮긴 것을 고르세요.

너는 저녁 식사를 준비할 필요가 없다.

① You have to prepare dinner.

② You must to prepare dinner.

③ You may have to prepare dinner.

④ You don't have to prepare dinner.

서술형 대비 문제

19

다음 빈칸에 들어갈 알맞은 말을 쓰세요.

• You didn't lock the window, _____?
너는 창문을 잠그지 않았어, 그렇지?

➡ _____

20

우리말 뜻과 같도록 문장에서 <u>어색한</u> 부분을 찾아 바르게 고쳐 쓰세요.

> • Mr. Smith has two sisters or two brothers.
>   Smith 씨는 두 명의 여동생과 두 명의 남동생이 있다.

_____ → _____

21

두 문장의 의미가 같도록 빈칸에 알맞은 말을 쓰세요.

> • Can you play the guitar?
>   = _____ you _____ _____
>   play the guitar?

22

〈보기〉와 같이 문장을 바꿔 쓰세요.

> **보기**
> • Mia draws a picture.
>   → Is Mia drawing a picture?

• Jim bakes a cake for his mother.

→ _____

23

우리말과 같도록 괄호 안의 말을 사용하여 문장을 완성하세요. (단, 필요시 형태를 바꾸거나 단어를 추가할 것)

> 그 별은 달보다 더 밝다.
> (the moon, bright, be)

→ The star _____.

중학교 시험에는 이렇게!

24

〈보기〉와 같은 관계가 <u>아닌</u> 것을 고르세요.

> **보기**
> before – after

① forget – remember
② into – out of
③ clean – dirty
④ noisy – easy
⑤ live – die

25

다음 중 <u>잘못된</u> 문장을 고르세요.

① He was a good doctor.
② They are watching TV.
③ She were listening to music.
④ I was doing my homework.
⑤ You're good at writing a story.

Grammar Overall Test 10회

1

다음 중 동사의 과거형이 <u>잘못된</u> 것을 고르세요.

① know – knew ② pass – passed

③ hear – heared ④ run – ran

2

다음 문장의 빈칸에 들어갈 수 <u>없는</u> 것을 고르세요.

> • Amy is a _____ girl.

① tall ② pretty

③ nice ④ really

3

다음 중 빈칸에 들어갈 말이 나머지와 <u>다른</u> 것을 고르세요. (시제는 모두 현재, 대·소문자 구분 없음)

① She _____ talking to her mother.

② _____ Susan an English teacher?

③ They _____ standing in line.

④ My brother _____ brushing his teeth.

4

다음 빈칸에 들어갈 말이 바르게 짝지어진 것을 고르세요.

> • I met my grandmother. _____ is a nurse.
> • I have two friends. _____ names are Kelly and Jane.

① She – Their ② It – Theirs

③ Her – They ④ She – Them

5

우리말 뜻과 같도록 빈칸에 알맞은 말을 고르세요.

> • Ray doesn't eat _____ fruit.
>   Ray는 과일을 전혀 먹지 않는다.

① any ② some

③ never ④ no

6

다음 중 원급과 최상급이 <u>잘못된</u> 것을 고르세요.

① long – longest

② little – littlest

③ wise – wisest

④ good – best

7

다음 문장을 과거진행형으로 바르게 바꾼 것을 고르세요.

> • Sally didn't tell me the truth.

① Sally was not tell me the truth.

② Sally did not telling me the truth.

③ Sally isn't telling me the truth.

④ Sally was not telling me the truth.

8

다음 우리말을 영어로 바르게 옮긴 것을 고르세요.

게임을 너무 많이 하지 마라.

① Don't play games too much.
② Don't too much games play.
③ Play games don't too much.
④ Don't be play games too much.

9

다음 표에 대한 설명으로 알맞지 않은 것을 고르세요.

Name	Weight	Age	Height
Suzy	45kg	12	153cm
Mark	38kg	10	136cm
Jason	50kg	14	165cm

① Jason is the heaviest of the three.
② Mark is younger than Suzy.
③ Suzy is older than Jason.
④ Jason is the tallest of the three.

10

다음 빈칸에 들어갈 알맞은 말을 고르세요.

• John wants to be a pilot, _____?

① didn't he
② is he
③ doesn't he
④ does he

11

밑줄 친 부분의 쓰임이 나머지와 다른 것을 고르세요.

① Joe is a lovely baby.
② Tony has a pretty sister.
③ She gets up early every morning.
④ He is telling me an amazing story.

12

다음 대화의 빈칸에 들어갈 알맞은 말을 고르세요.

A: When is your birthday?
B: _____ on October 17th.

① It's
② What's
③ I'm
④ This is

13

다음 빈칸에 들어갈 알맞은 말을 고르세요.

• I went to bed _____ midnight.
  나는 자정에 잠자리에 들었다.

① in
② at
③ before
④ on

14

다음 대화의 빈칸에 들어갈 알맞은 대답을 고르세요.

A: Does Alex like to go swimming?
B: _____

① Yes, he is.
② Yes, he does.
③ No, he isn't.
④ No, he does.

Grammar Overall Test 10회

15

다음 대화의 빈칸에 들어갈 알맞은 말을 고르세요.

> A: _____ books do you have?
> B: I have four books.

① Whose
② What
③ How many
④ How much

16

다음 빈칸에 들어갈 알맞은 말을 고르세요.

> • The boy will _____ his mother in front of the bank.

① meet
② meets
③ met
④ meeting

17

다음 빈칸에 들어갈 a와 an이 순서대로 연결된 것을 고르세요.

> • Dorothy found _____ new restaurant.
> • He will send _____ letter to her.
> • Jamie lives in _____ apartment.

① a – an – an
② an – a – an
③ a – a – a
④ a – a – an

18

다음 빈칸에 공통으로 들어갈 말을 고르세요.

> • _____ much is this pencil case?
> • _____ beautiful the sky is!

① Who
② Why
③ How
④ What

서술형 대비 문제

19

다음 대화의 빈칸에 들어갈 알맞은 의문사를 쓰세요.

> A: _____ cap is this?
> B: It's Jenny's.

20

우리말 뜻과 같도록 괄호 안의 말을 사용해 빈칸을 채우세요.

> 나는 내 일을 끝낸 후에 커피 한잔을 마셨다. (cup, coffee)

→ I drank _____ _____ _____ _____ _____ I finished my work.

21

두 문장이 같은 의미가 되도록 빈칸에 알맞은 말을 쓰세요.

> • Joe will meet my friends next Friday.
>   = Joe _____ _____ _____
>   _____ my friends next Friday.

22

다음 문장에서 <u>잘못된</u> 부분을 찾아 바르게 고쳐 쓰세요.

> • There are two forks and five knifes on the table.

_____ → _____

23

다음 우리말을 괄호 안의 말을 사용해 영작하세요.

(1) 학교에 지각하지 말자.
   (let's, late for, not)

→ _____

(2) 그거 정말 놀라운 이야기구나!
   (what, it, amazing story)

→ _____

24

다음 대답에 알맞은 질문을 〈보기〉에서 골라 기호를 쓰세요.

(1) They are in the drawer. _____
(2) It's raining. _____
(3) I'm in the 6th grade. _____

> 보기
> ⓐ What grade are you in?
> ⓑ Where are my gloves?
> ⓒ How's the weather today?

25

빈칸에 들어갈 말이 〈보기〉의 빈칸에 들어갈 말과 같은 것을 <u>모두</u> 고르세요. (시제는 모두 현재)

> 보기
> • There _____ a lot of chairs in the library.

① There _____ an orange on the table.
② There _____ some water in the cup.
③ There _____ two babies in the room.
④ There _____ a house behind the building.
⑤ There _____ lots of nice parks in Seoul.

Grammar Overall Test 11회

1

다음 중 동사의 -ing형이 <u>잘못된</u> 것을 고르세요.

① drink – drinking
② get – getting
③ sing – singing
④ come – comeing

2

다음 중 원급과 비교급이 <u>잘못된</u> 것을 고르세요.

① fast – faster
② little – less
③ expensive – expensiver
④ easily – more easily

3

다음 중 <u>잘못된</u> 문장을 고르세요.

① He shoulds eat more vegetables.
② You may use my dictionary.
③ She can draw a dinosaur.
④ You must do your homework.

4

다음 빈칸에 들어갈 알맞은 말을 고르세요.

• London is the _____ city in England.

① busy
② busier
③ busiest
④ most busiest

5

다음 우리말을 영어로 바르게 옮긴 것을 고르세요.

나는 도서관에 갈 것이다.

① I am go to the library.
② I going to go to the library.
③ I am go to go to the library.
④ I am going to go to the library.

6

다음 중 짝지어진 대화가 <u>어색한</u> 것을 고르세요.

① A: Who is that man?
　 B: He is my uncle.
② A: Are they students?
　 B: Yes, they are.
③ A: Whose pencil is it?
　 B: It's Jiyeon's.
④ A: Where is Alice?
　 B: She was at home.

7

다음 중 밑줄 친 부분의 쓰임이 나머지와 <u>다른</u> 것을 고르세요.

① You look <u>angry</u>.
② That sounds <u>great</u>.
③ He is a <u>lazy</u> student.
④ The flowers smell <u>good</u>.

8

다음 대화의 빈칸에 들어갈 알맞은 말을 고르세요.

> A: How far is _____ to the bank?
> B: _____ about 2 kilometers.

① it – It

② it – It's

③ it's – This

④ this – That's

9

다음 중 잘못된 문장을 고르세요.

① Let's don't eat fast food.

② What a big balloon it is!

③ How interesting the movie is!

④ There is a small ball on the roof.

10

다음 빈칸에 들어갈 가장 알맞은 말을 고르세요.

> • I went to bed early _____ I was very tired.

① but   ② because

③ or   ④ after

11

다음 문장의 빈칸에 들어갈 수 없는 것을 고르세요.

> • I usually get up _____ 7.

① at   ② before

③ on   ④ after

12

다음 우리말을 영어로 바르게 옮긴 것을 고르세요.

> Ryan은 너무 많은 음식을 먹는다.

① Ryan eat too much food.

② Ryan eats too much food.

③ Ryan eats too many food.

④ Ryan ate too much food.

13

다음 빈칸에 들어갈 알맞은 말을 고르세요.

> • The river flows _____ five countries.
> 그 강은 5개의 나라를 관통하여 흐른다.

① through   ② up

③ behind   ④ next to

14
문장을 괄호 안의 지시대로 바꾼 것 중 어법상 잘못된 것을 고르세요.

① You shouldn't park here. (명령문으로)
→ Don't park here.

② He goes to church every Sunday. (부정문으로)
→ He doesn't go to church every Sunday.

③ They are wearing a blue cap. (의문문으로)
→ Are they wearing a blue cap?

④ The students played soccer. (과거진행형으로)
→ The students was playing soccer.

15
다음 문장의 빈칸에 들어갈 수 없는 것을 고르세요.

• What a(n) _____ car it is!

① nice

② wonderful

③ old

④ very

16
다음 중 빈칸에 들어갈 말이 나머지와 다른 것을 고르세요.
(대·소문자 구분 없음)

① Sujin has _____ brother.

② I'm looking at _____ moon.

③ She plays _____ violin well.

④ I have a bike. _____ bike is nice.

17
다음 중 잘못된 문장을 고르세요.

① You were ran very fast.

② She is not in the classroom.

③ They were not going to school.

④ My cousin is busy these days.

18
다음 중 밑줄 친 부분이 잘못된 문장을 고르세요.

① Jack sent me his gift.

② She told me about the news.

③ I have something for you.

④ She planted roses in hers garden.

서술형 대비 문제

19
빈칸에 들어갈 알맞은 말을 〈보기〉에서 골라 쓰세요.

보기			
They	It	Them	Its

→ I bought an apple. _____ was delicious.

20

다음 문장에서 <u>어색한</u> 부분을 찾아 번호를 쓰고 알맞게 고치세요.

> • Maria <u>is</u> <u>my</u> classmate. We <u>play</u> <u>the soccer</u>
>   ① ②   ③   ④
>
> together every day.

→ [   ]: _____

21

밑줄 친 부분을 대명사로 바꿔 문장을 다시 쓰세요.

> • I saw your sister in the park yesterday and <u>your sister</u> was cute.

→

_____

22

괄호 안의 말을 포함하여 다음 문장을 다시 쓰세요.

> • Yena will forget your kindness. (never)

→ _____

23

괄호 안의 말을 활용하여 우리말 뜻과 같도록 다음 문장의 빈칸을 채우세요.

> 지금 숙제를 해라, 그러지 않으면 너는 오늘 밤 TV를 볼 수 없다. (can, watch TV)

→ Do your homework now, _____ _____

_____ _____ _____ tonight.

중학교 시험에는 이렇게!

24

다음 문장을 부정문으로 바르게 바꾼 것을 고르세요.

> • Sam made a big mistake.

① Sam wasn't made a big mistake.
② Sam doesn't made a big mistake.
③ Sam doesn't make a big mistake.
④ Sam didn't made a big mistake.
⑤ Sam didn't make a big mistake.

25

다음 빈칸에 공통으로 들어갈 말을 고르세요.

> • Mia gave me a _____ of paper.
> • I had a _____ of cake last night.

① bowl   ② piece
③ bottle   ④ cup
⑤ glass

Grammar Overall Test 12회

1
다음 중 3인칭 단수형이 잘못된 것을 고르세요.

① tie – ties
② mix – mixes
③ enjoy – enjoyes
④ remember – remembers

2
다음 중 짝지어진 두 단어의 관계가 나머지와 다른 것을 고르세요.

① large – largely
② friend – friendly
③ lucky – luckily
④ careful – carefully

3
다음 중 알맞은 단위를 사용하여 바르게 표현한 것을 고르세요.

① a sheet of coffee
② two loaves of bread
③ two glasses of milks
④ three slice of pizza

4
다음 중 빈칸에 들어갈 알맞은 말을 고르세요.

• Do you have _____ questions?
  질문 있나요?

① all   ② a
③ much   ④ any

5
다음 대화의 빈칸에 들어갈 알맞은 말을 고르세요.

A: _____ were you doing at that time?
B: I was listening to music.

① What   ② Who
③ When   ④ Where

6
다음 빈칸에 들어갈 말이 바르게 짝지어진 것을 고르세요.

A: When _____ the train _____?
B: It leaves at 5 p.m.

① leave – does
② leaves – does
③ does – leave
④ does – leaves

7
밑줄 친 It[it]의 쓰임이 나머지와 다른 것을 고르세요.

① It is May 16th.
② It's on the second floor.
③ It was stormy last night.
④ How far is it to Seoul from here?

8

다음 중 명사의 복수형이 <u>잘못된</u> 것을 고르세요.

① toy – toies
② eagle – eagles
③ class – classes
④ umbrella – umbrellas

9

다음 중 빈칸에 들어갈 말이 나머지와 <u>다른</u> 것을 고르세요. (시제는 모두 현재)

① They ＿＿＿ kind to me.
② You ＿＿＿ my best friend.
③ My brother and I ＿＿＿ on the bus.
④ My science teacher ＿＿＿ really handsome.

10

다음 중 문장을 바르게 해석한 것을 고르세요.

① I usually go to school by bus.
  : 나는 가끔 버스를 타고 학교에 간다.
② He always watches TV at night.
  : 그는 보통 밤에 TV를 시청한다.
③ Jack is never late for school.
  : Jack은 절대로 학교에 지각하지 않는다.
④ Kelly often eats breakfast.
  : Kelly는 항상 아침을 먹는다.

11

다음 빈칸에 들어갈 알맞은 말을 고르세요.

> • Time is more important ＿＿＿＿ money.
> 시간은 돈보다 더 중요하다.

① than
② then
③ as
④ of

12

다음 중 밑줄 친 부분과 바꿔 쓸 수 있는 말을 고르세요.

> • Tess <u>is going to</u> leave for Washington.

① will
② must
③ has to
④ is able to

13

다음 빈칸에 들어갈 말이 바르게 짝지어진 것을 고르세요.

> • I went out and played ＿＿＿ Jason.
> • I was born ＿＿＿ 2010.

① with – on
② with – in
③ to – by
④ by – at

14
다음 중 not이 들어갈 알맞은 곳을 고르세요.

• Let's ① go ② to ③ a movie ④ this Friday.

15
다음 빈칸에 들어갈 알맞은 말을 고르세요.

• Drink much water, _____ you may feel better.
물을 많이 마셔라, 그러면 너는 기분이 좀 나아질 것이다.

① because   ② before

③ or   ④ and

16
다음 중 잘못된 문장을 고르세요.

① Is there a bus stop near here?

② There is two eggs in the basket.

③ There are many animals in the zoo.

④ There were tall trees on the hill.

17
다음 우리말을 영어로 바르게 옮긴 것을 고르세요.

네 리본은 내 것만큼 예쁘다.

① Your ribbon is as prettier as mine.

② Your ribbon is prettier than mine.

③ Your ribbon is as prettiest mine.

④ Your ribbon is as pretty as mine.

18
다음 빈칸에 들어갈 알맞은 말을 고르세요.

• I don't have _____ time now.

① many

② a few

③ much

④ very

서술형 대비 문제

19
괄호 안의 말을 사용해 다음 문장을 감탄문으로 바꿔 쓰세요.

• He is a very kind boy. (what)

→ _____

20

우리말 뜻과 같도록 빈칸에 알맞은 말을 쓰세요.

> • The movie theater is _____ _____
> _____ the school.
> 극장은 학교 앞에 있다.

21

다음 문장을 지시대로 바꿔 쓰세요.

> • Jessica is in the bathroom.

(1) 의문문으로

➡ _____

(2) 부정문으로

➡ _____

중학교 시험에는 이렇게!

24

다음 빈칸에 들어갈 알맞은 대답을 고르세요.

> A: Am I in the right classroom?
> B: _____

① Yes, I am.

② Yes, you are.

③ No, I'm not.

④ No, it isn't.

⑤ No, you am not.

22

다음 빈칸에 공통으로 들어갈 한 단어를 쓰세요.

> • What _____ fantastic day it is!
> • Let's have _____ cup of coffee.
> • Jennifer has _____ cookbook.

➡ _____

23

우리말과 같도록 괄호 안의 말을 알맞게 배열하세요.

> • I'm angry (late / you / because / are).
> 네가 늦어서 나는 화가 나.

➡ _____

25

우리말과 같도록 밑줄 친 부분을 어법상 알맞은 형태로 고쳐 쓰세요.

> • These are favorite my thing.
> 이것들은 내가 가장 좋아하는 물건들이다.

➡ _____

1

다음 중 동사의 과거형이 <u>잘못된</u> 것을 고르세요.

① help – helped
② hope – hoped
③ cough – coughed
④ cut – cuted

2

다음 중 명사의 복수형이 <u>잘못된</u> 것을 고르세요.

① boy – boys
② shelf – shelves
③ story – storys
④ plate – plates

3

다음 중 밑줄 친 부분이 <u>잘못된</u> 것을 고르세요.

① I <u>amn't</u> eating breakfast.
② I <u>wasn't</u> sick last night.
③ She <u>isn't</u> writing a book.
④ They <u>aren't</u> in the garden.

4

다음 대화의 빈칸에 들어갈 알맞은 말을 고르세요.

A: _____ you eat meat?
B: Yes, I do.

① Do
② Does
③ Did
④ Are

5

다음 우리말을 영어로 바르게 옮긴 것을 고르세요.

나는 종이컵을 거의 사용하지 않는다.

① I use hardly a paper cup.
② I hardly use a paper cup.
③ I am hardly use a paper cup.
④ I don't hardly use a paper cup.

6

다음 중 비교급과 최상급이 <u>잘못된</u> 것을 고르세요.

① bad – worse – worst
② good – well – best
③ little – less – least
④ fat – fatter – fattest

7

다음 질문에 알맞은 대답을 고르세요.

• What day is it today?

① It was Wednesday.
② It is July 9th.
③ It is Thursday.
④ It is far from here.

8

다음 빈칸에 들어갈 말이 순서대로 연결된 것을 고르세요.

> • _____ much is this bag?
> • _____ wonderful the bridge is!
> • _____ exciting matches they are!

① How – How – What
② How – How – How
③ How – What – How
④ What – What – What

9

우리말과 같도록 빈칸에 들어갈 알맞은 말을 고르세요.

> • Anna was sitting _____ me.
>   Anna는 내 옆에 앉아 있었다.

① around
② behind
③ next to
④ in front of

10

다음 빈칸에 들어갈 말이 나머지와 <u>다른</u> 것을 고르세요.

① Eat less, _____ you will be fat.
② Smile a lot, _____ you will be happy.
③ Press the button, _____ you can open it.
④ Exercise regularly, _____ you will be healthy.

11

다음 중 밑줄 친 부분이 <u>잘못된</u> 문장을 고르세요.

① <u>These apples</u> taste sweet.
② <u>Every student</u> has a desk.
③ Pass me <u>those plates</u>, please.
④ I got <u>this chairs</u> from my uncle.

[12-13] 다음 중 <u>잘못된</u> 문장을 고르세요.

12

① There is a key on the desk.
② Is there two men in the room?
③ There are sheep near the farm.
④ Is there any salt on the table?

13

① These are Jenny's pants.
② Those boys are my friends.
③ This is your sweater.
④ Those mountain is not high.

Grammar Overall Test 13회

14

다음 중 짝지어진 두 단어의 관계가 나머지와 <u>다른</u> 것을 고르세요.

① your – yours
② his – his
③ her – hers
④ I – mine

15

다음 빈칸에 들어갈 말이 순서대로 연결된 것을 고르세요.

- _____ play tennis after school.
  방과 후에 테니스를 치자.
- _____ call me tonight.
  오늘 밤에 나에게 전화하지 마라.
- _____ go out today.
  오늘 밖에 나가지 말자.

① Let's – Don't – Let's not
② Let's not – Don't – Let's
③ Not let's – Do not – Let's
④ Let's – Do – Don't

16

다음 문장과 같은 의미인 문장을 고르세요.

- You should take some rest.

① You can take some rest.
② You have to take some rest.
③ You have to not take some rest.
④ You are going to take some rest.

17

두 문장이 같은 의미가 되도록 빈칸에 알맞은 말을 고르세요.

- You can see many flowers in the garden.
  = You can see _____ flowers in the garden.

① more
② some
③ a lot of
④ little

18

다음 빈칸에 들어갈 알맞은 말을 고르세요.

- The movie started at 5 o'clock, _____?

① did it
② didn't it
③ didn't you
④ isn't it

서술형 대비 문제

19

다음 문장에서 어법상 <u>어색한</u> 한 단어를 골라 바르게 고쳐 쓰세요.

- How a nice car you have!

_____ → _____

20

다음 문장을 will을 사용한 문장으로 바꿔 쓰세요.

• We are going to go fishing tomorrow.

→ _____

21

우리말 뜻과 같도록 괄호 안의 말을 바르게 배열하세요.
(단, 단어 하나의 형태를 바꿀 것)

너희 삼촌은 경찰이시니?

(uncle / your / a / be / police officer)

→ _____ ?

24

다음 빈칸에 들어갈 말이 바르게 짝지어진 것을 고르세요.

• Let's meet _____ 8 o'clock _____ the subway station.

① on – at
② at – on
③ in – on
④ at – at
⑤ in – at

22

밑줄 친 부분을 last night로 바꿔 쓸 때 빈칸에 알맞은 말을 쓰세요.

Sue takes a shower every day.

→ Sue _____ _____ _____ last night.

23

괄호 안의 말을 사용하여 문장을 완성하세요.

• I want _____. (glass)
나는 우유 한잔을 원해요.

25

다음 대화의 빈칸에 들어갈 알맞은 말을 각각 쓰세요.

(1) A: _____ long does it take?
   B: It takes 30 minutes.

(2) A: _____ did you call me yesterday?
   B: Because I had a question.

Grammar Overall Test 14회

1

다음 중 짝지어진 두 단어의 관계가 나머지와 <u>다른</u> 것을 고르세요.

① thin – fat
② fast – slow
③ hot – cold
④ strong – tall

2

다음 빈칸에 들어갈 알맞은 말을 고르세요.

- Let's go camping today, _____?

① shall we
② don't you
③ do you
④ will we

3

다음 중 3인칭 단수형이 <u>잘못된</u> 것을 고르세요.

① find – finds
② take – takes
③ swim – swimes
④ worry – worries

4

다음 중 밑줄 친 부분의 쓰임이 나머지와 <u>다른</u> 것을 고르세요.

① Korea has a <u>long</u> history.
② <u>Many</u> people skip breakfast.
③ The clerk at the counter was very <u>kind</u>.
④ We can enjoy the <u>beautiful</u> view of the city.

5

다음 대화의 빈칸에 들어갈 알맞은 말을 고르세요.

A: How long does it take to the hospital?
B: It takes forty minutes _____ bus.

① on
② by
③ in
④ at

6

다음 대화의 밑줄 친 부분 중 <u>어색한</u> 것을 고르세요.

A: <u>How much</u> days are <u>there</u> <u>in a year?</u>
     ①   ② ③
B: There <u>are</u> 365 days.
        ④

7

다음 중 빈칸에 들어갈 말이 나머지와 <u>다른</u> 것을 고르세요. (시제는 모두 현재)

① My wife _____ an engineer.
② She _____ talking to her mom.
③ Kevin and I _____ elementary students.
④ James _____ having lunch with his grandmother.

8

다음 우리말을 영어로 바르게 옮긴 것을 고르세요.

> 정말 예쁜 신발이구나!

① How pretty shoes it is!

② How pretty shoes they are!

③ What pretty shoes they are!

④ What a pretty shoes they are!

9

다음 빈칸에 공통으로 들어갈 알맞은 말을 고르세요.

> • Jason asked me _____ questions.
> • I studied very _____ last night.

① often

② hard

③ much

④ difficult

10

다음 빈칸에 들어갈 알맞은 말을 고르세요.

> • Let's go home _____ it gets too dark.
> 너무 어두워지기 전에 집에 가자.

① before

② and

③ because

④ after

11

다음 문장을 부정문으로 바르게 바꾼 것을 고르세요.

> • I'm traveling with my family.

① I'm don't traveling with my family.

② I'm not traveling with my family.

③ I don't traveling with my family.

④ I not am traveling with my family.

12

다음 중 잘못된 문장을 고르세요.

① You may not enter this room.

② You must follow the rules.

③ We cannot join the cartoon club.

④ She will marries him next year.

13

다음 우리말을 영어로 바꿔 쓸 때 빈칸에 알맞은 말을 고르세요.

> 개구리는 토끼만큼 높이 점프할 수 있다.
> ➡ A frog can _____ a rabbit.

① jump as high as

② jumps as high as

③ is jump as higher as

④ jump higher than

14

다음 빈칸에 들어갈 말이 바르게 짝지어진 것을 고르세요.

> • This present is _____ you.
> 이 선물은 너를 위한 거야.
> • We don't have classes _____ Saturday.
> 우리는 토요일에는 수업이 없다.

① on – on
② with – in
③ for – on
④ for – at

15

다음 중 짝지어진 대화가 어색한 것을 고르세요.

① A: Where does she live?
   B: Yes, she does.
② A: Is Jimin good at soccer?
   B: Yes, he is.
③ A: Do you have a calendar?
   B: No, I don't.
④ A: Who is this little boy?
   B: He is my younger brother.

16

다음 대화의 빈칸에 들어갈 말이 바르게 짝지어진 것을 고르세요.

> A: What _____ you do last weekend?
> B: I _____ to the amusement park with my parents.

① do – went
② do – did go
③ did – went
④ did – go

17

대화의 밑줄 친 It의 쓰임이 나머지와 다른 것을 고르세요.

① A: What day is it?
   B: It's Sunday.
② A: What time is it now?
   B: It's four thirty.
③ A: How's the weather?
   B: It's sunny and warm.
④ A: Whose doll is this?
   B: It's Jenny's.

18

다음 중 잘못된 문장을 고르세요.

① Be honest.
② Let's not speak aloud.
③ Do swim not in this lake.
④ Give this letter to your daughter.

서술형 대비 문제

19

괄호 안의 말을 바르게 배열해 문장을 완성하세요.

> (don't / you / to / have / bring)
> 너는 네 교과서들을 가지고 올 필요가 없다.

→ _____ your textbooks.

20

다음 문장을 의문문으로 바꿔 쓰세요.

• Susan solved the difficult problem.

→ _____

21

다음 문장에서 <u>어색한</u> 한 단어를 찾아 바르게 고쳐 쓰세요.

• Some people spend too many money.

_____ → _____

22

우리말과 같도록 괄호 안의 말을 활용하여 문장을 완성하세요. (총 7단어로 쓸 것)

우리는 한 시간 동안 컴퓨터 게임을 할 것이다.
(be, computer games, play)

→ _____ for an hour.

23

다음 문장의 주어를 대명사로 바꿔 문장을 다시 쓰세요.

• The boys and girls will get a prize.

→ _____

중학교 시험에는 이렇게!

24

다음 중 어법상 옳은 문장이 바르게 짝지어진 것을 고르세요.

ⓐ A bird is in a cage.
ⓑ She draw a picture in her room.
ⓒ Are your brother 13 years old?
ⓓ He plays football in the stadium.
ⓔ They doesn't live in America.

① ⓐ, ⓑ   ② ⓐ, ⓓ   ③ ⓑ, ⓒ
④ ⓐ, ⓒ, ⓔ   ⑤ ⓒ, ⓓ, ⓔ

25

두 문장의 뜻이 같도록 빈칸에 알맞은 말을 고르세요.

• Judy rarely washes her hands after she gets home.
= Judy _____ washes her hands after she gets home.

① never   ② often
③ always   ④ hardly
⑤ sometimes

1
다음 중 명사의 복수형이 <u>잘못된</u> 것을 고르세요.

① monkey – monkeies
② bench – benches
③ stone – stones
④ wolf – wolves

2
다음 중 동사의 과거형이 <u>잘못된</u> 것을 고르세요.

① tell – told
② catch – catched
③ win – won
④ hurry – hurried

3
다음 중 어법상 <u>잘못된</u> 것을 고르세요.

① a cup of tea
② three loaves of meat
③ a slice of pizza
④ two bowls of cereals

4
다음 중 밑줄 친 부분이 <u>잘못된</u> 문장을 고르세요.

① Whose watch is <u>that</u> on the sofa?
② <u>Those</u> boy is not clever.
③ I made <u>this</u> soup for you.
④ <u>These</u> pictures are special to me.

5
다음 빈칸에 들어갈 가장 알맞은 말을 고르세요.

• I can speak Korean, _____ I can't speak Japanese.

① before
② but
③ or
④ because

6
다음 문장의 빈칸에 들어갈 수 <u>없는</u> 것을 고르세요.

• His voice was very _____.

① soft
② quiet
③ peace
④ lovely

7
다음 빈칸에 들어갈 알맞은 말을 고르세요.

• You _____ the battery.
너는 배터리를 바꿀 필요가 없다.

① don't have to change
② don't have change
③ don't to change
④ don't change

8

다음 중 대화의 밑줄 친 it과 쓰임이 같은 것을 고르세요.

> A: Is this your picture?
> B: Yes, it is.

① It's true.
② It's April 8th.
③ It's about 3 kilometers.
④ It's very cold outside.

9

다음 중 잘못된 문장을 고르세요.

① I won't clean the floor.
② You may not go out alone.
③ Tom can't finish the work on time.
④ He musts wear the school uniform.

10

다음 중 빈칸에 Is[is]가 들어갈 수 없는 것을 고르세요.

① _____ there any butter in the fridge?
② There _____ some water in the bottle.
③ There _____ twelve deer in the forest.
④ _____ there a Chinese restaurant near here?

11

다음 빈칸에 들어갈 알맞은 말을 고르세요.

> • Emma brushes her teeth twice a day,
> _____?
> Emma는 하루에 두 번 이를 닦아, 그렇지 않니?

① doesn't she
② does she
③ isn't she
④ is she

12

다음 우리말을 영어로 바르게 옮긴 것을 고르세요.

> 나는 정문에서 엄마를 기다리고 있다.

① I am waiting for my mother at the gate.
② I was waiting for my mother at the gate.
③ I waiting for my mother at the gate.
④ I am wait for my mother at the gate.

13

다음 중 밑줄 친 부분이 알맞게 쓰인 것을 고르세요.

① He turned off the light, didn't he?
② I want to go there with your.
③ The teacher called you and my.
④ Mike sent we some cookies.

14

다음 빈칸에 들어갈 알맞은 말을 고르세요.

> • Jamie was lying _____ her mom and dad.
> Jamie는 엄마와 아빠 사이에 누워 있었다.

① behind

② next to

③ between

④ in front of

15

다음 대화의 빈칸에 들어갈 말이 바르게 짝지어진 것을 고르세요.

> A: _____ did you find my eraser?
> B: I found _____ under the chair.

① What – it

② Where – it

③ Where – them

④ What – you

16

다음 우리말을 영어로 바르게 옮긴 것을 고르세요.

> 러시아는 세계에서 가장 큰 나라이다.

① Russia is largest country in the world.

② Russia is larger country in the world.

③ Russia is the largest country in the world.

④ Russia is the most largest country in the world.

17

다음 빈칸에 들어갈 알맞은 말을 고르세요.

> • Close the window, _____ you will catch a cold.

① or   ② and

③ after   ④ but

18

다음 문장을 의문문으로 바르게 바꾼 것을 고르세요.

> • My mom usually checks the weather report.

① Is your mom usually checks the weather report?

② Was your mom usually check the weather report?

③ Does your mom usually check the weather report?

④ Does your mom usually checks the weather report?

서술형 대비 문제

19

우리말과 같도록 빈칸에 제시된 말들을 배열하세요. (단, 새로운 단어 하나를 추가할 것)

> • Turn off the radio ___sleep / go / you / to___ .
> 잠자리에 들기 전에 라디오를 꺼라.

→ _____

20

다음 문장을 부정문으로 바꿔 쓸 때, 괄호 안의 말들을 알맞게 배열하세요. (단, 필요 없는 단어 하나를 뺄 것)

> • I have enough money.

(do / enough / money / to / not / have)

→ I _____ .

21

각 문장의 빈칸에 알맞은 말을 〈보기〉에서 골라 쓰세요. (한 번씩만 사용할 것)

> **보기**
> in   up   at   on

(1) We spent our holidays _____ Canada.

(2) Jim left a piece of pizza _____ the table.

(3) He can come _____ three this afternoon.

(4) We are going to climb _____ the mountain.

중학교 시험에는 이렇게!

24

다음 중 잘못된 문장을 고르세요.

① She hardly eats hamburgers.

② I will never forget your face.

③ Sumin sometimes goes to church.

④ Tony always is kind to everyone.

⑤ The prince is usually in the castle.

22

다음 두 가지 대답에 대한 질문을 괄호 안의 말을 배열하여 완성하세요.

> (1) Yes, you may.   (2) No, you may not.

(may / cart / I / this / use)

→ _____ ?

23

우리말과 같도록 괄호 안의 말을 알맞게 배열하세요.

> 얼마나 지루한 영화인가!
> (boring / how / is / the movie)

→ _____ !

25

다음 중 밑줄 친 부분이 알맞게 쓰인 것을 고르세요.

① I don't have <u>many</u> time.

② I have too <u>many</u> homework.

③ We visited <u>many</u> places in Busan.

④ There will be <u>much</u> people in the subway.

⑤ I bought <u>much</u> oranges at the supermarket.

Grammar Overall Test 16회

1

다음 중 동사의 과거형이 <u>잘못된</u> 것을 고르세요.

① stop – stoped
② walk – walked
③ hurt – hurt
④ wear – wore

2

다음 중 3인칭 단수형이 <u>잘못된</u> 것을 고르세요.

① start – startes
② cross – crosses
③ understand – understands
④ believe – believes

3

다음 빈칸에 들어갈 알맞은 말을 고르세요.

• Alex is going _____ the mountain.
Alex는 산을 내려가고 있다.

① up   ② down
③ into   ④ on

4

다음 중 밑줄 친 부분이 <u>잘못된</u> 문장을 고르세요.

① Is <u>your</u> sister a dentist?
② Parents care for <u>their</u> babies.
③ Leo had dinner with <u>me</u>.
④ Is this <u>him</u> calendar?

5

다음 우리말을 영어로 바르게 옮긴 것을 고르세요.

너와 네 남동생은 그 콘서트 표를 가지고 있니?

① Have you and your brother the concert tickets?
② Do you and your brother have the concert tickets?
③ Are you and your brother have the concert tickets?
④ Does you and your brother have the concert tickets?

6

밑줄 친 부분의 쓰임이 나머지와 <u>다른</u> 것을 고르세요.

① Jim is a <u>curious</u> boy.
② Chris is very <u>busy</u> lately.
③ He collects <u>famous</u> coins.
④ Summer is my <u>favorite</u> season.

7

다음 중 <u>잘못된</u> 문장을 고르세요.

① Tom doesn't have a bike.
② What does Lisa do for fun?
③ They didn't knew the fact.
④ Who moved the bookshelf?

8

다음 문장의 빈칸에 들어갈 수 <u>없는</u> 것을 고르세요.

> • His car is as _____ as mine.

① fast   ② good

③ larger   ④ old

9

다음 중 비교급과 최상급이 <u>잘못된</u> 것을 고르세요.

① much – more – most

② fresh – fresher – freshest

③ soft – more soft – most soft

④ difficult – more difficult – most difficult

10

다음 빈칸에 공통으로 들어갈 알맞은 말을 고르세요. (대·소문자 구분 없음)

> • We had _____ snow last week.
> • _____ people drink sodas every day.

① a few

② a little

③ much

④ a lot of

11

다음 중 <u>잘못된</u> 문장을 <u>두 개</u> 고르세요.

① Can she drives a car?

② He is going to staying here today.

③ You must not touch the flowers.

④ I will return the book to the library today.

12

다음 대화의 빈칸에 들어갈 알맞은 말을 고르세요.

> A: Whose ring is this?
> B: _____ Tina's.

① Its   ② It's

③ This   ④ Those are

13

다음 중 짝지어진 대화가 <u>어색한</u> 것을 고르세요.

① A: Is this your letter?
  B: Yes, it is.

② A: Where are you going?
  B: I am going to the museum.

③ A: How do you go to school?
  B: I go to school by bus.

④ A: Are there many students in the playground?
  B: Yes, they are.

14

다음 문장을 과거진행형으로 바르게 바꾼 것을 고르세요.

> • Jenny practiced yoga in the gym.

① Jenny practicing yoga in the gym.

② Jenny is practiced yoga in the gym.

③ Jenny was practiced yoga in the gym.

④ Jenny was practicing yoga in the gym.

15

다음 중 형용사와 부사가 바르게 짝지어지지 <u>않은</u> 것을 고르세요.

① late(늦은) – lately(늦게)

② heavy(무거운) – heavily(무겁게)

③ fast(빠른) – fast(빨리)

④ hard(열심히 하는) – hard(열심히)

16

다음 대화의 빈칸에 들어갈 알맞은 말을 고르세요.

> A: _____ is Jim doing?
> B: He is printing the letter from Yumi.

① Who

② What

③ When

④ Why

17

다음 빈칸에 알맞은 말이 바르게 짝지어진 것을 고르세요.

> • I _____ to speak Spanish.
> • You _____ make a noise in the library.

① can – must not

② must – may

③ am able – must not

④ going – should

18

다음 빈칸에 들어갈 알맞은 말을 고르세요.

> • My mother and I went to a shopping mall last weekend. I bought a blue dress. I'll wear _____ today.

① it   ② they

③ those   ④ them

서술형 대비 문제

19

다음 문장에서 주어와 동사를 찾아 각각 쓰세요.

> • There are two old cars in the garage.

→ 주어: _____

동사: _____

20

다음 우리말과 같도록 괄호 안의 말을 활용하여 문장을 완성하세요.

> 그는 매일 우유 한잔을 마시니?
> (drink / do / glass)

→ _____ every day?

21

괄호 안의 말을 모두 사용하여 우리말과 같도록 문장을 완성하세요. (단, 새로운 단어 하나를 추가할 것)

> 그것 정말 충격적인 이야기구나!
> (a / that / shocking / is / story)

→ _____!

중학교 시험에는 이렇게!

24

다음 중 밑줄 친 부분이 잘못된 것을 두 개 고르세요.

① Close the window, don't you?
② Amy is very clever, isn't she?
③ Let's join the chess club, shall we?
④ Mr. Anderson doesn't like you, does he?
⑤ You met your sister at the library, did you?

22

다음 문장에서 어색한 한 단어를 찾아 바르게 고쳐 쓰세요.

> • Keep your promise, because you will lose your friend.
> 약속을 지켜라. 그러지 않으면 너는 네 친구를 잃을 것이다.

_____ → _____

23

다음 우리말과 같도록 괄호 안의 말을 사용하여 문장의 빈칸을 채우세요.

> 지민이는 나보다 더 조심스럽게 운전한다. (carefully)

→ Jimin drives _____ _____ _____ me.

25

다음 빈칸에 들어갈 말이 순서대로 연결된 것을 고르세요.

> • In Korea, it rains a lot _____ summer.
> 한국에서는 여름에 비가 많이 온다.
> • There are many toys _____ my box.
> 내 상자 안에는 많은 장난감들이 있다.
> • I ate ice cream _____ this spoon.
> 나는 이 숟가락으로 아이스크림을 먹었다.

① on – on – with
② in – in – with
③ in – in – at
④ at – at – in
⑤ with – in – on

Grammar Overall Test 17회

1
짝지어진 두 단어의 관계가 나머지와 다른 것을 고르세요.

① calm – calmly

② deep – deeply

③ easy – easily

④ love – lovely

2
다음 중 어법상 잘못된 것을 고르세요.

① on Thursday

② at summer

③ in France

④ by taxi

3
다음 중 비교급과 최상급이 잘못된 것을 고르세요.

① cheap – cheaper – cheapest

② low – lower – lowest

③ thin – thiner – thinest

④ little – less – least

4
다음 중 밑줄 친 부분이 잘못된 문장을 고르세요.

① I need a carton of milk.

② He has two bottle of water.

③ She ate three bowls of cereal.

④ Do you have six sheets of paper?

5
다음 중 잘못된 문장을 고르세요.

① Please tell us the news.

② Let's not forget his birthday.

③ Bring their to me, please.

④ I put my dolls on the shelf.

6
다음 중 밑줄 친 부분과 바꿔 쓸 수 있는 것을 고르세요.

• They are going to paint the room orange.

① can paint

② will paint

③ must paint

④ should paint

7
다음 표의 내용을 가장 잘 나타낸 문장을 고르세요.

Jake wears jeans on ...						
Sun.	Mon.	Tue.	Wed.	Thu.	Fri.	Sat.
○	×	○	○	○	×	○

① Jake rarely wears jeans.

② Jake never wears jeans.

③ Jake always wears jeans.

④ Jake usually wears jeans.

8

다음 빈칸에 들어갈 가장 알맞은 말을 고르세요.

> • I do not like candies _____ my little brother likes sweet things.

① but   ② because

③ or   ④ after

9

다음 중 잘못된 문장을 고르세요.

① The meeting starts at 2 o'clock.

② Let's meet in Thursday.

③ We walked along the river.

④ Tell us about your holiday plans.

10

〈보기〉의 밑줄 친 It과 쓰임이 같은 것을 고르세요.

> 보기
> • We are working late. It's already midnight.

① It is so bright outside.

② It has a tail, doesn't it?

③ It is Eric's e-mail address.

④ I did well on the test. It was easy.

11

다음 중 밑줄 친 부분이 잘못된 문장을 고르세요.

① He guided us to the history museum.

② Really? We didn't heard the news.

③ The animal doesn't hunt alone.

④ When does the class begin?

12

다음 중 밑줄 친 말의 쓰임이 〈보기〉와 같은 것을 고르세요.

> 보기
> • Don't worry. It's clean water.

① That's a great idea.

② The air smells fresh.

③ The place looks different now.

④ I feel bad. I have to go home.

[13-14] 다음 우리말을 영어로 바르게 옮긴 것을 고르세요.

13

> 정말 흥미진진한 모험이었어!

① What exciting adventure was!

② What an exciting adventure was!

③ What exciting an adventure it was!

④ What an exciting adventure it was!

14

> 머리를 먼저 말려라, 그러지 않으면 감기에 걸릴 거야.

① Dry your hair first, or you'll catch a cold.

② Dry your hair first, or won't catch a cold.

③ Dry your hair first, and you'll catch a cold.

④ Dry your hair first, and you won't catch a cold.

[15-16] 다음 중 짝지어진 대화가 <u>어색한</u> 것을 고르세요.

15

① A: Are you ready for the interview?
   B: No, I'm not.
② A: Is your shop always this busy?
   B: Yes, we have a lot of customers.
③ A: The mushrooms were not on sale, were they?
   B: Yes, they aren't.
④ A: Tony was sick all day, wasn't he?
   B: Yes, he was.

16

① A: How was your vacation?
   B: It's not bad.
② A: Who was the lady at John's office?
   B: Well, I didn't see anybody.
③ A: Why are you so happy today?
   B: I like snow and it's snowing outside.
④ A: Are these shoes yours?
   B: Yes, they are.

17

다음 빈칸에 들어갈 알맞은 말을 고르세요.

> • The phone _____ in the living room.
> 거실에서 전화기가 울리고 있다.

① rang
② was ring
③ is ringing
④ was ringing

18

다음 글을 읽고, Fabio와 Luca에 대해 가장 잘 나타낸 것을 고르세요.

> • A long time ago, there was a big war in Genoa. Fabio fought bravely in the war and saved many people. But his friend Luca ran away. Fabio became a hero of the town.

① Fabio was as brave as Luca.
② Luca was braver than Fabio.
③ Luca was not as brave as Fabio.
④ Fabio was not as brave as Luca.

서술형 대비 문제

19

다음 표를 보고, 빈칸에 각각 알맞은 대답을 쓰세요. (각각 세 단어로 쓸 것)

Sarah is my sister. She speaks ...		
English	Korean	Russian
◯	◯	✕

Roy is my brother. He speaks ...		
Spanish	Chinese	Japanese
◯	✕	◯

> A: Sarah speaks English and Korean, doesn't she?
> B: (1) _____
> A: How about Roy? He doesn't speak Chinese, does he?
> B: (2) _____

20

다음 빈칸에 각각 알맞은 접속사를 쓰세요. (모두 b로 시작할 것)

- I failed the exam (1)_____ my score was poor.
- Check the office again (2)_____ you leave.
- I missed the event (3)_____ I'm okay.

21

다음 문장에서 <u>어색한</u> 부분을 찾아 번호를 쓰고 바르게 고쳐 쓰세요.

- Fred took a few <u>slice</u> <u>of</u> <u>cheese</u> <u>out of</u>
        ① ②   ③   ④
  the refrigerator.

→ [   ]: _____

중학교 시험에는 이렇게!

24

다음 중 <u>잘못된</u> 문장을 <u>두 개</u> 고르세요.

① Why it did rain so much?

② When do you go to sleep?

③ What does time the bank close?

④ How much money do you need?

⑤ Who is talking on the phone?

22

빈칸에 알맞은 말을 각각 〈보기〉에서 골라 쓰세요.

> **보기**
>
> | | | |
> |---|---|---|
> | she | us | they |
> | them | mine | her |

(1) I'll borrow _____ sunglasses. Will you bring yours?

(2) We had new dishes at the restaurant. You should try _____ later.

23

두 문장이 같은 뜻이 되도록 〈조건〉에 맞게 문장을 완성하세요.

> **조건**
>
> 1) be동사를 포함할 것
> 2) 총 9단어로 쓸 것

- Jimmy can run 100 meters in 13 seconds.
  = Jimmy _____.

25

다음 문장의 빈칸에 들어갈 수 있는 말에는 ○를, 들어갈 수 <u>없는</u> 말에는 ✕를 쓰세요.

- There was a terrible car accident near my school _____.

(1) next time   → [   ]

(2) last week   → [   ]

(3) now   → [   ]

(4) two years later   → [   ]

(5) 50 minutes ago   → [   ]

(6) the day before yesterday → [   ]

Grammar Overall Test 18회

1

다음 중 명사의 복수형이 <u>잘못된</u> 것을 고르세요.

① wife – wives
② hero – heros
③ church – churches
④ company – companies

[2-3] 다음 중 밑줄 친 부분이 <u>잘못된</u> 것을 고르세요.

2

① <u>little</u> meat
② <u>a few</u> buttons
③ <u>lots of</u> humor
④ <u>much</u> vegetables

3

① <u>Can you hit</u> the ball with this bat?
② <u>May I speak</u> to Charlie, please?
③ Tom won't take the train, <u>will he</u>?
④ You <u>not should enter</u> the tower.

4

다음 빈칸에 들어갈 알맞은 말을 고르세요.

• The rabbit jumped into _____ cage.

① it   ② its
③ its'   ④ it's

5

다음 우리말을 영어로 바르게 옮긴 것을 고르세요.

그는 자기 침실에 이 디자인을 골랐다.

① He did chose this design for his bedroom.
② He choosed this design for his bedroom.
③ He chosed this design for his bedroom.
④ He chose this design for his bedroom.

6

다음 빈칸에 들어갈 말이 바르게 짝지어진 것을 고르세요.

• I started this trip _____ August third.
• Draw a circle _____ your finger.

① on – with
② on – up
③ in – with
④ at – for

7

다음 빈칸에 들어갈 알맞은 말을 고르세요.

• Always _____ to other people.

① being kind
② are kind
③ be kind
④ kind

8

다음 우리말을 영어로 바르게 옮긴 것을 고르세요.

> 비행기가 자동차보다 더 안전하다.

① Airplanes are safe than cars.
② Airplanes are safer than cars.
③ Airplanes are the safer than cars.
④ Airplanes are more safe than cars.

[9-11] 다음 빈칸에 들어갈 말이 나머지와 다른 것을 고르세요. (시제는 모두 현재, 대·소문자 구분 없음)

9

① Who _____ your favorite writer?
② What _____ the address on the screen?
③ The milk tastes sour, _____ it?
④ Austin _____ not from Germany.

10

① What _____ he do after school?
② _____ its wings look brown?
③ Where _____ she come from?
④ How _____ the movie end?

11

① There _____ funny clips on the Internet.
② There _____ not many airlines in Korea.
③ _____ there any chance for us?
④ _____ there any problems?

12

다음 빈칸에 공통으로 들어갈 말을 고르세요.

> • Don't drink that, _____ you will get sick.
> • You can go there by bus _____ by subway.

① and
② or
③ but
④ after

[13-14] 다음 중 밑줄 친 부분이 잘못된 문장을 고르세요.

13

① Clare's plan looks great.
② I often use my parents' car.
③ Don't tell her's news to Sam.
④ Lisa bought some men's clothes.

14

① It is beginning to rain.
② The boy is lying to me.
③ Some birds are sing on a tree.
④ We are talking about the danger.

15
다음 문장과 같은 의미인 문장을 고르세요.

> • Can you return soon?

① Are you able to return soon?

② Do you have to return soon?

③ Are you going to return soon?

④ Don't you have to return soon?

16

다음 문장에서 their가 들어갈 알맞은 곳을 고르세요.

> • We ① tried ② most ③ famous ④ dish.
> 우리는 그들의 가장 유명한 요리를 먹어보았다.

17

다음 문장의 빈칸에 들어갈 수 <u>없는</u> 것을 고르세요.

> • Today is a _____ day, isn't it?

① special

② clearly

③ cloudy

④ lovely

서술형 대비 문제

18
다음 문장을 괄호 안의 지시대로 바꿔 쓰세요.

(1) You pass the salt to Karen.
　　(주어를 Peter로)

→ _____

(2) What do they usually collect?
　　(주어를 your cousin으로)

→ _____

19
빈칸에 알맞은 말을 각각 〈보기〉에서 골라 쓰세요.

> 보기
> in front of　　across　　next to
> above　　behind　　through

(1) Three mice are running _____ the hole. 쥐 세 마리가 구멍을 통과해서 달리고 있다.

(2) Oh, something is flying _____ my eyes! 아, 무언가가 내 눈 앞에서 날고 있어!

20
감탄문이 되도록 주어진 말을 바르게 배열하세요.

> boy / is / what / he / honest / an

→ _____ !

21
각각의 문장에 알맞은 부가의문문을 쓰세요.

(1) The tea smells good, _____?

(2) Amy and Tony are not doing the dishes,
_____?

22
밑줄 친 부분을 바르게 고쳐 문장을 다시 쓰세요.

> • You <u>must take not photos</u> in the gallery.

→ _____

23
틀린 단어를 바르게 고쳐 문장을 다시 쓰세요.

> • The two lizards fighted one hour ago.

→ _____

24
다음 중 잘못된 문장을 고르세요.

① Henry is young but he is wise.
② Let's take a rest after we clean here.
③ Do you go out or stay at home today?
④ I didn't call him because forgot about it.
⑤ You must pay for the show before you enter.

25
우리말 뜻과 같도록 주어진 말을 배열하세요. (필요 없는 단어 하나를 뺄 것)

> exam / important / is / your / the / most / this

이것이 너의 가장 중요한 시험이니?

→ _____ ?

Grammar Overall Test 19회

1

다음 중 잘못된 것을 고르세요.

① this area

② these salt

③ that speed

④ those ideas

2

다음 중 동사의 -ing형이 잘못된 것을 고르세요.

① divide – dividing

② hold – holding

③ turn – turnning

④ discuss – discussing

3

다음 문장의 빈칸에 들어갈 수 없는 것을 고르세요.

• Why _____ print the photos?

① do the people

② does Jim

③ are they

④ did she

4

다음 대화의 질문에 알맞은 대답을 고르세요.

A: What's the date?
B: _____

① It's May.

② It's Thursday.

③ It's April thirteenth.

④ This is June second.

5

다음 중 밑줄 친 부분이 잘못된 문장을 고르세요.

① His voice is <u>lower than</u> mine.

② Room A is <u>warmer than</u> room B.

③ Steve uses <u>less oil than</u> Andrea.

④ Water is <u>clear than</u> tea.

6

다음 중 알맞은 대화를 고르세요.

① A: Will you take the lesson?
B: Yes, I won't.

② A: May I borrow this table?
B: Yes, you may.

③ A: Are you able to fix the machine?
B: Yes, I do.

④ A: Is Nick going to wash his car today?
B: No, he won't.

7

다음 문장과 같은 의미인 문장을 고르세요.

• The volleyball team never loses a game.

① The volleyball team never wins a game.

② The volleyball team always wins a game.

③ The volleyball team rarely wins a game.

④ The volleyball team usually loses a game.

8

다음 그림을 보고, 대화의 빈칸에 알맞은 말을 고르세요.

A: Excuse me, where is the Chinese restaurant?
B: It's right there, _____ the police office.

① across   ② next to
③ through   ④ along

[9-10] 다음 중 잘못된 문장을 고르세요.

9

① What a difficult problem is!
② How cute the baby is!
③ What a fantastic view!
④ How wonderful it is!

10

① How is she working today?
② Where are you having lunch?
③ What are they talking about?
④ Why is he liking mobile games?

[11-12] 다음 우리말을 영어로 바르게 옮긴 것을 고르세요.

11

나는 종이 두 장이 필요하다.

① I need two sheets of papers.
② I need two sheets of paper.
③ I need two sheet of papers.
④ I need two paper of sheets.

12

게으른 학생이 전혀 없었다.

① There were not any lazy student.
② There were not any lazy students.
③ There were any not lazy students.
④ There not were any lazy students.

13

다음 중 밑줄 친 부분이 잘못된 문장을 고르세요.

① Put your smartphone away <u>before you study</u>.
② He didn't understand the quiz <u>because it was not easy</u>.
③ Did you buy <u>potato chips or sandwiches</u>?
④ Let's open the box <u>after she will come here</u>.

14
다음 문장의 빈칸에 들어갈 수 없는 것을 고르세요.

- This map is _____, but you can copy it.

① theirs   ② hers

③ his   ④ its

15
다음 두 대화의 빈칸에 공통으로 들어갈 말을 고르세요.

A: What does she _____ on weekends?
B: She writes some novels.

C: Do Eva and Tom grow corns this year?
D: Yes, they _____.

① does   ② is

③ do   ④ are

16
다음 밑줄 친 부분의 쓰임이 나머지와 다른 것을 고르세요.

① Harry asked the hardest question.

② That is the highest tower in Mexico.

③ Why do you like chocolate the most?

④ Gloria is the quickest learner in my class.

서술형 대비 문제

17
다음 우리말 뜻과 같도록 주어진 말을 배열하세요. (단어 하나는 형태를 바꾸고, 단어 하나는 뺄 것)

sour / milk / drink / yesterday / did / who / the
누가 어제 상한 우유를 마셨니?

→ _____?

[18-19] 틀린 부분을 고쳐 문장을 다시 쓰세요.

18

- Why do those jeans so expensive?

→ _____

19

- Let's touch not the screen, shall we?

→ _____

20

우리말 뜻과 같도록 주어진 단어를 활용하여 문장을 완성하세요. (중복 사용 가능)

> be, as, thick, mine, not
> Tiffany의 책은 내 것만큼 두껍지 않다.

→ Tiffany's book _____.

21

다음 빈칸에 공통으로 들어갈 한 단어를 쓰세요.

> • Korean people eat noodles _____ chopsticks.
> • You can enjoy this funny game _____ your family.

→ _____

22

다음 우리말 뜻과 같도록 빈칸에 알맞은 말을 쓰세요.

> Paul은 자신의 아내를 우리에게 소개했어요, 그렇지 않나요?

→ Paul introduced his wife to us, _____?

23

다음 우리말 뜻과 같도록 빈칸에 알맞은 대명사를 쓰세요.

> 나의 사장님은 내게 몇 가지 좋은 아이디어에 대해 말했다. 하지만 나는 그 아이디어가 기억나지 않는다.

→ My boss told me about some good ideas. But I don't remember _____ now.

중학교 시험에는 이렇게!

24

다음 문장을 〈조건〉에 맞게 바꿔 쓰세요.

> • You must finish the work before 5 p.m.

> 조건
> 1) 주어를 Mr. Roger로 바꿀 것
> 2) have to를 사용할 것

→ _____

25

다음 중 잘못된 문장을 두 개 고르세요.

① What you are looking for?

② Monica stood here 30 minutes ago.

③ Don't hurry, or you'll miss something.

④ How was Oliver become a magician?

⑤ You don't have to fill in the blanks.

[1-3] 다음 중 잘못된 것을 고르세요.

1

① at night   ② in 2026

③ at your birthday   ④ in the evening

2

① our trip   ② its' leg

③ Mina's habit   ④ their customer

3

① much sand

② a little girl

③ lots of coins

④ a few sandwich

[4-5] 다음 중 밑줄 친 부분이 잘못된 것을 고르세요.

4

① the brightest light

② the darkest room

③ the sweetest fruit

④ the famoust song

5

① He read the e-mail twice yesterday.

② She put her scarf there last week.

③ You get the prize last month.

④ I hit the stone hard one hour ago.

6

다음 빈칸에 들어갈 알맞은 말을 고르세요.

- Emily took the train two hours ago. It's 8 o'clock now. She _____ arrive soon.

① is going   ② going to

③ is going to   ④ will going to

[7-8] 다음 중 잘못된 문장을 고르세요.

7

① Is it warm outside?

② That's not my goal.

③ These are not good cases.

④ There be a library near here.

8

① Tom's idea is as crazy as yours.

② Becky did many things than me.

③ I feel sadder today than yesterday.

④ Seoul is not as calm as Gyeongju.

9

다음 대화의 빈칸에 들어갈 알맞은 말을 고르세요.

A: Do your grandparents grow rice?
B: Yes, _____.

① they grow   ② they are

③ they do   ④ it does

10

다음 빈칸에 들어갈 말이 나머지와 <u>다른</u> 것을 고르세요.
(시제는 모두 현재)

① How _____ John doing?
② Why _____ the bear running?
③ Who _____ using the scissors?
④ When _____ she begin her concert?

11

다음 중 밑줄 친 말의 쓰임이 나머지와 <u>다른</u> 것을 고르세요.

① <u>Luckily</u>, I found my wallet.
② We can see the number more <u>clearly</u>.
③ The <u>early</u> bird catches the worm.
④ It's okay. Speak <u>freely</u>, please.

12

다음 글을 읽고, 빈칸에 알맞은 말을 고르세요.

• I have three erasers. The white eraser is 1 dollar, the pink eraser is 2 dollars, and the black eraser is 3 dollars.

→ The black eraser is _____ eraser.

① my the expensive
② my most expensive
③ most my expensive
④ my the most expensive

13

밑줄 친 부분을 바르게 바꿔 쓴 것을 고르세요.

• Maria <u>will not listen</u> to music tonight.

① won't not listens
② won't not listen
③ won't listens
④ won't listen

14

다음 우리말을 영어로 바르게 옮긴 것을 고르세요.

우리 그 문제를 나중에 논의하자, 그럴래?

① Let's discuss the problem later, let we?
② Let's discuss the problem later, shall we?
③ Lets' discuss the problem later, shall we?
④ Let discuss the problem later, are we?

15

다음 문장과 같은 의미가 되도록 알맞게 바꿔 쓴 것을 고르세요.

• What a boring story it is!

① How boring the story is!
② How boring is it!
③ How the story is boring!
④ How the story boring!

16

밑줄 친 It[it]의 쓰임이 나머지와 다른 것을 고르세요.

① Billy, is it foggy outside?

② Go home early. It's Friday.

③ Sorry, but what time is it now?

④ The cow kicked the wall and I saw it.

17

다음 빈칸에 들어갈 알맞은 말을 고르세요.

• Hey, _____?

① did who broke the vase

② who did break the vase

③ who breaked the vase

④ who broke the vase

서술형 대비 문제

18

다음 문장에서 틀린 단어를 찾아 바르게 고쳐 쓰세요.

• The dog looks angrily because someone is holding its tail.

_____ → _____

19

두 문장이 같은 뜻이 되도록 〈조건〉에 맞게 바꿔 쓰세요.

조건
1) be동사를 포함할 것
2) 총 8단어의 문장으로 쓸 것

• Can you use the ladder safely?

= _____

20

다음 문장을 〈조건〉에 맞게 바꿔 쓰세요.

• I understand your plan.

조건
1) 주어를 Austin으로 바꿀 것
2) 부정문으로 바꿀 것
3) 총 5단어의 문장으로 쓸 것

→ _____

21

우리말 뜻과 같도록 주어진 말을 배열하세요. (단어 하나
의 형태를 바꿀 것)

a / countries / of / in / there / Asia / be / lot
아시아에는 많은 나라들이 있다.

→ _____.

22

우리말 뜻과 같도록 주어진 말을 배열하세요. (단어 하나
를 빼고, 단어 하나를 새로 추가할 것)

the / cross / will / look carefully / you / road
길을 건너기 전에 조심히 살펴봐라.

→ _____.

중학교 시험에는 이렇게!

24

다음 중 빈칸에 should를 쓸 수 없는 것을 고르세요.

① I _____ find the correct answer.
② They _____ bring the textbook.
③ We _____ to check the date again.
④ He _____ send $100 to Amy.
⑤ You _____ turn off the TV now.

23

우리말 뜻과 같도록 괄호 안의 말을 활용하여 영작하세요.
(총 8단어로 쓸 것)

나는 지난밤에 빵 두 덩어리를 샀다. (buy, loaf)

→ _____

25

빈칸에 들어갈 수 있는 단어를 〈보기〉에서 모두 골라 쓰
세요.

• I worked for ABC company three years
ago. _____ was my first job.

보기

Its	That	They
I	Them	It

→ _____

일반동사 불규칙 변화

일반동사를 과거형/과거분사형으로 만들 때 -ed를 붙이면 규칙 변화입니다. (p.024)
다음은 **불규칙 변화** 동사들입니다. 기본적이고 중요한 동사들이므로 꼭 기억하세요!

[1] AAA형 원형 – 과거형 – 과거분사형이 같음

	원형	과거형	과거분사형	뜻	
1	cost	cost	cost	(돈이) 들다	☐
2	cut	cut	cut	자르다	☐
3	hit	hit	hit	치다	☐
4	hurt	hurt	hurt	다치게 하다	☐
5	put	put	put	놓다, 두다	☐
6	quit	quit	quit	그만두다	☐
7	read	read [red]	read [red]	읽다	☐
8	set	set	set	놓다, 자리잡게 하다	☐

[2] ABB형 과거형 – 과거분사형이 같음

	원형	과거형	과거분사형	뜻	
9	bend	bent	bent	구부리다	☐
10	bring	brought	brought	가져오다, 데려오다	☐
11	build	built	built	짓다, 세우다	☐
12	buy	bought	bought	사다	☐
13	catch	caught	caught	잡다, 붙잡다	☐
14	dig	dug	dug	파다	☐
15	feel	felt	felt	느끼다	☐
16	fight	fought	fought	싸우다	☐
17	find	found	found	찾다, 발견하다	☐
18	get	got	got / gotten	얻다	☐
19	hang	hung	hung	걸다, 매달다	☐
20	have	had	had	가지다; 먹다	☐
21	hear	heard	heard	듣다	☐
22	keep	kept	kept	유지하다, 지키다	☐
23	leave	left	left	떠나다, 남겨두다	☐
24	lose	lost	lost	잃어버리다; 지다	☐

	원형	과거형	과거분사형	뜻	
25	make	made	made	만들다	☐
26	meet	met	met	만나다	☐
27	pay	paid	paid	돈을 내다	☐
28	say	said	said	말하다	☐
29	sell	sold	sold	팔다	☐
30	send	sent	sent	보내다	☐
31	shoot	shot	shot	쏘다, 사진[영상]을 찍다	☐
32	sit	sat	sat	앉다	☐
33	sleep	slept	slept	자다	☐
34	spend	spent	spent	돈을 쓰다; 시간을 보내다	☐
35	stand	stood	stood	서다, 서 있다	☐
36	teach	taught	taught	가르치다	☐
37	tell	told	told	말하다	☐
38	think	thought	thought	생각하다	☐
39	understand	understood	understood	이해하다	☐
40	win	won	won	이기다; 상을 받다	☐

[3] ABC형 모두 다름

	원형	과거형	과거분사형	뜻	
41	bear	bore	born	참다, 견디다; 낳다	☐
42	begin	began	begun	시작하다	☐
43	blow	blew	blown	(바람이) 불다	☐
44	choose	chose	chosen	선택하다	☐
45	draw	drew	drawn	그리다	☐
46	drink	drank	drunk	마시다	☐
47	drive	drove	driven	운전하다	☐
48	eat	ate	eaten	먹다	☐
49	fall	fell	fallen	떨어지다	☐
50	fly	flew	flown	날다	☐
51	forget	forgot	forgotten	잊다	☐
52	freeze	froze	frozen	얼다	☐

53	give	gave	given	주다	☐
54	go	went	gone	가다	☐
55	grow	grew	grown	자라다; 기르다	☐
56	hide	hid	hidden	숨다	☐
57	know	knew	known	알다	☐
58	ride	rode	ridden	타다	☐
59	ring	rang	rung	(전화벨 등이) 울리다	☐
60	see	saw	seen	보다	☐
61	shake	shook	shaken	흔들다	☐
62	sing	sang	sung	노래하다	☐
63	sink	sank	sunk	가라앉다	☐
64	speak	spoke	spoken	말하다	☐
65	steal	stole	stolen	훔치다	☐
66	swim	swam	swum	수영하다	☐
67	take	took	taken	가져가다, 데려가다; 받다	☐
68	throw	threw	thrown	던지다	☐
69	wake	woke	waken	깨우다	☐
70	wear	wore	worn	입다; 착용하다	☐
71	write	wrote	written	쓰다	☐

[4] ABA형 원형과 과거분사형이 같음

	원형	과거형	과거분사형	뜻	
72	become	became	become	~이 되다	☐
73	come	came	come	오다	☐
74	run	ran	run	달리다	☐

[5] 헷갈리기 쉬운 불규칙 변화

	원형	과거형	과거분사형	뜻	
75	lay	laid	laid	낳다; 놓다; 눕히다	☐
76	lie	lay	lain	눕다; 놓여 있다	☐
77	lie	lied	lied	거짓말하다	☐

메가스터디BOOKS

초등영문법 문장의 원리

의 원리

Level

5

Final

실전 테스트

정답 및 해설

초등영문법 문장의 원리

Level **5**

Final
실전 테스트

정답 및 해설

정답 및 해설

DAY 01 명사
본책 p.009

A

1. classes   **2.** geese   **3.** candy   **4.** jeans
5. fish   **6.** zoos   **7.** mouse

해석

1. 나의 딸은 오늘 다섯 개의 수업이 있다.
2. Peter의 농장에는 거위 열두 마리가 있다.
3. 이 딸기 사탕은 매우 달다.
4. 그는 이 낡은 청바지를 입니?
5. 그 트럭은 시장에서 온 생선을 나른다.
6. 인도에는 몇 개의 동물원이 있니?
7. 나는 벤치 아래에서 쥐 한 마리를 보았다.

B

1. a dancer   → Andrea is a dancer.
2. eggs   → Do you have some eggs?
3. Elephants   → Elephants have big ears.
4. puppies   → The puppies are so cute.
5. cities   → How many cities will you visit?
6. sunglasses   → I bought these sunglasses last month.

해석

1. Andrea는 댄서이다.
2. 너는 달걀이 좀 있니?
3. 코끼리들은 귀가 크다.
4. 그 강아지들은 매우 귀엽다.
5. 너는 얼마나 많은 도시들을 방문할 거니?
6. 나는 지난달에 이 선글라스를 샀다.

C

1. a   **2.** two cups of coffee
3. toys   **4.** buses
5. leaves   **6.** a bag of flour
7. scissors   **8.** a carton of milk

해석

1. 나의 부모님은 지난주에 새 냉장고 한 대를 사셨다.
2. 그녀는 어제 커피 두 잔을 마셨다.
3. Collins 씨는 자녀들을 위해 네 개의 다른 장난감이 필요하다.
4. 파란 버스 세 대가 버스정류장에 있다.
5. 나무 위의 아름다운 잎들이 보이니?
6. 너는 밀가루 한 봉지가 왜 필요하니?
7. 너는 내 가위를 사용해도 돼. 내가 너에게 가위를 빌려줄게.
8. 나의 아들은 매일 우유 한 통을 마신다.

D

1. slices   **2.** jars   **3.** loaves   **4.** glass
5. bowl   **6.** bags   **7.** bars

DAY 02 대명사
본책 p.013

A

1. It   **2.** This   **3.** That   **4.** my   **5.** theirs

B

1. ours   **2.** her   **3.** It   **4.** his   **5.** our
6. It   **7.** yours   **8.** it   **9.** me, its

C

1. They are good friends.
2. Those gray gloves are mine.
3. I met your uncle yesterday and he was very kind.
4. You had dinner together.
5. A woman is in the park and her hat looks nice.
6. We are from Canada.

해석

1. Tony와 Jim은 좋은 친구들이다.
→ 그들은 좋은 친구들이다.
2. 저 회색 장갑은 내 장갑이다.
→ 저 회색 장갑은 나의 것이다.
3. 나는 어제 너희 삼촌을 만났고 너희 삼촌은 매우 친절하셨다.
→ 나는 어제 너희 삼촌을 만났고 그는 매우 친절하셨다.
4. 너와 Jimmy는 함께 저녁을 먹었다.
→ 너희들은 함께 저녁을 먹었다.
5. 한 여자가 공원에 있고 그 여자의 모자는 멋져 보인다.
→ 한 여자가 공원에 있고 그녀의 모자는 멋져 보인다.
6. Stacy와 나는 캐나다에서 왔다.
→ 우리는 캐나다에서 왔다.

D

1. They → Their
2. our → us
3. this → these
4. its → it
5. That → Those
6. That → It

DAY 03 be동사

본책 p.017

A

1. are 2. is 3. Is 4. are 5. are 6. is 7. are

해석

1. 이 도시의 길들은 깨끗하지 않다.
2. 올리브유 한 병이 선반 위에 있다.
3. 그 검은색 자동차는 그들의 것이니?
4. 그 사람들은 왜 아프니?
5. 커피 네 잔이 주방에 있다.
6. 너의 필통은 어디에 있니?
7. 냉장고 안의 달걀들은 신선하다.

B

1. How is the weather in Egypt
2. They are not your sneakers
3. Who is your best friend
4. Those triangles are not small
5. A slice of pizza is on the dish
6. What is your favorite food
7. Why are the babies sad

C

1. The men, They
2. An apple tree, It
3. These, Puppies, Those deer
4. That watermelon
5. The lights, The leaves
6. That, Your answer

해석

1. 그 남자들은/그들은 음악가가 아니다.
2. 사과나무 한 그루가/그것이 집 뒤에 있다.
3. 이것들은/강아지들은/그 사슴들은 매우 귀엽다.
4. 저 수박은 우리 것이 아니다.
5. 그 빛들은[조명들은]/그 잎들은 밝은 녹색이다.
6. 저것은/너의 답은 틀렸다.

D

1. When is, Her, is
2. Who is, is
3. Is, is, It's
4. Where are, They are
5. Is, isn't, He is
6. How is, is
7. Are, they are not, They are

DAY 04 일반동사

본책 p.021

A

1. enjoys 2. wear 3. Do 4. doesn't
5. does Catherine 6. cleans 7. prepare

해석

1. 그는 아침에 조깅을 즐긴다.
2. 그 소녀는 교복을 입지 않는다.
3. 너희 조부모님은 서울에 사시니?
4. 그녀의 오빠는 머리가 짧아, 그렇지 않니?
5. Catherine은 언제 뉴욕을 방문하니?
6. 누가 욕실을 청소하니?
7. 너의 친구는 파티를 위해 무엇을 준비하니?

B

1. Does your uncle come home late
2. How does Emily go to Australia
3. The river looks so deep, doesn't it
4. When do you go to school
5. Why does Ms. Johnson leave early
6. Where do the women stay this week
7. Who remembers the name of the mobile game

C

1. starts
2. Who drinks
3. doesn't
4. What do you have
5. doesn't have
6. What does Patrick do

해석

1. 그 축구 경기는 8시에 시작한다.
2. 누가 녹차를 마시니?
3. 너의 개 Max는 계단을 매우 잘 올라가, 그렇지 않니?
4. 너는 아침 식사로 무엇을 먹니?
5. 그 테니스 감독님은 자동차를 가지고 있지 않다.
6. Patrick은 방과 후에 무엇을 하니?

D

1. The buses run so fast on the road.
2. Do those birds have beautiful feathers?
3. My aunt does not[doesn't] wear scarf.
4. Your grandmother teaches science at middle school, doesn't she?
5. Does James listen to music every night?
6. What does Tiffany need?
7. Who uses the old cart?

해석

1. 그 자동차는 도로에서 매우 빨리 달린다.
   → 그 버스들은 도로에서 매우 빨리 달린다.
2. 그 새들은 아름다운 깃털이 있다.
   → 그 새들은 아름다운 깃털이 있니?
3. 나의 이모는 스카프를 착용하신다.
   → 나의 이모는 스카프를 착용하지 않으신다.
4. 너희 할머니는 중학교에서 과학을 가르치신다.
   → 너희 할머니는 중학교에서 과학을 가르치셔, 그렇지 않니?
5. 너는 매일 밤 음악을 듣니?
   → James는 매일 밤 음악을 듣니?
6. Tiffany는 새 옷이 좀 필요하다.
   → Tiffany는 무엇이 필요하니?
7. 나는 그 낡은 수레를 사용한다.
   → 누가 그 낡은 수레를 사용하니?

DAY 05 시제
본책 p.025

A

1. Where did you meet
2. Who swam
3. began
4. did not drop
5. is selling
6. Why did James leave

B

1. wrote
2. is tasting
3. were collecting
4. taught
5. are sleeping
6. caught
7. was smiling
8. read

해석

1. 나의 딸은 자기 친구에게 편지를 쓰고 있었다(→ 썼다).
2. 그 요리사는 주방에서 수프를 맛보았다(→ 맛보고 있다).

3. 나의 부모님은 오래된 동전을 모으셨다(→ 모으고 계셨다).
4. Lisa의 삼촌은 중학교에서 과학을 가르치신다(→ 가르치셨다).
5. 염소 몇 마리가 언덕에서 잠을 잤다(→ 자고 있다).
6. 고양이가 선반 위에서 거미를 잡는다(→ 잡았다).
7. 그 학생이 선생님께 미소를 지었다(짓고 있었다).
8. 그 어린 소년은 영어를 소리 내어 읽는다(→ 읽었다).

C

1. Was your cousin playing soccer after school?
2. How did the monkeys get bananas?
3. Did Victoria bring her textbook?
4. The horses did not eat carrots yesterday.
5. Are Ms. Dale and her son shopping at the store?
6. Where are the women learning yoga?
7. Who dropped these earrings here?
8. Why were you doing your homework at Steve's house?
9. What is he cutting in the garden now?
10. My uncle sent this photo to me last week.
11. When did you read that novel?

DAY 06 조동사
본책 p.029

A

1. They cannot take the bus in time
2. Those children have to get up early tomorrow
3. Will you find another job next year
4. Is Mr. Benson able to arrive at the station
5. You should exercise regularly

B

1. You may not open the mailbox.
2. You should get there before 6 p.m.
3. Your friend will join us tomorrow.
4. Will Emma go to Leo's birthday party?
5. Mark has to finish the work right now.
6. I am not able to play the piano.

C

1. Is, going to visit
2. Will, try
3. May, have
4. cannot, enter
5. is, to kick
6. must not, sleep
7. don't have to, fill

A

1. honest, never　**2.** bad, night
3. little, rainy　**4.** cars, careful

B

1. ✕: This <u>large</u> dinosaur did not live in Korea.
2. ○
3. ✕: Clara got <u>a lot of[lots of] honey</u> from her grandparents.
4. ✕: My brother <u>hardly</u> takes a walk.
5. ✕: Wow, that sounds <u>great</u>!
6. ✕: Where did you find <u>these little</u> balls?
7. ○

C

1. sweet　**2.** perfectly
3. well　**4.** Lots of, students
5. late, much　**6.** high, fast

해석

1. 나는 단 음식을 좋아하지 않는다.
2. 나는 지금 완벽히 기분이 좋다.
3. Tracy는 춤을 잘 춘다.
4. 많은 학생들이 도서관에서 공부하고 있다.
5. 왜 이렇게 늦었니? 우리는 시간이 많지 않아.
6. 농구 선수들은 높이 점프할 수 있고 그들은 빨리 달릴 수 있다.

D

1. sleepy, hungry　**2.** often, sometimes
3. lots of, a lot of　**4.** those nice, my close
5. my favorite, a famous　**6.** every

해석

1. 나의 개는 졸려/배고파 보인다.
2. 너는 어머니께 꽃을 자주/가끔 보내니?
3. 나는 배낭에 종이가 많다.
4. William은 그 멋진/나의 친한 친구들을 안다.
5. 해운대는 한국에서 내가 가장 좋아하는/유명한 해변이다.
6. 그 아이는 책장 위의 모든 책을 읽었다.

A

1. more interesting　**2.** most expensive
3. best　**4.** most famous
5. louder　**6.** hottest

B

1. more important than　**2.** easier than
3. cheaper than　**4.** brighter than
5. more exciting than　**6.** more useful than
7. better than　**8.** larger than

해석

1. 내게 자는 것이 먹는 것보다 더 중요하다.
2. 수학은 과학보다 더 쉬워, 그렇지 않니?
3. 이 책들이 저것들보다 더 싸다.
4. 저 화면은 이것보다 더 밝아 보인다.
5. 댄스 경연대회는 노래자랑보다 더 흥미진진했다.
6. 너의 아이디어는 내 것보다 더 유용하다.
7. Esther는 나보다 중국어를 더 잘 말한다.
8. 그 장난감은 이 상자보다 더 크지 않다.

C

1. the bravest　**2.** (the) fastest
3. (the) most quickly　**4.** the heaviest
5. the highest　**6.** the most difficult
7. (the) hardest　**8.** the worst

해석

1. Harrison 씨는 그의 마을에서 가장 용감한 사람이다.
2. Steve는 우리 반에서 가장 빨리 달릴 수 있다.
3. 이 식물은 나의 정원에서 가장 빨리 자란다.
4. 두 번째 그릇이 넷 중 가장 무겁다.
5. 세계에서 가장 높은 산은 무엇이니?
6. 이것은 시험에서 가장 어려운 문제이다.
7. Jamie는 사무실에서 가장 열심히 일한다.
8. 그것은 나에게 가장 나쁜 선택이었다.

D

1. as short as　**2.** as salty as
3. not as thick as　**4.** as early as
5. not as warm as　**6.** as popular as

DAY 09 전치사와 접속사

A

1. across   **2.** in   **3.** with

4. next to   **5.** by   **6.** about

7. through   **8.** between, and   **9.** for

10. in front of

B

1. or   **2.** because   **3.** and

4. but   **5.** after

C

1. A man is going up the hill.

2. Please knock on the door before you come in.

3. What are you going to do on September fifth?

4. The radio program starts at 9 a.m.

5. You can see lions, giraffes, and zebras in Africa.

D

1. should arrive before the game begins

2. Are you coming to the Christmas party with

3. caught a cold because it was so cold last week

4. won the first prize in 2021

5. will clean the living room after they leave

6. went to the shop but didn't buy anything

DAY 10 다양한 문장 형태

본책 p.045

A

1. There are a lot of offices in the building

2. Is there any chance for me

3. There was a car accident last Saturday

4. Are there any customers at the bookstore

5. There are many toys in the box

6. There is not any water in the glass

B

1. Don't kick   **2.** follow, and

3. Let's have   **4.** Be

5. Let's not swim   **6.** Don't be

7. Try, or

C

1. How exciting the match is

2. What high towers they are

3. What an old tree it is

4. How amazing the stories are

5. How sweet the ice cream is

6. What a dangerous road it is

D

1. dirty the kitchen is

2. smart Sally is

3. a cute girl she is

4. heavy boxes they are

5. fresh the vegetables are

해석

1. 주방이 더럽다.

   → 주방이 정말 더럽구나!

2. Sally는 똑똑하다.

   → Sally는 정말 똑똑하구나!

3. 그녀는 귀여운 소녀이다.

   → 그녀는 정말 귀여운 소녀이구나!

4. 상자들이 무겁다.

   → 정말 무거운 상자들이구나!

5. 채소가 신선하다.

   → 채소가 정말 신선하구나!

06   초등영문법 Level 5

1. ④ 2. ④ 3. ② 4. ② 5. ④ 6. ③
7. ① 8. ② 9. ② 10. ③ 11. ③ 12. ②
13. ③ 14. ④ 15. ③ 16. ② 17. ③ 18. ①
19. were 20. are 21. Was Jason drawing a picture?
22. How can I get to the library
23. Let's go on a picnic this weekend
24. ③, ④ 25. ①

해석 & 해설

1. ④ lend의 과거형은 lent이다.
   ① 가다 ② 치다, 때리다
   ③ 수영하다 ④ 빌려주다

2. ④ beautiful의 비교급은 more beautiful이다. 3음절 이상인 단어는 비교급에 more를 쓴다.
   ① 부드러운 ② 얇은; (몸이) 마른
   ③ 좋은 ④ 아름다운, 멋진

3. ② the boy를 가리키는 대명사(주어)가 들어갈 자리이므로 He가 알맞다.
   A: 이 사진 속의 소년은 누구니?
   B: 그는 내 남동생이야.

4. ② 날짜(date)를 물었으므로 빈칸에는 비인칭 주어 It이 알맞다.
   A: 며칠이니?
   B: 9월 1일이야.

5. ④ 빈칸 뒤에 Susan의 것이라는 대답으로 보아 No라고 대답하는 것이 자연스러우므로 No, it isn't.가 알맞다.
   A: 이거 네 티셔츠니?
   B: 아니, 그렇지 않아. 그건 Susan의 것이야.

6. ③의 It은 '그것(= my sister's hat)'이라고 해석되는 대명사이고, 나머지는 시간, 요일, 날씨를 나타낼 때 쓰는 비인칭 주어 It이다. 이때 It은 '그것'이라고 해석하지 않는다.
   ① 2시 30분이야.
   ② 오늘이 무슨 요일이니?
   ③ 그것은 내 여동생의 모자야.
   ④ 밖이 춥다.

7. ① Jim은 셋 중에 가장 키가 크고 나이가 많으므로 첫 번째 빈칸에는 the tallest와 the oldest가 들어갈 수 있다. 표를 보면 Sue는 Jane보다 더 어리고 두 번째 빈칸 뒤에는 than이 있으

므로 비교급인 younger가 알맞다. 따라서 이에 알맞은 답은 ①이다.
   • Jim은 셋 중에 가장 키가 큰 학생이다.
   • Sue는 Jane보다 더 어리다.
   • height 키 • age 나이

8. ② 친구들과 축구한다고 대답했으므로 '무엇(What)'을 하는지 묻는 것이 알맞다.
   ① 어떻게 ② 무엇을
   ③ 언제 ④ 누가
   A: 너는 자유 시간에 무엇을 하니?
   B: 나는 친구들과 축구해.
   • free time 자유 시간, 여가 시간

9. ② 이 문장에서 조동사 may는 '~해도 된다'라는 의미로 허락을 나타낸다.
   ① 나는 과학을 공부할 것이다. (예정)
   ② 너는 여기에 앉아도 된다.
   ③ 너는 이 강에서 수영하면 안 된다. (금지)
   ④ 너는 돈을 절약해야 한다. (의무)
   • save 절약하다, 아끼다

10. ③ smart(똑똑한)의 최상급 smartest가 알맞다.
    ① 가장 큰 ② 가장 인기 있는
    ③ 가장 똑똑한 ④ 가장 어려운

11. ③ '~할 수 있다'라는 의미로 쓰인 can은 be able to로 바꿔 쓸 수 있다. be동사는 주어에 따라 am/are/is를 선택하는데, 주어가 Jack(3인칭 단수)이므로 is를 쓴다.
    • Jack은 기타를 칠 수 있다.

12. ② -x로 끝나는 단어는 복수형을 만들 때 -es를 붙이므로 box의 복수형은 boxes이다.
    ① 여자들 몇 명이 요리하고 있다.
    ② 우리는 그 상자들을 운반할 것이다.
    ③ 나뭇잎들 좀 봐.
    ④ 방에 다섯 명의 아이들이 있다.
    • carry 운반하다, 옮기다

13. ③ '정오에(= 낮 12시에)'는 at noon이다. 나머지는 모두 in이 들어간다.
    ① 내 생일은 4월이다.
    ② 나는 2015년에 12살이었다.
    ③ Tim과 나는 정오에 만날 것이다.
    ④ 우리 할아버지는 저녁에 산책하러 가신다.
    • April 4월 • noon 정오, 낮 12시
    • go for a walk 산책하러 가다

14. ④ 첫 번째 빈칸에는 명령문 뒤의 '그러지 않으면'이므로 or가 알맞다. 두 번째 빈칸에는 '~이지만'이므로 but이 알맞다.
- 공부를 열심히 해라, 그러지 않으면 너는 좋은 점수를 받을 수 없다.
- 나는 그 카메라를 사고 싶지만 돈이 많지 않다.
- grade 점수
- 「want to+동사원형」~하고 싶다

15. ③ 과거형인 cleaned를 과거진행형으로 바꾸면 was/were cleaning이다. 주어가 복수인 My sister and I이므로 동사는 were cleaning이 알맞다.
- 나의 언니와 나는 거실을 청소했다(→ 청소하고 있었다).

16. ② 일반동사(go)의 부정문은 「didn't+동사원형」으로 쓰므로 동사를 didn't go로 나타낸다.

17. ③ cold는 주어 I를 설명하는 형용사이다. 나머지는 모두 바로 뒤에 온 명사를 꾸미는 형용사이다.
① James는 유명한 가수이다.
② 나는 오래된 사전 한 권을 발견했다.
③ 춥다. 문을 닫아줘.
④ 그 아기는 그 작은 공을 좋아한다.
- find 발견하다, 찾다(-found)
- dictionary 사전

18. ① 앞에서 부정인 was not을 썼으므로 부가의문문은 긍정인 was를 쓰고, 주어 The movie는 대명사 it으로 받는다.
- 그 영화는 재미없었어, 그렇지?
- interesting 재미있는, 흥미로운

19. Were로 물었고 긍정의 대답이므로 were가 알맞다.
A: 그들은 수업에 늦었니?
B: 응, 그랬어.
- late for ~에 늦은

20. is 뒤에 나온 주어가 three spoons로 복수이므로 is는 are로 고쳐 써야 한다.
- 식탁 위에 숟가락 세 개가 있다.
- spoon 숟가락

21. 과거진행형의 의문문은 「Was/Were+주어(Jason)+-ing ~」로 나타내므로 Was Jason drawing ~?으로 쓴다.
- Jason은 그림을 그리고 있었다(→ 그리고 있었니?).

22. 의문사 how가 있는 의문문이고 조동사 can이 있으므로 「의문사+조동사+주어+동사원형 ~」으로 나타낸다. 따라서 How can I get to the library?로 쓴다. 조동사 의문문(조동사+주어+동사원형)이면서 의문사가 있을 때 의문사는 맨 앞에 쓴다.
- get to ~에 가다, ~에 도착하다

23. '~하자'라는 의미의 「Let's+동사원형(go) ~」의 순서로 쓰면 된다. 뒤에는 '소풍을 가다'라는 의미의 go on a picnic을 쓴 후, '이번 주말에'라는 의미의 this weekend를 붙인다.
- go on a picnic 소풍을 가다   • weekend 주말

24. ③ putting만으로는 동사가 될 수 없으므로 is/was putting이 되거나, puts(현재) 또는 put(과거)이 되어야 한다.
④ 조동사(will) 뒤에는 동사원형이 오므로 arrived는 arrive가 되어야 한다. 또는 will을 삭제한다(과거).
① 그는 매우 열심히 공부했다.
② 나의 개는 소파 위에서 자고 있었다.
③ 그녀는 자신의 가방을 탁자 위에 놓고 있다/놓고 있었다/놓는다/놓았다.
④ 우리는 공항에 정시에 도착할 것이다/도착했다.
⑤ 우리 아버지는 저녁에 책을 읽으신다.
- on time 정시에

25. ① usually는 빈도부사이므로 일반동사 eat 앞에 오는 것이 알맞다. 빈도부사는 일반동사 앞, be동사나 조동사 뒤에 온다.
- 나는 보통 점심으로 채소를 먹는다.
- vegetable 채소

DAY 12 Grammar Overall Test 2회   본책 p.054

1. ③	2. ①	3. ②	4. ③	5. ④	6. ①
7. ④	8. ②	9. ②	10. ②	11. ③	12. ③
13. ④	14. ①	15. ②	16. ③	17. ②	18. ④

19. should   20. Henry always wakes up early
21. because   22. It[it]
23. (1) My father was doing the dishes.
(2) Did your family move to New York in 2020?
(3) He did not[didn't] send me a Christmas card.
24. ④, ⑤   25. ②: going

해석 & 해설

1. ③ wash의 3인칭 단수형은 washes이다. -sh/-ch로 끝나는 단어는 -es를 붙인다.
① 고치다   ② 알다
③ 씻다   ④ 좋아하다

2. ① die를 -ing형으로 만들면 dying이다. -ie로 끝나는 단어는 -ie를 y로 고치고 -ing를 붙인다.
① 죽다   ② 웃다
③ 때리다, 치다   ④ 유지하다

3. ② must(~해야 한다)는 have to로 바꿔 쓸 수 있다. 주어가 You 이므로 have to를 쓰면 된다. 주어가 3인칭 단수이면 has to를 쓴다.
   • 너는 규칙을 따라야 한다.
   • follow 따르다, 따라가다　　• rule 규칙

4. ③ knife의 복수형은 knives이다. –f(e)로 끝나는 단어는 f(e)를 v로 바꾸고 -es를 붙인다.
   ① 그의 치아들　　　　　　② 많은 물고기들
   ③ 세 개의 칼　　　　　　④ 약간의 샌드위치

5. ④ 일반동사 sleep을 쓴 의문문이므로 Do를 사용하는데, last night(어젯밤)는 과거이므로 Did가 알맞다.
   • 너는 어젯밤에 잘 잤니?
   • last night 어젯밤

6. ① 빈칸 뒤에 playing이 있으므로 알맞은 be동사를 사용해 진행형을 만든다. 주어가 Jack(3인칭 단수)이고, at that time(그때, 그 당시에)은 과거이므로 was가 알맞다.
   • Jack은 그때 피아노를 치고 있었다.
   • at that time 그때

7. ④ '무엇(What)'을 묻는 의문문이며, 주어가 your favorite subject로 3인칭 단수이므로 is가 알맞다. 일반동사가 없으므로 do동사로는 물을 수 없다.
   • 네가 가장 좋아하는 과목이 무엇이니?
   • subject 과목

8. ② 「There is/are ~(~이 있다)」 문장인데, 주어 many students 가 복수이므로 are가 알맞다.
   • 운동장에 많은 학생들이 있다.
   • playground 운동장

9. ② 예정을 나타내는 「be going to+동사원형」의 부정문은 be동 사 뒤에 not을 쓰므로 am not going to buy ~가 알맞다.
   • 나는 그 책을 살 것이다(→ 사지 않을 것이다).

10. ② 날짜(date)를 물었는데 월요일(Monday)이라고 답했으므로 알맞지 않다.
   ① A: 몇 시니?
   　B: 2시 30분이야.
   ② A: 오늘 며칠이니?
   　B: 월요일이야.
   ③ A: 너는 언제 운동하니?
   　B: 나는 저녁에 운동해.
   ④ A: 이건 누구의 가방이니?
   　B: 그건 우리 엄마의 것이야.
   • exercise 운동하다

11. ③ must not(~하면 안 된다)은 금지를 나타낸다.
   ① 당신은 지금 가도 됩니다. (허락)
   ② 나는 한국어를 말할 수 있다. (능력)
   ③ 너는 수업에 늦어서는 안 된다.
   ④ 그는 해변에서 그녀를 만날 것이다. (예정)
   • beach 해변

12. ③ 주어인 Betty and Sam이 복수이므로 are가 들어간다. 나머 지는 모두 is가 들어간다.
   ① 우리 삼촌은 과학자이다.
   ② Susan은 별을 보고 있다.
   ③ Betty와 Sam은 좋은 친구 사이이다.
   ④ 낡은 집 한 채가 있다.
   • scientist 과학자　　　　• star 별

13. ④ a little(약간의)은 셀 수 없는 명사와 쓰는데, reporters(기자들)는 셀 수 있는 명사의 복수형이므로 a few로 고쳐야 한다.
   ① 우리 엄마는 물을 많이 마시지 않는다.
   ② 탁자 위에 많은 상자들이 있다.
   ③ 나는 해야 할 숙제가 많다.
   ④ Tony는 몇몇 기자들을 만났다.
   • reporter 기자

14. ① 첫 번째 빈칸 뒤에는 형용사 pretty가 있으므로 How로 감탄 문을 만든다. 두 번째 빈칸에는 '가입하자'라는 뜻이 되도록 「Let's +동사원형(join) ~」이 알맞다.
   • 그 드레스는 정말 예쁘구나!
   • 댄스동아리에 가입하자.
   • pretty 예쁜; 꽤, 아주　　　• club 동아리, 클럽

15. ② '하다'라는 뜻의 일반동사 do가 쓰인 문장인데 부정문이므로 동사를 didn't do(하지 않았다)로 나타낸다. 앞이 부정이므로 부 가의문문은 did he로 나타낸다.
   • do one's homework 숙제하다

16. ③ '~하지 마라'는 「Do not[Don't]+동사원형(use) ~」으로 나타 낸다.
   • use 사용하다

17. ② those(형용사)는 뒤에 있는 복수 명사 butterflies를 꾸민다. 나머지는 모두 단독으로 쓰여 지시대명사 역할을 한다.
   ① 이것이 시작 버튼이에요.
   ② 저 나비들 좀 봐.
   ③ 이것들은 내 운동화이다.
   ④ 너는 저것을 원하니?
   • button 버튼, 단추　　　　• sneakers 운동화

18. ④ 주어 The farmer가 3인칭 단수이고 일반동사 has가 쓰였으므로, 의문문은 「Does+주어(the farmer)+동사원형(have) ~」으로 나타낸다.
    • 그 농부는 많은 당근을 가지고 있다(→ 가지고 있니?).
    • carrot 당근

19. must not(~하면 안 된다)은 should not으로 바꿔 쓸 수 있다.
    • 여기에 주차하시면 안 됩니다.
    • park 주차하다

20. 빈도부사 always가 일반동사 wakes 앞에 오도록 배열한다.

21. 빈칸 뒤에 이유가 나오므로 접속사 because(~ 때문에)를 쓴다.
    • stay 머무르다   • all day 하루 종일
    • chilly 쌀쌀한

22. 첫 번째 빈칸에는 거리를 나타내는 It, 두 번째 빈칸에는 시간을 나타내는 it이 알맞다.
    • 여기에서 멀어.   • 런던은 몇 시니?

23. (1) 과거진행형의 동사는 「was/were -ing」로 쓰므로 현재형인 is를 was로 바꿔 쓴다.
    • 나의 아버지는 설거지를 하고 계신다(→ 하고 계셨다).
    (2) 일반동사 과거형 moved가 있으므로 의문문은 「Did+주어+동사원형(move) ~」으로 바꿔 쓴다.
    • 너희 가족은 2020년에 뉴욕으로 이사했다(→ 이사했니?).
    (3) 일반동사 과거형 sent가 있으므로 부정문의 동사는 「did not[didn't]+동사원형(send)」으로 바꿔 쓴다.
    • 그는 나에게 크리스마스카드를 보냈다(→ 보내지 않았다).
    • do the dishes 설거지하다
    • move 이사하다   • send 보내다

24. ④ lovely는 '사랑스러운'이라는 형용사이므로 동사인 hugged를 꾸밀 수 없다. lovely를 고쳐 쓴다면 ~ with love.로 쓸 수 있다.
    ⑤ warmly는 주어 Those gloves를 설명하는 형용사 warm으로 고쳐야 한다.
    ① 그 유리잔을 서랍에 조심히 넣어라.
    ② 조용히 해주세요. 그들이 자고 있어요.
    ③ Julia는 빠른 걸음으로 걸었다.
    ④ 엄마는 나를 사랑으로 안아주셨다.
    ⑤ 그 장갑은 따뜻해 보인다.
    • drawer 서랍   • step 발걸음
    • hug 껴안다   • glove 장갑

25. ② next Monday는 미래이므로 「be going to+동사원형」이 되도록 go를 going으로 고쳐 쓴다.
    • 나는 다음 주 월요일에 나의 조부모님을 방문할 예정이다.
    • grandparents 조부모님

DAY 13 Grammar Overall Test 3회 본책 p.058

1. ④ 2. ② 3. ③ 4. ② 5. ③ 6. ③
7. ③ 8. ③ 9. ④ 10. ③, ④ 11. ② 12. ③
13. ③ 14. ④ 15. ④ 16. ④ 17. ③ 18. ①
19. am not going to 20. (1) These (2) her
21. or 22. Do you like taking pictures
23. (1) You were eating breakfast.
(2) He is swimming in the pool.
(3) My mother was picking up trash in the park.
24. ②, ④ 25. ③

해석 & 해설

1. ④ try의 3인칭 단수형은 tries이다. -y로 끝나는 단어는 y를 i로 고치고 -es를 붙인다.
   ① 연습하다   ② 건너다
   ③ 입다, 신다   ④ 노력하다, 시도하다

2. ② '양'이라는 의미의 sheep은 단수와 복수의 형태가 같다.
   ① 토마토   ②〈동물〉양   ③ 사탕   ④〈신체〉눈

3. ③ 첫 번째에는 주어가 The musical로 3인칭 단수이므로 is나 was가 들어가야 한다. 두 번째에는 주어가 Brian and I로 복수이므로 are나 were가 들어가야 한다. 따라서 ③ was – are가 알맞다.
   • 그 뮤지컬은 굉장했어!
   • Brian과 나는 같은 학교에 다닌다.
   • musical 뮤지컬   • amazing 굉장한, 멋진

4. ② 일반동사 부정문은 현재일 때 동사 앞에 don't/doesn't를 쓴다. Kelly는 3인칭 단수이므로 doesn't[does not]를 쓴다. 나머지는 모두 주어가 복수이므로 don't[do not]가 들어간다.
   ① 학생들은 책을 많이 읽지 않는다.
   ② Kelly는 소방관이 되기를 원하지 않는다.
   ③ 우리는 한 시간 동안 전화 통화하지 않는다.
   ④ Tom과 Susan은 영화 보는 것을 좋아하지 않는다.
   • firefighter 소방관

5. ③ 빈칸 뒤의 동사가 3인칭 단수형인 has이므로 복수인 Minji and I는 들어갈 수 없다. 이 문장에서 has는 '먹다'라는 의미로 쓰였다.
   • 그는/민수는/나의 영어 선생님은 매일 오전 8시에 아침을 먹는다.
   • breakfast 아침 식사   • a.m. 오전
   • every day 매일

6. ③ Who(누구)로 물었는데 my brother's(내 형의 것)라고 대답했으므로 알맞지 않다.

① A: 너의 개의 이름은 뭐니? – B: 그의 이름은 Max야.

② A: 어디 출신이세요? – B: 저는 호주에서 왔어요.

③ A: 그 사진 속의 남자는 누구니?

　B: 그건 내 형의 것이야.

④ A: 너는 무슨 스포츠를 좋아하니?

　B: 나는 야구를 좋아해.

• be from ~에서 오다, ~ 출신이다

• Australia 호주, 오스트레일리아

• sport 스포츠, 운동

7. ③ 첫 번째는 with me(나와 함께) 또는 for me(나를 위해)가 될 수 있다. 두 번째는 with my sister(나의 언니와 함께)가 알맞으므로 바르게 짝지어진 답은 ③ for - with이다.

• 엄마는 나를 위해 스파게티를 요리해 주셨다.

• 나는 나의 언니와 함께 학교에 갔다.

• spaghetti 스파게티

8. ③ 일반동사(enter)의 부정문이고 과거 시제이므로 「did not +동사원형(enter)」으로 나타낸다.

• enter 들어가다

9. ④ 빈도부사 usually는 '보통, 주로, 대체로'라는 의미로 일반동사 앞에 쓴다.

10. ③, ④ can과 may는 허락의 의미로 쓰인다. may는 '~해도 된다'라는 허락의 의미와 '~일지도 모른다'라는 추측의 의미로 쓰이는데 ③은 추측의 의미로 쓰였다. ④의 can은 '가능'의 의미로 쓰였다.

① 너는 지금 떠나도 좋다.

② 너는 내 휴대전화를 사용해도 된다.

③ 그녀는 도움이 좀 필요할지도 모른다.

④ 나는 자전거를 탈 수 있다.

• cellphone 휴대전화　　• help 도움; 돕다

11. ② hug의 과거형은 hugged이다. 「모음 1개+자음 1개」로 끝나는 동사는 자음을 한 번 더 쓰고 -ed를 붙인다.

① 우리는 밤새 춤췄다.

② 아기가 인형을 껴안았다.

③ 나는 종이에 큰 원을 그렸다.

④ 그녀가 두 시간 전에 전화했었다.

• doll 인형　　　　• draw 그리다(-drew)

12. ③ hard의 비교급은 harder이다.

① 나는 더 나은 답이 필요하다.

② 그것은 이것보다 더 안 좋다.

③ 우리는 올해 더 열심히 노력할 것이다.

④ 지구는 예전보다 더 뜨겁다.

• answer 답, 응답　　• earth 지구, 땅

13. ③ 대답이 No이므로 첫 번째 빈칸에는 can't가 알맞고, 두 번째 빈칸에는 but(그렇지만)이 있으므로 can이 알맞다.

A: 너는 기타를 칠 수 있니?

B: 아니, 못 쳐, 그렇지만 나는 바이올린을 켤 수 있어.

14. ④ money는 셀 수 없는 명사이므로 much를 쓴다. people은 셀 수 있는 명사의 복수형이므로 many를 쓴다.

• 나는 돈이 많지 않다.

• 강당에 많은 사람들이 있다.

• hall 강당

15. ④ 「There are+복수 명사(lots of students) ~」로 알맞게 쓰인 문장이다.

① 지금은 7시 30분이야. (That → It)

② 너는 낚시를 좋아해, 그렇지 않니? (aren't → don't)

③ 그녀의 그림들은 훌륭하다. (wonderfully → wonderful)

④ 도서관에 많은 학생들이 있다.

• fishing 낚시　　　　• wonderful 훌륭한

16. ④ What(무엇)으로 물었으므로 무엇을 했는지 답하는 ④가 알맞다. What으로 물었을 때 Yes/No로 대답할 수 없다.

① 응, 그랬어.　　　　② 미안, 난 할 수 없어.

③ 지난 일요일이었어.　④ 나는 친구들과 쇼핑하러 갔어.

• 너는 지난 일요일에 무엇을 했니?

• last 지난

17. ③ fast는 동사 swim을 꾸미는 부사이고 나머지는 모두 형용사로 쓰였다.

① 그는 정말 빠르다.

② 나는 빠른 주자(달리는 사람)였다.

③ 너는 얼마나 빨리 수영할 수 있니?

④ 버스는 기차만큼 빠르지 않다.

18. ① 제시된 문장은 were 뒤에 일반동사 enjoy가 와서 알맞지 않다. Sally and I는 복수 주어이므로 were를 쓰고, 진행형을 만드는 enjoying을 써야 올바른 문장이 된다. 또는 were enjoy를 과거 동사 enjoyed로 고친다.

• Sally와 나는 컴퓨터 게임을 즐기고 있었다(즐겼다).

19. 예정·의지를 나타내는 will은 「be going to+동사원형」과 바꿔 쓸 수 있으며, 부정형 will not(= won't)은 be동사 뒤에 not을 쓴다. 따라서 주어 I에 맞춘 am을 써서 am not going to로 쓴다.

• 나는 부모님께 거짓말을 하지 않을 것이다.

• tell a lie 거짓말하다

20. (1) '이것들'은 These(this의 복수형)를 쓴다.

　(2) '그녀의'는 소유격 her를 쓴다.

21. 첫 번째 빈칸에는 닭고기 '또는' 소고기라는 뜻이 되도록 or가 알맞다. 두 번째도 명령문과 함께 쓰여 '그러지 않으면'이라는 의미를 나타내는 or가 알맞다.
- 너 뭐 먹을래, 닭고기, 아니면 소고기?
- 너의 주소를 다시 확인해라, 그러지 않으면 너는 선물을 받지 못할 것이다.
- beef 소고기   • address 주소
- gift 선물

22. like는 일반동사이고 주어는 you이므로 의문문은 「Do you+동사원형(like) ~?」이 된다. 「like -ing」는 '~하는 것을 좋아하다'라는 뜻이다.
- take a picture 사진을 찍다

23. (1) ate를 You에 맞춰 were eating으로 바꿔 쓴다.
- 너는 아침을 먹었다(→ 먹고 있었다).
(2) 3인칭 단수 주어 He에 맞춰 swims를 is swimming으로 바꿔 쓴다.
- 그는 수영장에서 수영한다(→ 수영하고 있다).
(3) 3인칭 단수인 주어 My mother에 맞춰 picked를 was picking으로 바꿔 쓴다.
- 우리 엄마는 공원에서 쓰레기를 주우셨다(→ 줍고 계셨다).
- pool 수영장   • pick up 줍다
- trash 쓰레기

24. ② cake는 셀 수 없는 명사이므로 단위를 복수인 pieces로 나타낸 two pieces of cake로 고쳐야 한다.
④ 복수인 four 뒤에 온 loafs를 loaves로 고쳐야 한다.
① 나는 볶음밥 한 그릇을 먹었다.
② 나는 케이크 두 조각을 샀다.
③ 그녀는 종이 다섯 장을 가지고 있다.
④ 우리는 고기 네 덩어리가 필요하다.
⑤ 그는 매일 녹차 한 잔을 마신다.
- bowl 그릇, 용기   • fried rice 볶음밥
- meat 고기   • green tea 녹차

25. ③ 빈도부사는 be동사나 조동사 뒤, 일반동사 앞에 쓰므로 can always use가 되어야 한다.
① 그는 항상 다른 사람들에게 친절하다.
② 우리는 종종 중식당에 간다.
③ 너는 언제나 내 노트북을 사용해도 된다.
④ 그녀는 절대 학교에 늦지 않는다.
⑤ 나는 가끔 부모님을 방문한다.
- notebook 노트북 (컴퓨터); 공책

DAY 14 **Grammar Overall Test 4회**   본책 p.062

1. ③	2. ④	3. ④	4. ①	5. ②	6. ②
7. ③	8. ③	9. ③	10. ④	11. ①	12. ②
13. ①	14. ②	15. ④	16. ③	17. ③	18. ②

19. are able to   20. Lisa, Paul, Brian, Wendy
21. Is Tom going to arrive
22. goes to bed later than
23. What an interesting story it is!   24. ⑤
25. (1) My dad bought some meat. (2) I will do the work.

해석 & 해설

1. ③ large의 비교급은 larger이다.
① 멋진   ② 쉬운
③ 큰   ④ 유명한

2. ④ having 앞에 be동사를 써서 진행형을 만들 수 있지만 will 뒤에는 동사원형이 와야 하므로 will은 빈칸에 들어갈 수 없다.
- 그녀는 자신의 방에서 아침 식사를 하고 있었다/있다/있지 않았다.

3. ④ leaf의 복수형은 leaves이다. f로 끝나는 단어는 f를 v로 고치고 -es를 붙인다.
① 열쇠   ② 여성
③ 발   ④ 나뭇잎

4. ① B의 대답으로 보아 첫 번째 빈칸에는 날짜를 묻는 비인칭 주어 it이 알맞고, 두 번째 빈칸에는 빈칸이 하나이므로 It is를 줄여 쓴 It's가 알맞다.
A: 실례합니다만, 오늘이 며칠이죠?
B: 2월 13일입니다.
- February 2월

5. ② '무엇'을 배우는지 묻고 있으므로 What을 맨 앞에 쓴다. 주어 he가 3인칭 단수이고 '배우다'라는 의미의 learn은 일반동사이므로 「What does+주어+동사원형 ~」 순서로 쓴다.
- learn 배우다   • after school 방과 후에

6. ② because 뒤에는 주어와 동사를 갖춘 문장이 와야 하는데 was만 있고 주어가 없으므로 알맞지 않다. 바르게 고치면 because he/she was hungry가 된다.
① 저 치즈케이크는 나의 언니를 위한 것이다.
② 배가 고팠기 때문에 그 아기는 울었다.
③ 그들의 자전거는 문 앞에 있다.
④ 그 인형은 컵과 거울 사이에 있다.
- mirror 거울

7. ③ 앞에서 긍정인 are를 썼으므로 부가의문문에는 부정인 aren't와 복수 주어 Your sons를 받는 they를 쓴다.
   • 당신의 아들들은 공원을 산책하고 있죠, 그렇지 않나요?
   • take a walk 산책하다

8. ③ 앞에 a가 있고, 뒤에 명사 umbrella가 있으므로 빈칸에는 umbrella를 꾸미는 형용사가 와야 하는데 safely는 부사이므로 들어갈 수 없다.
   ① 새, 새로 산   ② 가벼운
   ③ 안전하게   ④ 고장 난, 망가진
   • 이것은 ○○한 우산이다.

9. ③ 첫 번째 빈칸에는 water(물)를 담는 수량 표현 glass가 알맞다. 두 번째 빈칸에는 paper(종이)를 세는 수량 표현 sheet 또는 piece가 알맞다.
   • 그녀는 물 한 잔을 원한다.
   • 나에게 종이 한 장을 빌려줄 수 있니?

10. ④ Are there ~?로 물었으므로 대답은 긍정이면 Yes, there are., 부정이면 No, there aren't.로 답한다.
    A: 벽에 그림들이 좀 있니?
    B: 아니, 없어.
    • wall 벽

11. ① 과거진행형 부정문은 「was/were not -ing」로 쓰는데, 주어가 I이므로 was not writing이 알맞다.
    • diary 일기

12. ② 첫 번째 문장의 food(셀 수 없는 명사)와 두 번째 문장의 countries(셀 수 있는 명사) 앞에 모두 쓸 수 있는 a lot of가 알맞다.
    • 나의 고양이는 오늘 음식을 많이 먹었다.
    • 나는 내년에 많은 나라를 방문할 것이다.
    • country 나라

13. ① 의문문의 주어인 the baseball game이 3인칭 단수이므로 do는 does로 고쳐야 한다.
    A: 야구 경기가 언제 시작하니?
    B: 그것은 오후 3시에 시작해.
    • start 시작하다

14. ② studied는 일반동사 과거형이므로 부정문의 동사는 didn't study(동사원형)가 알맞다.
    • Roy는 어제 도서관에서 공부했다(→ 공부하지 않았다).
    • yesterday 어제

15. ④ '가장 훌륭한 화가'라는 뜻의 최상급이므로 greatest 앞에 the를 붙여야 한다.

① 이 호수는 바다만큼 넓지 않다.
② 배구는 축구보다 덜 인기 있다.
③ 이 방은 내 방만큼 따뜻하다.
④ 그는 프랑스에서 가장 훌륭한 화가이다.
   • wide 넓은   • volleyball 배구
   • popular 인기 있는   • warm 따뜻한
   • great 훌륭한, 대단한

16. ③ may와 의문문에 쓰인 Do는 둘 다 조동사이므로 나란히 쓸 수 없다. 이 문장에서 Do는 빼야 한다.
    ① 그녀는 이 지도가 필요할지도 모른다.
    ② 여권 좀 보여주시겠어요?
    ③ 제가 이 테이블을 사용해도 될까요?
    ④ 너는 그 방에 들어가면 안 된다.
    • passport 여권   • enter 들어가다

17. ③ 명령문이므로 첫 번째 빈칸에는 동사원형 Turn이 알맞다. 두 번째 빈칸에는 명령문 뒤에서 '그러면'을 뜻하는 and가 알맞다.
    • left 왼쪽   • bus stop 버스 정류장

18. ② 동사 likes의 목적어가 들어가야 하므로 복수인 four cousins를 받는 목적격 대명사 them이 알맞다.
    • Sophia는 네 명의 사촌들이 있다. 그녀는 그들을 좋아한다.
    • cousin 사촌

19. can은 be able to로 바꿔 쓸 수 있다. 주어가 복수인 We이므로 be동사는 are를 쓴다.
    • 우리는 그 문제를 함께 해결할 수 있다.
    • solve 해결하다   • problem 문제
    • together 함께, 같이

20. always(항상) → often(자주) → rarely(거의 ~않다) → never(절대 ~않다)의 순서로 쓴다.
    • Wendy는 직장에 절대 늦지 않는다.
    • Lisa는 직장에 항상 늦는다.
    • Paul은 직장에 자주 늦는다.
    • Brian은 직장에 거의 늦지 않는다.

21. '~할 예정이다'라는 의미의 「be going to+동사원형」을 사용한 의문문이 되도록 쓰면 된다. 주어가 3인칭 단수(Tom)인 의문문이므로 Is로 시작하여 주어 Tom을 쓰고, going to arrive를 붙인다.
    • soon 곧

22. 'Mark가 Sean보다(than Sean) 더 늦게 잠자리에 든다'는 뜻이 되도록 late를 비교급 later로 바꿔서 goes to bed later than을 쓴다.

- Sean은 9시에 잠자리에 든다. Mark는 10시에 잠자리에 든다.
→ Mark는 Sean보다 더 늦게 잠자리에 든다.

23. What으로 시작하는 감탄문은 「What+a(n)+형용사+명사+주어+동사」의 어순이므로 is it을 it is로 고쳐 써야 한다.
- 그것은 정말 흥미로운 이야기구나!

24. ⑤는 형용사 beautiful이 명사 birds를 꾸민다. 나머지 형용사는 모두 주어를 설명한다.
① 그것은 훌륭해.
② 너는 오늘 슬퍼 보여.
③ 이 꽃은 향기가 좋아.
④ 그 쿠키는 달콤한 맛이 나.
⑤ 저 아름다운 새들 좀 봐.

25. (1) 과거진행형인 동사 was buying을 과거 동사 bought로 바꿔 쓴다.
- 나의 아빠는 고기를 좀 사고 계셨다(→ 사셨다).
(2) am going to(~할 예정이다)를 will로 바꾸고 뒤의 동사원형 do 이하는 그대로 쓴다.
- 나는 그 일을 할 것이다.
- work 일, 작업

DAY 15 Grammar Overall Test 5회   본책 p.066

1. ① **2.** ④ **3.** ④ **4.** ② **5.** ② **6.** ②
7. ① **8.** ④ **9.** ③ **10.** ② **11.** ④ **12.** ②
13. ④ **14.** ① **15.** ④ **16.** ③ **17.** ③ **18.** ③
19. (1) the most famous actor (2) the tallest person
20. have to   **21.** three glasses of water
22. There is **23.** Does Susan know his phone number?
24. ②   **25.** ①

해석 & 해설

1. ① run의 과거형은 ran이다.
   ① 달리다   ② 노력하다
   ③ 자르다   ④ 보다, 지켜보다

2. ④ get의 -ing형은 getting이다. 「모음 1개+자음 1개」로 끝나는 동사는 자음을 한 번 더 쓰고 -ing를 붙인다.
   ① 흥분시키다   ② (전화벨이) 울리다
   ③ 말하다   ④ 받다, 얻다

3. ④ 뉴욕에 산다고 대답했으므로 Where(어디에)가 알맞다.
   A: 그는 어디에 사니?
   B: 그는 뉴욕에 살아.

① 누가   ② 무엇을
③ 언제   ④ 어디에(서)

4. ② 파란색이라고 대답했으므로 What(무엇)이 알맞다.
   A: 네가 가장 좋아하는 색깔은 무엇이니?
   B: 나는 파란색을 가장 좋아해.
   - color 색깔

5. ②의 It은 '그것(= his textbook)'이라고 해석되는 대명사이고, 나머지는 요일, 시간, 날씨를 나타내는 비인칭 주어로 쓰였다.
   ① 월요일이다.
   ② 그것은 그의 교과서이다.
   ③ 지금 몇 시니?
   ④ 요즘 매우 덥다.
   - textbook 교과서   - these days 요즘

6. ② 뒤에 형용사 kind와 주어(he), 동사(is)가 있으므로 How를 쓰고, 나머지는 모두 What을 쓴다. 감탄문에서 What 뒤에는 명사를, How 뒤에는 형용사/부사를 쓴다.
   ① 정말 아름다운 날이구나!
   ② 그는 정말 친절하구나!
   ③ 정말 귀여운 토끼구나!
   ④ 그것들은 정말 큰 동물들이야!
   - cute 귀여운

7. ① Are they ~?로 물었으므로 Yes, they are. 또는 No, they aren't.로 답한다.
   A: 그들이 너의 개니?
   B: 응, 그래.

8. ④ ox(황소)의 복수형은 oxen이다.
   ① 두 남자들이 그 방 안으로 걸어 들어갔다.
   ② 우리 부모님은 세 마리의 거위들을 갖고 계신다.
   ③ 나는 어젯밤에 그 도둑들을 봤다.
   ④ 저 황소들 좀 봐.
   - thief 도둑   - ox 황소

9. ③ 셀 수 있는 명사 앞에는 a/an을 쓰며, hour는 h로 시작하지만 발음이 모음 발음이므로 an을 쓴다. 또한 앞에 나온 특정한 것을 가리킬 때는 the를 쓴다.
   - 나는 새 자전거를 원한다.
   - Jack은 한 시간 동안 수학을 공부했다.
   - 나는 차가 있다. 그 차는 비싸다.
   - math 수학   - expensive 비싼

10. ② 주어 She는 3인칭 단수이고, speaks는 일반동사이므로 의문문은 「Does+주어(she)+동사원형(speak) ~?」으로 쓴다.
   - 그녀는 영어를 매우 잘 말한다(→ 말하니?).

11. ④ 주어인 Tom and I가 복수이므로 are가 되어야 한다.
① 너는 1학년이니?
② 나의 영어 선생님은 오선생님이시다.
③ 그녀는 우리 반에서 최고의 학생이었다.
④ Tom과 나는 설거지를 할 것이다.
• do the dishes 설거지를 하다

12. ② 빈칸 뒤에 카메라를 살 수 없는 이유가 나오므로 because (~ 때문에)가 알맞다.
• 나는 돈이 없기 때문에 그 카메라를 살 수 없다.
① 또는　　　　　　　② ~ 때문에
③ ~ 전에　　　　　　④ 하지만

13. ④ 빈칸 뒤에 than이 있고 두 대상을 비교하고 있으므로 비교급을 쓴다. heavy의 비교급은 heavier, pretty의 비교급은 prettier이다. –y로 끝나는 단어는 –y를 i로 고치고 –er을 붙인다.
• 너의 배낭은 내 것보다 더 무겁다.
• 이 드레스는 저 드레스보다 더 예쁘다.
• backpack 배낭

14. ① 소파 '아래에'이므로 under가 알맞다.
① ~ 아래에　　　　　② ~ 뒤에
③ ~ 밖으로　　　　　④ ~ 사이에
• hide 숨다　　　　　• sofa 소파

15. ④ 주어가 3인칭 단수(My brother)이고 일반동사 walk의 과거진행형이므로 동사는 was walking으로 쓰는 것이 알맞다.
• 나의 형은 길거리를 걸었다(→ 걷고 있었다).
• street 거리

16. ③ 앞에 부정인 didn't answer가 있으므로 부가의문문은 긍정인 did they가 알맞다. 일반동사가 쓰인 문장이므로 aren't는 쓸 수 없다.
• 그들은 전화를 받지 않았어, 그렇지?

17. ③ '~하지 마라'라는 명령문은 「Don't+동사원형」인데 Don't 다음에 동사 없이 형용사 late가 왔으므로 Don't be late ~가 되어야 한다.
① 라디오를 꺼라.
② 문을 열지 마라.
③ 학교에 지각하지 마라.
④ 아침에 일찍 일어나라.
• turn off 끄다

18. ③ 의문대명사인 Who(누가)가 주어이므로 are를 is로 고쳐야 한다.
① 마술쇼가 언제 시작하니?
② Lydia는 일요일에 무엇을 하니?
③ 누가 교실을 청소하고 있니?
④ 너의 친구들은 왜 그렇게 화가 났니?
• clean 청소하다

19. (1) 최상급 문장이므로 the most famous actor로 쓴다. 형용사 famous는 앞에 more, most를 붙여 비교급과 최상급을 만든다.
(2) 최상급이 되도록 the tallest person으로 쓴다.
• famous 유명한　　　　• actor (남자) 배우
• person 사람, 개인

20. 의무를 나타내는 should(~해야 한다)는 have to로 바꿔 쓸 수 있다.
• 너는 매일 운동해야 한다.

21. water(물)는 셀 수 없는 명사이므로 단위인 glass를 복수로 나타내 three glasses of water로 쓴다.
• waiter 웨이터, 종업원

22. '~이 있다'라는 의미의 「There is/are ~」로 나타낼 수 있다. 주어 an old clock이 단수이므로 There is를 쓴다.
• clock 시계

23. 〈보기〉는 평서문을 의문문으로 바꾸었다. 주어 Susan은 3인칭 단수이고, 일반동사 knows가 있으므로 의문문은 「Does+주어(Susan)+동사원형(know) ~?」으로 쓴다.
〈보기〉• 그는 그 작고 귀여운 고양이를 좋아한다(→ 좋아하니?).
• Susan은 그의 전화번호를 안다(→ 아니?).

24. ② 「be going to+동사원형」은 '~할 것이다'라는 미래를 나타내는 말로, 과거를 나타내는 말인 last week(지난주에)와 함께 쓸 수 없다.
① 우리는 테니스를 칠 것이다.
③ 그는 그 일을 곧 끝낼 것이다.
④ 그들은 오늘 밤 여기서 잘 것이다.
⑤ Sue는 다음 달에 어머니를 방문할 것이다.
• tennis 테니스　　　　• finish 끝내다

25. ① often(자주, 종종)은 빈도부사이므로 일반동사 travel 앞에 쓴다. 주어가 복수이므로 travels는 알맞지 않다.
④ 그들은 절대 기차를 타고 여행하지 않는다.
⑤ 그들은 항상 기차를 타고 여행한다.
• travel 여행하다
• by train 기차로, 기차를 타고

1. ④ 2. ① 3. ③ 4. ① 5. ③ 6. ③
7. ② 8. ③ 9. ② 10. ② 11. ③ 12. ①
13. ④ 14. ② 15. ② 16. ① 17. ③ 18. ④
19. Are the girls your friends 20. goes
21. Your notebook is more expensive than mine
22. Minsu is always nice to his classmates.
23. Where are Judy and Kelly now?
24. (1) didn't they (2) was she
25. Do not[Don't] use your cellphone during the class.

해석 & 해설

1. ④ highly(매우)는 부사이고 나머지는 모두 형용사이다.
   ① 배고픈 ② 친절한
   ③ 화난 ④ 매우

2. ① fry(튀기다, 굽다)의 과거형은 fried이다. -y로 끝나는 단어는 y를 i로 고치고 -ed를 붙인다.
   ① 요리사는 양파를 튀겼다.
   ② 그 꽃은 냄새가 좋았다.
   ③ 그는 그 단어를 두 번 읽었다.
   ④ 그 소녀는 안경을 떨어뜨렸다.
   • cook 요리사; 요리하다 • fry 튀기다, 굽다
   • onion 양파 • smell 냄새가 나다
   • twice 두 번 • drop 떨어뜨리다

3. ③ 뒤에 복수 명사 notebooks가 있으므로 that은 those가 되어야 한다.
   ① 나는 어제 이 연필을 샀다.
   ② 이 사진들은 멋지다.
   ③ 저것들은 너의 공책들이니?
   ④ 이것들은 나의 새 옷들이다.
   • clothes 옷

4. ① 빈칸 뒤에 이유가 나오므로 because(~ 때문에)가 알맞다.
   ① ~ 때문에 ② 그리고 ③ 하지만 ④ 또는
   • 나는 두통이 있었기 때문에 병원에 갔다.

5. ③ 조동사 뒤에는 동사원형을 써야 하므로 must not telling은 must not tell이 되어야 한다.
   ① 여기에 앉아도 될까?
   ② 나는 치즈케이크를 만들 거야.
   ③ 너는 거짓말을 해서는 안 된다.
   ④ 너는 10분 안에 거기에 도착할 수 있어.
   • tell a lie 거짓말하다

6. ③ than이 있으므로 원급 easy가 아니라, 비교급 easier가 되어야 한다.
   ① 너는 다음번에 더 잘할 수 있어.
   ② 더 가까이 와서 여기에 앉아.
   ③ 영어는 수학보다 더 쉽다.
   ④ 나는 더 일찍 일어나야 한다.

7. ② 부정문에서 any는 '전혀 ~없는'이라는 뜻이다. some은 긍정문에서 '약간의'라는 뜻을 나타낸다.

8. ③ 일반동사인 travel이 있으므로 be동사인 Are는 올 수 없으며, next year(내년)는 미래이므로 Will이 알맞다.
   • 너는 내년에 캐나다로 여행 갈 거니?

9. ② 첫 번째 문장은 허락, 부탁의 의미로 쓰인 조동사 Can을 쓴 의문문이므로 주어 I 뒤에 동사원형 get이 알맞다. 두 번째 빈칸에는 My uncle이 3인칭 단수이므로 be able to의 be를 is로 쓴 is able이 알맞다. 뒤에 to fix가 있기 때문에 can은 쓸 수 없다.
   • 물을 좀 얻을 수 있을까요?
   • 나의 삼촌은 TV를 고칠 수 있다.
   • fix 고치다

10. ② 비교되는 것은 '너의 머리'와 '나의 머리(나의 것)'이므로 me는 소유대명사인 mine으로 고쳐야 한다.
    ① 나는 너보다 더 힘이 세다.
    ② 너의 머리는 내 머리만큼 길다.
    ③ 그는 테니스를 배우지만, 그의 친구는 그렇지 않다.
    ④ 소파 위의 새 옷들은 너의 것이다.
    • strong 힘이 센, 강한

11. ③ 일반동사 과거형 knew가 있으므로 부정문의 동사는 「didn't +동사원형(know)」이 된다.
    • 나는 그의 이름과 주소를 알고 있었다.
    • address 주소

12. ① 운동 경기 앞에는 the를 쓰지 않으므로 the를 빼야 한다. 악기 이름, 하나뿐인 자연물, 서수 앞에는 정관사 the를 쓴다.
    ① 우리는 방과 후에 야구를 한다.
    ② Jenny는 방에서 바이올린을 켠다.
    ③ 우리는 지구를 보호해야 한다.
    ④ 그녀의 사무실은 5층에 있다.
    • protect 보호하다, 지키다 • floor 층

13. ④ '정말 귀여운 고양이구나!'라는 감탄문으로 나타낼 수 있으므로 「How+형용사(cute)+주어(the cat)+동사(is)!」 또는 「What +a(n)+형용사(cute)+명사(cat)+주어(it)+동사(is)!」로 나타낸다.
    • 그 고양이는 매우 귀엽다.

14. ② 특정한 날, 날짜 앞에는 전치사 on을, 나라 이름 앞에는 in을, 교통수단을 '타고'라는 의미를 나타낼 때는 by를 쓴다.
   • 크리스마스 날에 눈이 많이 왔다.
   • 내가 아기였을 때, 나는 프랑스에 살았다.
   • 너는 그곳에 버스를 타고 갈 수 있다.

15. ② 셀 수 있는 명사 buildings(복수)를 꾸미는 자리이므로 much는 쓸 수 없다. much는 셀 수 없는 명사와 함께 쓴다.
   • 서울에는 높은 건물들이 많다.
   • building 건물, 빌딩

16. ①의 pretty는 명사 shirt를 꾸미는 형용사(예쁜)이다. 나머지는 모두 부사(꽤, 매우)이다.
   ① 저 예쁜 셔츠를 봐.
   ② 그녀는 피아노를 꽤 잘 친다.
   ③ 이 오렌지 주스는 꽤 시다.
   ④ 내 남동생은 꽤 바쁘다.
   • shirt 셔츠   • sour 맛이 신

17. ③ '모든 ~, ~마다'라는 뜻을 나타내면서 단수 명사(weekend)와 쓸 수 있는 every가 알맞다.

18. ④ 「명령문, and ~」는 '…해라, 그러면 ~'이라는 의미이고, 「between A and B」는 'A와 B 사이에'라는 의미이다. 따라서 and가 알맞다.
   • 매일 운동해라, 그러면 너는 더 건강해질 것이다.
   • 우리 학교는 빵집과 은행 사이에 있다.
   • exercise 운동하다   • healthy 건강한
   • bakery 빵집, 베이커리

19. be동사가 쓰인 의문문이므로 「be동사+주어(the girls) ~?」의 순서로 배열한다.

20. 주어 My mother는 3인칭 단수이고 현재이므로 goes로 쓴다.

21. 주어와 동사를 Your notebook is로 쓰고, '~보다 더 비싸다'는 내용은 비교급을 써서 more expensive than으로 쓰고 mine을 붙인다.

22. always는 be동사나 조동사 뒤, 일반동사 앞에 오므로 is 다음에 쓴다.
   • 민수는 자기 학급 친구들에게 (항상) 친절하다.
   • classmate 학급 친구

23. 어디에 있는지 묻고 있으므로 「Where+be동사+주어 ~?」로 쓴다. 주어가 복수(Judy and Kelly)이므로 be동사는 are를 쓴다.

24. (1) 긍정문이고 일반동사 과거형 visited를 썼으므로, 부가의문문은 부정인 didn't they를 쓴다.

• 그들은 지난주에 그 농장을 방문했어, 그렇지 않니?
   (2) 부정문이고 be동사 과거형 was not을 썼으므로, 부가의문문은 긍정인 was she를 쓴다.
   • Kelly 씨는 사무실에 없었어, 그렇지?
   • farm 농장

25. should not은 금지(~하면 안 된다)를 나타내므로, 명령문으로는 「Do not[Don't]+동사원형(use) ~」으로 쓴다.
   • 너는 수업 중에 휴대전화를 사용하면 안 된다.
   → 수업 중에 휴대전화를 사용하지 마라.
   • during ~ 동안에, ~ 중에

DAY 17 **Grammar Overall Test 7회** 본책 p.074

1. ②	2. ④	3. ②	4. ①	5. ②	6. ③
7. ②	8. ②	9. ③	10. ④	11. ①	12. ③
13. ②	14. ②	15. ④	16. ③	17. ②	18. ③

19. often plays   20. How   21. it[It]
22. My sister does not[doesn't] watch TV after dinner.
23. (1) but (2) because (3) and   24. ②   25. ③

해석 & 해설

1. ② say(말하다)의 과거형은 said이다.
   ① 보다   ② 말하다
   ③ 가다   ④ 가져가다; 잡다

2. ④ Coke는 셀 수 없는 명사이므로 단위 bottles를 복수로 알맞게 썼다.
   ① 커피 한 잔(→ a cup of coffee)
   ② 우유 두 잔(→ two glasses of milk)
   ③ 종이 다섯 장(→ five pieces of paper)
   ④ 콜라 세 병

3. ② finish의 3인칭 단수형은 finishes이다. -sh로 끝나는 단어는 -es를 붙인다.
   ① 재즈 음악은 나를 편안하게 해준다.
   ② 그는 항상 7시에 일을 끝마친다.
   ③ 그 아기는 밤에 잘 잔다.
   ④ 그녀는 절대 도서관에서 공부하지 않는다.
   • relax 편하게 하다

4. ① I am not은 I amn't로 줄여 쓸 수 없으며, I'm not으로 줄여 쓸 수 있다.
   ① 나는 강하지 않다.
   ② Jack은 소녀가 아니다.

③ 그녀는 밴쿠버 출신이다.

④ 그들은 스무 살이다.

5. ②의 hard는 주어 stone을 설명하는 형용사(단단한, 딱딱한)이다. 나머지는 모두 부사(열심히)로 썼다.

① 나는 그 시험을 위해 열심히 공부했다.

② 이 돌은 매우 단단하다.

③ 우리 아버지는 항상 열심히 일하신다.

④ 그녀는 그 대회를 위해서 열심히 연습했다.

• exam 시험   • stone 돌
• practice 연습하다   • contest 대회, 콘테스트

6. ③「May I+동사원형 ~?」은 '제가 ~해도 될까요?'라는 허락의 의미이므로 '제가 그 메시지를 봐도 될까요?'로 해석해야 한다.

• promise 약속; 약속하다   • match 시합
• message 메시지   • loudly 큰 소리로, 시끄럽게

7. ② 주어가 3인칭 단수이고 현재형인 일반동사 has(가지다)를 썼으므로 의문문은 「Does+주어+동사원형(have) ~?」이 된다.

• Michael은 중국에 친구가 많이 있다.
→ Michael은 중국에 친구가 많이 있니?

8. ② 앞에서 긍정인 is riding을 썼으므로, 부가의문문은 부정인 isn't she가 알맞다. 주어가 Your daughter이므로 대명사 she로 받는다.

• 당신의 딸은 자전거를 타고 있어요, 그렇지 않나요?
• daughter 딸   • ride 타다, 타고 가다

9. ③ 특정 시각을 말할 때는 at, '~에 관한'이라는 의미의 전치사는 about, 오전, 오후 등의 특정한 시간대를 말할 때는 in을 쓴다.

• Julia는 매일 7시에 일어난다.
• 나는 동물들에 관한 책을 한 권 사고 싶다.
• 우리 엄마는 오후에 쇼핑을 갈 것이다.
• get up (잠자리에서) 일어나다
• go shopping 쇼핑하러 가다

10. ④ water가 단수 명사이므로 is가 들어가고 나머지는 모두 are가 들어간다. There is/are ~(~이 있다)는 뒤에 나오는 주어가 단수이면 is, 복수이면 are를 쓴다.

① 책상 위에 동전들이 있다.

② 교실에 두 명의 소년이 있다.

③ 수족관에 많은 물고기가 있다.

④ 유리잔에 약간의 물이 있다.

• coin 동전   • aquarium 수족관

11. ① 명령문은 동사원형으로, 부정 명령문은 「Don't+동사원형」으로 시작하는데 형용사가 있으면 앞에 be동사의 원형인 be를 붙여야 한다. 조동사 will 다음에도 동사원형이 와야 하므로 공통으로 들어갈 말은 be이다.

• 학교에 지각하지 마라.
• 내일 아침에는 날씨가 맑을 것이다.
• 다른 사람들에게 친절해라.

12. ③ 형용사인 kind를 꾸밀 수 있는 부사가 들어갈 자리이므로 형용사인 polite는 들어갈 수 없다. 형용사를 나란히 연결하려면 콤마(,)나 접속사가 있어야 한다.

① 정말로   ② 결코 ~않다
③ 예의 바른   ④ 매우

• 그녀는 ○○ 친절하다.

13. ② yesterday(어제)는 과거이므로 현재형인 don't go와 함께 쓸 수 없고 동사를 didn't go로 나타내야 한다.

① 나의 상사는 물을 마시고 있다.

② 나는 어제 조깅하러 가지 않았다.

③ 그녀는 새 컴퓨터를 샀다.

④ 그들은 너의 사진을 찍고 있었다.

• boss 상사, 사장   • go jogging 조깅하러 가다

14. ② 부사 lately(최근에)는 뒤에 나온 명사 afternoon을 꾸미는 형용사 late(늦은)가 되어야 한다.

① 너는 오늘 행복하니?

② 늦은 오후에 만나자.

③ 그 책은 정말 재미있어, 그렇지 않니?

④ 배가 안전하게 도착했다.

• really 정말, 진짜   • boat 배, 보트

15. ④ 단수 명사 big city가 왔으므로 a가 들어간다.

① 수미는 귀여운 개들을 기른다.

(dogs는 복수이므로 a를 쓸 수 없다.)

② 나는 인형이 있다. 그것은 예쁘다.

(pretty는 형용사이고 뒤에 명사가 없으므로 a를 쓸 수 없다.)

③ 나의 아버지는 영어 선생님이다.

(English는 모음으로 시작하므로 an을 쓴다.)

④ 부산은 큰 도시이다.

16. ③ 첫 번째 빈칸에는 뒤에 in the class가 있으므로 최상급을 바르게 표현한 the smartest가 알맞다. 두 번째 빈칸에는 뒤에 than이 있으므로 비교급인 lighter가 알맞다.

• Tom은 반에서 가장 똑똑한 소년이다.
• 이 책은 저 책보다 더 가볍다.
• smart 똑똑한, 영리한   • light 가벼운

17. ② 미래를 나타내는 「be going to+동사원형」은 의문문을 만들 때 be동사를 주어 앞에 쓴다.

• 진수는 한국으로 갈 예정이다(→ 예정이니?).

18. ③ 동사 are 다음에 복수 명사(pencils)가 왔으므로 This는 복수형 These가 되어야 한다. 사람, 사물에 상관없이 this/that은 단수, these/those는 복수이다. 이것들은 대명사뿐 아니라 명사 앞에서 지시형용사의 역할도 한다.
① 저 분은 나의 과학 선생님이다.
② 저 잡지들은 내 것이다.
③ 이것들은 아주 싼 연필들이다.
④ 이 원숭이들은 동물원에 있었다.
• magazine 잡지　　　• cheap 값이 싼

19. 주어 My son이 3인칭 단수이므로 play는 plays로 써야 하고, often(종종)은 빈도부사이므로 일반동사 앞에 쓴다. 따라서 밑줄 친 부분은 often plays로 고쳐 써야 한다.
• 나의 아들은 종종 방과 후에 친구들과 함께 농구를 한다.

20. 뒤에 형용사 brave(용감한)와 주어(the students), 동사(are)가 있으므로 감탄문은 How로 시작하는 것이 알맞다.
• brave 용감한, 용기 있는

21. 각각 거리, 날짜, 날씨를 나타내는 비인칭 주어 it[It]이 알맞다.
• 얼마나 머니?
• 오늘은 12월 8일이야.
• 내일은 추울 거야.
• December 12월

22. 3인칭 단수 주어(My sister)의 현재 시제이고 일반동사(watches)가 쓰였으므로 부정문의 동사는 「does not[doesn't]+동사원형(watch)」으로 나타낸다.
• 나의 언니는 저녁 식사 후에 TV를 본다(→ 보지 않는다).

23. (1) thin(마른)과 fat(뚱뚱한)이 반의어의 관계이므로 내용상 '~이지만'을 나타내는 but이 알맞다.
• 나는 말랐지만 내 남동생은 뚱뚱하다.
(2) '시끄러워서'라는 이유가 나오므로 because가 알맞다.
• 나는 밖이 시끄러웠기 때문에 잠을 잘 잘 수 없었다.
(3) 복수 동사 are로 보아 '수민이와 Joe'가 주어가 되어야 하므로 and가 알맞다.
• 수민이와 Joe는 함께 일하고 있다.
• thin 마른　　　• fat 뚱뚱한
• noisy 시끄러운　　　• together 함께, 같이

24. ② We는 복수이므로 practices는 practice가 되어야 한다.
① Jamie는 자신의 방에서 숙제를 한다.
② 우리는 공원에서 배드민턴을 연습한다.
③ 그들은 어제 생일 파티를 했다.
④ 너는 아버지와 낚시를 갔었다.
⑤ Betty는 변호사가 되고 싶어 한다.

• do one's homework 숙제하다
• practice 연습하다
• go fishing 낚시하러 가다
• lawyer 변호사

25. ③ 주어가 3인칭 단수이고 과거의 일이므로 부정문의 동사는 was not 또는 wasn't를 쓴다. 이 문장에서 be동사는 '있다'라는 의미로 쓰였고, last night는 '지난밤에'라는 의미이다.
• tonight 오늘 밤에

DAY 18　**Grammar Overall Test 8회**　본책 p.078

1. ②　　**2.** ②　　**3.** ④　　**4.** ②　　**5.** ①　　**6.** ④
7. ②　　**8.** ③　　**9.** ②　　**10.** ①　　**11.** ④　　**12.** ②
13. ②　　**14.** ③　　**15.** ②　　**16.** ①　　**17.** ③　　**18.** ①
19. have to　　**20.** (1) an (2) the (3) a
21. (1): loaves of meat　(4): cups of tea
22. Let's play badminton after school
23. (1) He was looking at the picture of his cat.
(2) Sujin is watching a movie in her room.
(3) You did not[didn't] knock on the door.
24. ④, ⑤　**25.** ②

해석 & 해설

1. ② easy를 부사로 바꾸면 easily이다. 「자음+y」로 끝나는 형용사는 y를 i로 고치고 -ly를 붙인다.
① 부드러운 → 부드럽게
② 쉬운 → 쉽게
③ 끔찍한 → 끔찍하게
④ 아름다운 → 아름답게

2. ② much의 비교급은 more이며, most는 최상급이다.
① 나쁜　　　　　② 많은
③ 따뜻한　　　　④ 맛있는

3. ④ nine의 서수는 e를 빼고 ninth로 쓴다.
① 하나 - 첫 번째　　　② 셋 - 세 번째
③ 여덟 - 여덟 번째　　④ 아홉 - 아홉 번째

4. ② Amy and Jisu는 3인칭 복수이므로 they가 알맞다.
① 한 뚱뚱한 남자 → 그
② Amy와 지수 → 그들
③ 너와 Susan → 너희들
④ Jane과 그녀의 부모님 → 그들

5. ① sit의 과거형은 sat이다.

① 우리는 그 벤치에 앉았다.

② 누가 TV를 켰니?

③ 그 영화는 한 시간 전에 시작했다.

④ 그 회사는 새 건물을 지었다.

• turn on (전자제품 등)을 켜다   • ago ~ 전에

• company 회사

• build 짓다, 건설하다(-built)

6. ④ photo의 복수형은 photos이다. deer는 단수형과 복수형의 형태가 같다.

① 사람들은 지붕을 빨갛게 칠했다.

② 나는 숲에서 네 마리의 사슴을 보았다.

③ 나의 개는 이 장난감들을 좋아한다.

④ 나에게 그 사진들을 보여줄래?

• paint 색칠하다; 페인트, 물감   • roof 지붕

• deer 사슴   • forest 숲

7. ② Does로 물었으므로 Yes, she does.가 되어야 한다.

① A: 너는 왜 울고 있니?

   B: 내 개를 잃어버렸어.

② A: 그녀는 여자 형제가 있니?

   B: 응, 있어.

③ A: 너는 무엇을 하고 있니?

   B: 나는 가족들과 저녁을 먹고 있어.

④ A: 그는 어디에 사니?

   B: 그는 제주에 살아.

• lose 잃어버리다(-lost)

8. ③ tomorrow는 미래를 나타내므로 과거형 be동사 was와 함께 쓸 수 없다.

① 나는 어제 내 방을 청소했다.

② John은 지난주에 휴가 중이었다.

④ 나는 그때 교실에 없었다.

• vacation 휴가   • absent 결석한

9. ② 빈도부사 always를 일반동사 walks 앞에 쓴다.

• rarely 거의 ~ 않다

10. ① 앞에 나온 a book을 가리키는 대명사가 필요한데, 사물이고 단수이므로 It이 알맞다.

• 나는 어제 공룡에 관한 책을 읽었다. 그것은 흥미로웠다.

• dinosaur 공룡   • interesting 흥미로운, 재미있는

11. ④ '우리 ~할까?'라는 제안은 「Shall we+동사원형 ~?」으로 나타낼 수 있다.

A: 우리 다음 주말에 만날까? – B: 그래, 좋지.

12. ② sugar는 셀 수 없는 명사이므로 sugars를 sugar로 고쳐야 한다.

① 그는 나에게 피자 한 조각을 주었다.

② 엄마는 설탕 한 병이 필요하다.

③ 내게 주스 두 잔을 가져다 줘.

④ Emily는 커피 한잔을 마신다.

• bring 가져오다

13. ② A rabbit은 3인칭 단수 주어이고, '가지고 있다'라는 뜻의 일반동사 has가 쓰였으므로 부정문은 does not[doesn't] have가 되어야 한다.

① 그는 의사가 되길 원한다.

→ 그는 의사가 되길 원하지 않는다.

② 토끼는 네 개의 다리를 가지고 있다.

→ 토끼는 네 개의 다리를 가지고 있지 않다.

③ 너는 그 경기를 볼 것이다.

→ 너는 그 경기를 볼 거니?

④ 어린이들이 공원에서 논다.

→ 어린이들이 공원에서 놀고 있었다.

14. ③ The girls가 3인칭 복수이고 동사 dance는 현재 시제 긍정문이므로 don't they는 알맞다.

① 그는 그녀를 좋아하지 않아, 그렇지? (→ does he)

② 너는 어제 이 책을 읽었어, 그렇지 않니? (→ didn't you)

③ 그 소녀들은 춤을 잘 춰, 그렇지 않니?

④ 너는 내게 진실을 말하고 있어, 그렇지 않니? (→ aren't you)

• tell 말하다   • truth 진실

15. ② '~만큼 …하다'는 「as+(형용사/부사의) 원급+as」로 나타낼 수 있다.

16. ① 가장 좋아하는 가수라는 대답으로 보아 누구(Who)인지 묻는 것이 알맞다. 의문문이므로 「Who+동사+주어 ~?」로 묻는다.

A: 사진 속의 남자는 누구니?

B: 그는 내가 가장 좋아하는 가수야.

17. ③ Where(어디로)로 물었으므로 Yes/No로 답할 수 없으며, 과거진행형이므로 '빵집에 가고 있었다'고 대답하는 것이 알맞다.

① 아니, 그렇지 않았어.

② 너는 도서관에 간다.

③ 나는 빵집에 가고 있었어.

④ 나는 전화 통화를 하고 있었어.

• 너는 어디에 가고 있었니?

18. ① 첫 번째 빈칸에는 명령문 뒤에서 '그러면'의 의미를 나타내는 and가 알맞다. 두 번째 빈칸에는 버스로 '또는, 아니면' 기차로 갔느냐는 의미가 되도록 or가 알맞다.

- 열심히 공부해라, 그러면 너는 그 시험에 통과할 수 있다.
- 너는 그곳에 버스를 타고 갔니, 아니면 기차를 타고 갔니?
- pass 통과하다　　　　・test 시험, 테스트

19. must(~해야 한다)는 have to로 바꿔 쓸 수 있다.
- 나는 오늘 숙제를 끝내야 한다.

20. 셀 수 있는 명사 앞에는 a나 an을 쓰는데 egg와 같이 발음이 모음으로 시작하는 명사 앞에는 an을 쓴다. 악기 이름 앞에는 정관사 the를 쓴다.
- 냉장고에 계란 한 개가 있다.
- 나는 피아노를 칠 수 있다.
- 그 개는 긴 꼬리를 갖고 있다.
- refrigerator 냉장고　　　・tail 꼬리

21. (1) meat는 셀 수 없는 명사이므로 -s를 빼야 한다.
- Eva는 고기 세 덩어리가 필요하다.
(2) 복수 five 뒤의 slices는 알맞다.
- 너는 치즈 다섯 장이 있니?
(3) 복수인 two 뒤의 bowls는 알맞다.
- 나는 수프 두 그릇을 먹었다.
(4) seven은 복수이므로 cups가 되어야 한다.
- 그들은 차 일곱 잔을 원한다.

22. '~하자'는 「Let's+동사원형」으로 나타내므로 Let's를 쓰고, 주어진 단어 playing을 동사원형 play로 고쳐 쓴다. after school은 '방과 후에'라는 의미이다.

23. (1) He는 3인칭 단수이므로 과거진행형의 동사는 was looking으로 쓴다.
- 그는 자신의 고양이 사진을 보았다(→ 보고 있었다).
(2) 주어가 3인칭 단수(Sujin)이므로 현재진행형의 동사는 is watching으로 쓴다.
- 수진이는 자신의 방에서 영화를 본다(→ 보고 있다).
(3) 일반동사 과거형 knocked가 쓰였으므로 부정문의 동사는 「did not[didn't]+동사원형(knock)」으로 쓴다. 주어의 인칭에 상관없이 일반동사 과거형의 부정문은 「did not[didn't]+동사원형」을 쓴다.
- 너는 노크를 했다(→ 하지 않았다).
- knock 노크하다, 문을 두드리다

24. 감탄문 맨 끝의 「주어(it)+동사(is)」는 생략할 수 있다.
- 정말 위험한 개구나!
- dangerous 위험한

25. ② 나는 내 여동생을 정말 좋아한다. (be동사(am)와 일반동사(like)는 함께 쓸 수 없다. 바르게 고치면 I really like ~가 된다.)

① 우리를 잊지 말아 주세요.
(주어 없이 「don't+동사원형(forget)」을 쓴 명령문이다. 명령문 앞이나 뒤에 please를 붙여서 좀 더 부드럽게 표현할 수 있다.)
③ 테니스 동아리에 가입하자.
('~하자'라는 뜻의 「Let's+동사원형(join)」으로 알맞게 쓰였다.)
④ 그는 케이크 두 조각을 주문했다.
(셀 수 없는 명사 cake를 단위 표현에 -s를 붙여 표현했으므로 알맞다.)
⑤ 나는 너의 질문을 이해할 수 없어.
(조동사 can't 뒤에 동사원형(understand)을 썼으므로 알맞다.)
- forget 잊다　　　　・join 가입하다, 함께하다
- order 주문하다　　　・understand 이해하다
- question 질문

1. ④	**2.** ②	**3.** ②	**4.** ①	**5.** ③	**6.** ③
7. ④	**8.** ①	**9.** ④	**10.** ③	**11.** ③	**12.** ①
13. ③	**14.** ④	**15.** ④	**16.** ②	**17.** ③	**18.** ④

19. did you　　　**20.** or → and　　　**21.** Are, able to
22. Is Jim baking a cake for his mother?
23. is brighter than the moon　　　**24.** ④　　　**25.** ③

해석 & 해설

1. ④ city의 복수형은 cities이다.
   ① 식사　　　　　　② 유리
   ③ 기회　　　　　　④ 도시

2. ② sleep의 과거형은 slept이다.
   ① 도착하다, 도달하다　　② 자다
   ③ 가지다　　　　　　④ 먹다

3. ② 일반동사의 과거형인 broke가 쓰였으므로 Did로 물어야 한다. 따라서 「Did+주어+동사원형(break) ~?」의 형태가 알맞다.
   - 그는 그 집의 창문을 깼다(→ 깼니?).
   - break 깨다(-broke)

4. ① 6시에 일어난다는 대답으로 보아 몇 시에 일어나는지 물어야 하므로 What이 알맞다. What은 단독으로 '무엇'이라는 의문대명사로 쓸 수 있고 「What+명사」 형태로 '무슨 ~, 어떤 ~'이라는 의문형용사로 쓸 수 있다. (예: What time ~?, What color ~?, What kind of ~?)
   A: 그는 몇 시에 일어나니?
   B: 그는 6시에 일어나.
   - get up 일어나다

5. ③ 나에게 '그들의' 메시지(messages)를 보여달라는 것이므로 목적격인 them은 들어갈 수 없고 messages를 꾸미는 소유격 their가 들어가야 한다.
   ① 나는 그들과 함께 거기에 갈 거야.
   ② 그는 그들을 위해 무엇을 만들었니?
   ③ 저에게 그들의 메시지를 보여주세요.
   ④ 나는 고양이가 두 마리가 있고, 그들을 사랑한다.
   • message 메시지

6. ③ It is는 It's로 줄여 써야 한다. Its는 '그것의'라는 뜻이다.
   ① 나는 가수가 아니다.
   ② 그는 유명한 배우이다.
   ③ 그것은 내 노트북이 아니다.
   ④ 그들은 고등학생이다.
   • actor (남자) 배우   • high school 고등학교

7. ④ 그녀에게 개가 있는지 물었는데, 긍정의 대답 후 고양이를 갖고 있다고 답했으므로 어색하다.
   ① A: 너는 무엇을 찾고 있니?
      B: 나는 내 휴대전화를 찾고 있어.
   ② A: 오늘이 며칠이니? – B: 1월 7일이야.
   ③ A: 그는 요리를 잘하니? – B: 응, 잘해.
   ④ A: 그녀는 개가 있니?
      B: 응, 그녀는 고양이를 갖고 있어.
   • look for ~을 찾다   • be good at ~을 잘하다

8. ① 빈칸에는 '~ 후에'라는 의미의 전치사 after가 알맞다. after는 전치사와 접속사로 모두 사용이 가능하며, 전치사일 때는 뒤에 명사가 오고, 접속사일 때는 뒤에 「주어＋동사」가 온다.
   • brush one's teeth 이를 닦다

9. ④에 쓰인 조동사 can은 자동차를 운전할 수 있다는 '가능, 능력'을 나타낸다.
   ① 네 연필 좀 써도 되니?
   ② 너는 오늘 일찍 가도 좋아.
   ③ 들어가도 될까요?
   ④ 나의 아버지는 자동차를 운전할 수 있다.
   • borrow 빌리다   • leave 떠나다
   • come in 들어오다   • drive 운전하다

10. ③ hardly는 '거의 ~하지 않다'라는 의미이다.

11. ③ there is 다음에는 셀 수 없는 명사 또는 단수 명사가, there are 다음에는 복수 명사가 오므로 are는 is로 고쳐야 한다.
   ① 도로에 많은 차들이 있다.
   ② 벽에 거울이 있다.
   ③ 그릇에 약간의 물이 있다.

④ 뒤뜰에 고양이가 있니?
   • road 도로, 길   • backyard 뒤뜰, 뒷마당

12. ① 첫 번째 문장은 감탄문이고 빈칸 뒤에 「형용사(wonderful)＋주어(the movie)＋동사(is)」가 온 것으로 보아 How가 알맞다. 「How＋형용사[부사] ~?」는 '얼마나 ~한[하게]'의 의미로 정도를 물을 때 쓴다. 따라서 공통으로 들어갈 말은 How이다.

13. ③은 '무엇'이라는 의미의 의문대명사로 쓰였고, 나머지는 모두 명사 앞에서 '무슨 ~, 어떤 ~'로 해석되는 의문형용사로 쓰였다.
   ① 너는 몇 사이즈를 입니?
   ② 너는 몇 학년이니?
   ③ 주요리[메인요리]는 무엇인가요?
   ④ 너는 무슨 색깔을 좋아해?
   • size 크기   • grade 학년, 등급
   • main 주요한, 주된

14. ④ 빈칸은 명사 movie를 꾸며주는 형용사가 들어갈 자리이므로 부사인 well은 들어갈 수 없다.
   ① 흥미로운   ② 슬픈   ③ 무서운   ④ 잘, 아주
   • 그녀는 어젯밤에 매우 ○○한 영화를 보았다.

15. ④ 동사가 caught로 일반동사 catch의 과거형이므로 부정문은 「did not[didn't]＋동사원형」으로 표현한다.
   • Jack은 구멍 속의 쥐를 잡았다(→ 잡지 않았다).
   • catch 잡다(-caught)   • hole 구멍

16. ② 빈칸에는 앞에 나온 명사 two erasers를 가리키는 복수형의 목적격 대명사 them이 들어가야 한다.
   • Jason은 지우개 두 개를 갖고 있었는데 그는 어제 그것들을 잃어버렸다.
   • eraser 지우개

17. ③ '약간의'라는 의미의 a little은 셀 수 없는 명사와 함께 쓰이므로 복수 명사인 children 앞에 쓸 수 없다.
   • 박물관에 많은/몇몇의 어린이들이 있다.
   • museum 박물관

18. ④ '~할 필요가 없다'의 의미는 「don't have to＋동사원형」으로 쓰고 don't는 인칭에 맞게 쓴다.
   • prepare 준비하다

19. 주어는 You이고 일반동사(lock)가 쓰인 부정문이므로 부가의문문으로는 did you가 알맞다.
   • lock 잠그다

20. or는 '또는'이라는 뜻의 접속사이며, 이것을 '~과, 그리고'라는 뜻의 접속사 and로 고쳐야 우리말과 일치한다.

21. '~할 수 있다'라는 의미의 조동사 can은 be able to로 바꿔 쓸 수 있다. 이때 be동사는 주어의 수와 인칭에 맞게 쓰는데 여기서는 주어가 you이고 의문문이므로 Are you able to ~?로 묻는다.
   • 너는 기타를 칠 수 있니?

22. 〈보기〉는 평서문을 현재진행형의 의문문으로 바꾸었다. Jim은 3인칭 단수이므로 be동사는 is를 써서 Is Jim baking ~?으로 바꾼다.
   〈보기〉Mia는 그림을 그린다. → Mia는 그림을 그리고 있니?
   • Jim은 엄마를 위해 케이크를 굽는다.
     → Jim은 엄마를 위해 케이크를 굽고 있니?
   • bake 굽다

23. 비교급 문장이므로 '~보다 더 …한'을 의미하는 「비교급+than ~」을 사용한다. 주어가 3인칭 단수인 The star이므로 동사는 is를 쓰고 bright를 비교급인 brighter로 바꿔 brighter than the moon으로 쓴다.

24. ④ 〈보기〉는 '~ 전에'와 '~ 후에'라는 의미로 반의어의 관계이다. noisy(시끄러운)의 반의어로는 quiet(조용한) 정도가 알맞다. easy는 '쉬운'이라는 의미이다.
   ① 잊다 - 기억하다
   ② ~ 안으로 - ~ 밖으로
   ③ 깨끗한 - 더러운
   ④ 시끄러운 - 쉬운
   ⑤ 살다 - 죽다

25. ③ 주어가 3인칭 단수이므로 were는 was로 고쳐야 한다.
   ① 그는 좋은 의사였다.
   ② 그들은 TV를 보고 있다.
   ③ 그녀는 음악을 듣고 있었다.
   ④ 나는 숙제를 하고 있었다.
   ⑤ 너는 글쓰기를 잘한다.
   • listen 듣다   • be good at ~을 잘하다

DAY 20 Grammar Overall Test 10회 본책 p.086

1. ③	2. ④	3. ③	4. ①	5. ①	6. ②
7. ④	8. ①	9. ③	10. ③	11. ③	12. ①
13. ②	14. ②	15. ③	16. ①	17. ④	18. ③

19. Whose   **20.** a cup of coffee after
21. is going to meet   **22.** knifes → knives
23. (1) Let's not be late for school.
(2) What an amazing story it is!
24. (1) ⓑ (2) ⓒ (3) ⓐ   **25.** ③, ⑤

1. ③ hear의 과거형은 heard가 알맞다.
   ① 알다   ② 지나가다
   ③ 듣다   ④ 달리다

2. ④ 빈칸에는 명사 girl을 꾸미는 형용사가 들어가야 한다. 따라서 부사인 really는 알맞지 않다. 부사는 명사를 꾸밀 수 없다.
   ① 키 큰   ② 예쁜
   ③ 멋진   ④ 정말
   • Amy는 ○○한 소녀이다.

3. ③ 주어가 They로 복수이므로 be동사 are가 들어가고, 나머지는 모두 주어가 3인칭 단수이므로 is[Is]가 들어간다.
   ① 그녀는 어머니에게 말하고 있다.
   ② Susan은 영어 교사인가요?
   ③ 그들은 일렬로 서 있다.
   ④ 내 남동생은 양치하고 있다.
   • in line 일렬로, 똑바로

4. ① is 앞에 있는 첫 번째 빈칸에는 할머니를 지칭하므로 주격 대명사 She가 알맞고, 두 번째 빈칸에는 두 친구를 지칭하면서 names를 꾸며줄 수 있는 소유격 대명사 Their가 알맞다.
   • 나는 우리 할머니를 만났다. 그녀는 간호사이다.
   • 나는 두 명의 친구가 있다. 그들의 이름은 Kelly와 Jane이다.
   • nurse 간호사

5. ① 빈칸에는 부정문에서 '조금도, 아무것도'라는 뜻을 나타내는 any가 알맞다. never와 no에는 이미 not의 의미가 포함되어 있다.
   • fruit 과일

6. ② little의 최상급은 least이다.
   ① 긴   ② 적은
   ③ 현명한   ④ 좋은

7. ④ 부정문이고 주어가 3인칭 단수(Sally)이므로 was not telling으로 표현해야 한다.
   • Sally는 나에게 진실을 말하지 않았다(→ 말하고 있지 않았다).
   • truth 진실, 사실

8. ① '~하지 마라'의 부정 명령문이므로 주어를 생략한 「Don't+동사원형 ~」으로 쓴다. play가 일반동사의 원형이므로 Don't be play ~로는 쓸 수 없다.
   • too 너무, 지나치게

9. ③ 표를 보면 Suzy(12살)는 Jason(14살)보다 어리므로 older를 younger로 고쳐야 한다.
   ① Jason은 셋 중에 가장 무겁다.

② Mark는 Suzy보다 어리다.

③ Suzy는 Jason보다 더 나이가 많다.

④ Jason은 셋 중에 가장 키가 크다.

10. ③ 주어가 3인칭 단수(John)이고 일반동사 현재형(wants)이 쓰인 긍정문이므로 doesn't he가 알맞다.
- John은 조종사가 되고 싶어 해, 그렇지 않니?
- pilot 조종사, 파일럿

11. ③의 early는 gets up을 꾸미는 부사로 쓰였고, 나머지는 모두 명사를 꾸미는 형용사로 쓰였다.
① Joe는 사랑스러운 아기이다.
② Tony는 예쁜 여동생이 한 명 있다.
③ 그녀는 매일 아침 일찍 일어난다.
④ 그는 내게 놀라운 이야기를 말하고 있다.
- amazing 놀라운, 굉장한

12. ① 날짜를 말할 때 쓰는 비인칭 주어 It을 사용해 It is 또는 It's로 답한다.
A: 네 생일이 언제니?
B: 10월 17일이야.

13. ② at noon, at night처럼 특정한 시간대를 나타낼 때는 전치사 at을 쓴다.
- at midnight 자정에

14. ② 주어가 3인칭 단수(Alex)이고 Does로 물었으므로 긍정이면 Yes, he does. 부정이면 No, he doesn't.로 답한다.
A: Alex는 수영하러 가는 것을 좋아하니?

15. ③ 네 권의 책을 가지고 있다는 대답으로 보아, '얼마나 많은, 몇 권의' 책을 가지고 있는지 물어야 하므로 빈칸에는 수나 양을 물을 때 쓰는 How many가 들어가는 것이 알맞다. book은 셀 수 있는 명사이므로 How much는 들어갈 수 없다.
A: 너는 몇 권의 책을 가지고 있니?
B: 나는 네 권의 책을 가지고 있어.

16. ① 조동사 will 다음에는 동사원형을 써야 한다.
- 그 소년은 은행 앞에서 엄마를 만날 것이다.
- in front of ~ 앞에서   - bank 은행

17. ④ 셀 수 있는 명사 앞에 a나 an을 쓰는데 모음으로 시작하는 단어 앞에는 an을 쓴다.
- Dorothy는 새로운 식당 한 곳을 발견했다.
- 그는 그녀에게 편지 한 통을 보낼 것이다.
- Jamie는 아파트에 산다.
- find 찾다, 발견하다(-found)
- restaurant 식당, 레스토랑   - apartment 아파트

18. ③ 가격을 물을 때 How much ~?로 물으며, 감탄문인데 뒤에 「형용사+주어+동사」가 있으므로 How가 알맞다.
- 이 필통은 얼마인가요?
- 하늘이 정말 아름답구나!
- pencil case 필통

19. Jenny의 것이라고 답하고 있으므로 누구의 모자인지 물어야 한다. 따라서 '누구의'라는 의미의 의문사 Whose가 알맞다.
A: 이건 누구의 모자니?
B: 그건 Jenny의 것이야.

20. cup이 제시되어 있으므로 '커피 한잔'은 a cup of coffee로 나타내고 '~한 후에'라는 의미의 접속사 after를 쓴다.

21. 미래를 나타내는 「will+동사원형」은 「be going to+동사원형」으로 바꿔 쓸 수 있다.
- Joe는 다음 주 금요일에 내 친구들을 만날 것이다.

22. -fe로 끝나는 명사는 복수형을 만들 때 fe를 v로 고치고 -es를 붙이므로, knifes는 knives로 고쳐야 한다.
- 식탁 위에 포크 두 개와 나이프 다섯 개가 있다.
- fork 포크   - knife 나이프, 칼

23. (1) '~하지 말자'는 「Let's not+동사원형」으로 표현한다. late for는 '~에 늦은'의 의미로 late는 형용사이므로 앞에 동사원형인 be를 붙여야 한다.
(2) 감탄문인데 what을 사용하라고 했으므로 「What+a[an]+형용사+명사+주어+동사」로 표현한다. amazing은 모음으로 시작하므로 앞에 an을 붙인다.

24. (1) 그것들은 서랍 안에 있어. – ⓑ 내 장갑들이 어디 있지?
(2) 비가 오고 있어. – ⓒ 오늘 날씨가 어때?
(3) 나는 6학년이야. – ⓐ 너는 몇 학년이니?

25. ③, ⑤ 〈보기〉의 빈칸 뒤에는 a lot of chairs라는 복수 명사가 있으므로 빈칸에는 are가 들어가야 한다. 따라서 빈칸 뒤에 복수 명사인 babies와 parks가 있는 ③, ⑤가 답이 된다. 나머지는 모두 is가 들어간다.
- 도서관에 많은 의자가 있다.
① 탁자 위에 오렌지 한 개가 있다.
② 컵에 약간의 물이 있다.
③ 방에는 두 명의 아기가 있다.
④ 건물 뒤에 집이 한 채 있다.
⑤ 서울에는 많은 멋진 공원들이 있다.
- behind ~ 뒤에   - building 건물, 빌딩

1. ④　**2.** ③　**3.** ①　**4.** ③　**5.** ④　**6.** ④

7. ③　**8.** ②　**9.** ①　**10.** ②　**11.** ③　**12.** ②

13. ①　**14.** ④　**15.** ④　**16.** ①　**17.** ①　**18.** ④

19. It　**20.** ④: soccer

21. I saw your sister in the park yesterday and she was cute.　**22.** Yena will never forget your kindness.

23. or you can't[cannot] watch TV　**24.** ⑤　**25.** ②

해석 & 해설

1. ④ -e로 끝나는 단어는 e를 빼고 -ing를 붙이므로 coming이 알맞다.
① 마시다　② 얻다
③ 노래하다　④ 오다

2. ③ expensive는 3음절 이상의 형용사이므로 비교급은 more expensive로 표현한다.
① 빠른　② 적은
③ 비싼　④ 쉽게

3. ① 조동사는 주어에 상관없이 형태가 같으므로 shoulds는 should가 되어야 한다.
① 그는 더 많은 채소를 먹어야 한다.
② 너는 내 사전을 사용해도 돼.
③ 그녀는 공룡을 그릴 수 있다.
④ 너는 네 숙제를 해야 한다.
• vegetable 채소　• dictionary 사전
• dinosaur 공룡

4. ③ 「the+최상급+in ~」은 '~에서 가장 …한'의 의미이다. busy의 최상급은 y를 i로 고치고 -est를 붙여 busiest로 쓴다.
• 런던은 영국에서 가장 바쁜 도시이다.
• England 영국

5. ④ '~할 것이다'라는 미래의 의미를 나타내는 「be going to+동사원형」을 써서 표현한다.

6. ④ 어디에 있는지 현재형(is)으로 물었는데 과거형(was)으로 답했으므로 알맞지 않다.
① A: 저 남자는 누구니?
　B: 그는 우리 삼촌이야.
② A: 그들은 학생들이니?
　B: 응, 그래.
③ A: 그건 누구의 연필이니?
　B: 그건 지연이의 것이야.
④ A: Alice는 어디 있니?
　B: 그녀는 집에 있었어.

7. ③ lazy는 뒤에 나온 명사 student를 꾸미고, 나머지 형용사는 모두 감각동사와 함께 쓰여 주어를 설명한다.
① 너는 화가 나 보인다.
② 그거 좋게 들린다. (좋은 생각이야.)
③ 그는 게으른 학생이다.
④ 그 꽃들은 좋은 향이 난다.
• look ~해 보이다　• angry 화가 난
• sound ~하게 들리다　• lazy 게으른
• flower 꽃　• smell 냄새가 나다

8. ② How far ~(얼마나 먼)로 거리를 묻는 질문이므로 비인칭 주어 it으로 묻는다. 대답도 It is ~ 또는 It's ~로 하며 이 부분은 해석하지 않는다.
A: 은행까지 얼마나 먼가요?
B: 약 2킬로미터입니다.

9. ① '~하지 말자'는 「Let's not+동사원형」으로 나타내므로 Let's not eat fast food.가 되어야 한다.
① 패스트푸드를 먹지 말자.
② 그것 정말 큰 풍선이구나!
③ 그 영화 정말 재미있구나!
④ 지붕 위에 작은 공이 하나 있다.
• balloon 풍선　• roof 지붕

10. ② 내용상 매우 피곤했기 때문에 일찍 잤다고 하는 것이 자연스러우므로 빈칸에는 이유를 나타내는 because가 들어가는 것이 가장 알맞다.
• 나는 매우 피곤했기 때문에 일찍 잠자리에 들었다.
• tired 피곤한

11. ③ 전치사 on은 시각과 함께 쓰지 않는다.
• 나는 보통 7시에/전에/이후에 일어난다.

12. ② 주어가 3인칭 단수이므로 동사는 eats로 써야 하고 food는 셀 수 없는 명사이므로 many가 아닌 much가 꾸민다.

13. ① 전치사 through는 '~을 관통하여, 통과해서'라는 의미이다.
① ~을 관통하여　② ~ 위로
③ ~ 뒤에　④ ~ 옆[다음]에
• river 강　• flow 흐르다
• country 나라, 국가

14. ④ 주어가 The students로 복수이므로 be동사는 was가 아닌 were가 되어야 한다.
① 너는 여기에 주차하면 안 된다.

→ 여기에 주차하지 마세요.

② 그는 일요일마다 교회에 간다.

→ 그는 일요일마다 교회에 가지 않는다.

③ 그들은 파란 모자를 쓰고 있다.

→ 그들은 파란 모자를 쓰고 있니?

④ 학생들은 축구를 했다.

→ 학생들은 축구를 하고 있었다.

- park 주차하다 • church 교회
- every ~마다, 매~ • wear 착용하다, 입다

15. ④ 빈칸에는 car를 꾸며줄 형용사가 들어가야 한다. very는 '매우'라는 의미의 부사이다.

- 그건 정말 ○○한 차구나!

① 좋은, 멋진 ② 훌륭한

③ 오래된, 낡은 ④ 매우

16. ①에는 관사 a가 들어가고, 나머지는 모두 정관사 the가 들어간다. 세상에 하나뿐인 자연물, 악기 이름, 앞에서 언급된 명사 앞에는 정관사 the를 붙인다.

① 수진이는 남동생이 한 명 있다.

② 나는 달을 쳐다보고 있다.

③ 그녀는 바이올린을 잘 켠다.

④ 나는 자전거가 있다. 그 자전거는 멋지다.

- look at ~을 보다

17. ① 과거진행형은 동사를 「was[were] -ing」 형태로 쓰므로 were ran을 were running으로 고치거나, were를 삭제하고 과거형으로 써야 알맞은 문장이 된다.

① 너는 매우 빨리 달리고 있었다/달렸다.

② 그녀는 교실에 없다.

③ 그들은 학교에 가고 있지 않았다.

④ 내 사촌은 요즘 바쁘다.

- these days 요즘

18. ④ '그녀의' 정원이라고 해야 하므로 hers는 소유격 대명사 her로 고쳐야 한다.

① Jack은 내게 자신의 선물을 보냈다.

② 그녀는 내게 그 소식에 관해 말해주었다.

③ 나는 너를 위한 무언가를 갖고 있다. (너에게 줄 것이 있다.)

④ 그녀는 그녀의 정원에 장미를 심었다.

- news 뉴스, 소식 • something 무언가, 것
- plant 심다 • rose 장미
- garden 정원

19. 앞에 나온 an apple을 대신하는 대명사가 들어가야 하므로 사물을 가리키는 단수형의 주격 대명사 It이 알맞다.

- 나는 사과를 하나 샀다. 그것은 맛있었다.

20. ④ 운동 경기 앞에는 정관사 the를 붙이지 않으므로 the soccer는 soccer로 고쳐야 한다.

- Maria는 내 학급친구이다. 우리는 매일 함께 축구를 한다.

21. 여자이고 단수이므로 주격 대명사 she로 바꾼다.

- 나는 어제 공원에서 너의 여동생을 보았는데 너의 여동생은(→ 그녀는) 귀여웠다.

22. 빈도부사로 '절대로 ~ 않다'라는 의미의 never는 be동사나 조동사 뒤, 일반동사 앞에 위치하므로 조동사 will 다음에 넣는다.

- 예나는 절대 너의 친절함을 잊지 않을 것이다.
- forget 잊다 • kindness 친절함

23. '~해라, 그러지 않으면 …할 것이다'라는 의미의 「명령문, or … 」 표현을 사용한다. 주어는 you를 쓴 후 동사가 와야 하는데 볼 수 없는 것이므로 can't[cannot] watch로 나타낸다.

24. ⑤ 일반동사 과거형 made가 쓰였으므로 주어에 상관없이 부정문은 「didn't+동사원형」이 되어야 한다. 따라서 동사는 didn't make로 나타낸다.

- Sam은 큰 실수를 저질렀다.
- make a mistake 실수하다

25. ② 종이와 케이크를 셀 때 모두 쓸 수 있는 단위는 piece가 알맞다.

- Mia는 나에게 종이 한 장을 주었다.
- 나는 어젯밤에 케이크 한 조각을 먹었다.

1. ③ **2.** ② **3.** ② **4.** ④ **5.** ① **6.** ③
7. ② **8.** ① **9.** ④ **10.** ③ **11.** ① **12.** ①
13. ② **14.** ① **15.** ④ **16.** ② **17.** ④ **18.** ③
19. What a kind boy (he is)! **20.** in front of
21. (1) Is Jessica in the bathroom?
(2) Jessica isn't[is not] in the bathroom.
22. a **23.** because you are late **24.** ②
25. my favorite things

해석 & 해설

1. ③ enjoy의 3인칭 단수형은 enjoys이다.
 ① 묶다 ② 섞다, 혼합하다
 ③ 즐기다 ④ 기억하다

2. ②는 명사와 형용사의 관계이고, 나머지는 모두 형용사와 부사의 관계이다.
 ① 큰 – 크게
 ② 친구 – 친절한
 ③ 운이 좋은 – 운 좋게
 ④ 주의 깊은 – 주의 깊게

3. ② loaf의 복수형은 loaves이고 bread는 셀 수 없는 명사이므로 단위만 복수형으로 표현한다.
 ① 커피 한 잔 (sheet → cup)
 ② 빵 두 덩이
 ③ 우유 두 잔 (milks → milk)
 ④ 피자 세 조각 (slice → slices)

4. ④ 의문문에는 '몇 개의, 약간의'의 의미로 any를 사용한다.
 • question 질문

5. ① 음악을 듣고 있었다는 대답으로 보아 '무엇을(What)' 하고 있었는지 묻는 것이 알맞다.
 A: 그때 너는 무엇을 하고 있었니?
 B: 나는 음악을 듣고 있었어.
 • at that time 그때, 그 당시에

6. ③ 오후 5시에 떠난다는 대답으로 보아 기차가 언제 떠나는지 묻는다. 일반동사 leave가 쓰였으므로 의문문은 「When+does+주어+동사원형(leave) ~?」으로 써야 한다.
 A: 그 기차는 언제 떠나니?
 B: 그것은 오후 5시에 떠나.
 • leave 떠나다, 출발하다

7. ②의 It은 '그것'으로 해석되는 대명사로 쓰였고, 나머지는 모두 날짜, 날씨, 거리를 나타내는 비인칭 주어로 쓰였다.
 ① 5월 16일이다.
 ② 그것은 2층에 있다.
 ③ 어젯밤에는 폭풍우가 몰아쳤다.
 ④ 여기서 서울까지 얼마나 먼가요?
 • May 5월 • floor 층
 • stormy 폭풍우가 몰아치는

8. ① toy의 복수형은 toys이다. baby(babies)와 같이 「자음+y」로 끝나는 명사의 경우에 y를 i로 고치고 -es를 붙인다.
 ① 장난감 ② 독수리
 ③ 학급, 수업 ④ 우산

9. ④ 빈칸에는 모두 be동사가 들어갈 자리로, ④의 주어는 3인칭 단수이므로 is가 들어가고 나머지는 모두 are가 들어간다.
 ① 그들은 내게 친절하다.
 ② 너는 나의 가장 친한 친구이다.
 ③ 형과 나는 버스에 있다.
 ④ 우리 과학 선생님은 정말 잘생기셨다.
 • science 과학 • handsome 잘생긴, 멋진

10. ③ never는 '절대로 ~ 않다'의 의미이다.
 ① 나는 보통 버스를 타고 학교에 간다.
 ② 그는 항상 밤에 TV를 시청한다.
 ④ Kelly는 종종 아침을 먹는다.

11. ① 「비교급+than+비교 대상」은 '~보다 더 …한'의 의미를 나타낸다. important는 3음절 이상의 단어이므로 앞에 more를 붙여서 비교급을 나타낸다.
 • then 그때

12. ① be going to는 조동사 will로 바꿔 쓸 수 있다.
 • Tess는 워싱턴으로 떠날 예정이다.
 ②, ③ ~해야 한다 ④ ~할 수 있다

13. ② with는 '~와 함께'라는 의미이며, 연도나 해 앞에는 in을 쓴다.
 • 나는 나가서 Jason과 함께 놀았다.
 • 나는 2010년에 태어났다.
 • bear 태어나다(-bore-born)

14. ① '~하자'라는 의미의 「Let's+동사원형 ~」에서 '~하지 말자'는 Let's 다음에 not을 붙인다.
 • 이번 주 금요일에 영화를 보러 가자(→ 가지 말자).
 • go to a movie 영화 보러 가다

15. ④ '…해라, 그러면 ~할 것이다'는 「명령문, and ~」 표현을 사용한다.
 • better 더 나은, 더 좋은

16. ② there is[was] 다음에는 단수 명사가 오고, there are[were] 다음에는 복수 명사가 온다. 따라서 two eggs가 나왔으므로 is는 are로 고쳐야 한다.
① 이 근처에 버스 정류장이 있나요?
② 바구니에 두 개의 달걀이 있다.
③ 동물원에 많은 동물들이 있다.
④ 언덕 위에 키가 큰 나무들이 있었다.
• bus stop 버스 정류장　　• near 근처에, 주변에
• basket 바구니　　　　　 • zoo 동물원
• hill 언덕

17. ④ '~만큼 …하다'라는 의미의 원급 비교는 「as+원급(형용사/부사)+as」로 표현하므로 as pretty as가 알맞다.
• ribbon 리본

18. ③ time은 셀 수 없는 명사이므로 much가 알맞다. very는 부사이므로 명사인 time을 꾸밀 수 없다.
• 나는 지금 시간이 많지 않다.

19. What을 사용한 감탄문으로 바꿔 쓰라고 했으므로 「What+a+형용사(kind)+명사(boy)+주어(he)+동사(is)!」의 어순으로 쓴다. 주어와 동사는 생략이 가능하다.
• 그는 매우 친절한 소년이다. → 그는 정말 친절한 소년이구나!

20. '~ 앞에'는 in front of로 표현한다.
• (movie) theater 극장

21. (1) 동사가 be동사일 때 의문문은 「be동사+주어 ~?」의 어순으로 써야 하므로 Is Jessica ~?로 바꾼다.
(2) 동사가 be동사일 때 부정문은 be동사 뒤에 not을 붙이므로 Jessica isn't[is not] ~로 바꾼다.
• Jessica는 화장실에 있다.
• bathroom 화장실, 욕실

22. What으로 시작하는 감탄문의 어순은 「What+a(n)+형용사+명사+주어+동사」이고, 커피 한 잔은 a cup of coffee로 나타낸다. 또한, 셀 수 있는 명사 앞에는 관사 a나 an을 붙이므로 세 문장에 공통으로 들어갈 말은 a가 알맞다.
• 정말 환상적인 날이야!
• 커피 한잔합시다.
• Jennifer는 요리책을 한 권 갖고 있다.
• fantastic 환상적인, 엄청난
• cookbook 요리책

23. 네가 늦어서 화가 난다는 이유를 말하고 있으므로 because를 먼저 쓰고 접속사 because 다음에는 주어와 동사가 와야 하므로 you are late를 붙인다.

24. ② Am I ~?로 물었으므로 긍정이면 Yes, you are., 부정이면 No, you aren't.로 답한다.
A: 제가 맞는 교실에 있는 건가요?
• right 맞는, 올바른

25. 소유격이 있으면 「소유격+형용사+명사」의 어순으로 쓴다. 해석상 복수로 '물건들'이라고 했고 주어도 복수(These)이므로 셀 수 있는 명사인 thing도 things로 고쳐야 한다. 따라서 my favorite things로 고쳐 쓴다.

DAY 23　Grammar Overall Test 13회　본책 p.098

1. ④	2. ③	3. ①	4. ①	5. ②	6. ②
7. ③	8. ①	9. ③	10. ①	11. ④	12. ②
13. ④	14. ④	15. ①	16. ②	17. ③	18. ②

19. How → What　20. We will go fishing tomorrow.
21. Is your uncle a police officer
22. took a shower　23. a glass of milk　24. ④
25. (1) How　(2) Why

해석&해설

1. ④ cut은 과거형도 cut이다.
① 돕다　　　　　　　 ② 바라다, 희망하다
③ 기침하다　　　　　 ④ 자르다

2. ③ 「자음+y」로 끝나는 명사는 y를 i로 고치고 –es를 붙이므로 story의 복수형은 stories가 알맞다.
① 소년　　　　　　　 ② 선반
③ 이야기　　　　　　 ④ 접시

3. ① be동사 am과 not은 줄여 쓸 수 없다.
① 나는 아침을 먹고 있지 않다.
② 나는 어젯밤에 아프지 않았다.
③ 그녀는 책을 쓰고 있지 않다.
④ 그들은 정원에 있지 않다.
• sick 아픈

4. ① 일반동사 eat이 쓰인 의문문이고 Yes, I do.로 대답했으므로 Do you eat ~?으로 묻는 것이 알맞다.
A: 너는 고기를 먹니?
B: 응, 먹어.
• meat 고기

5. ② hardly는 '거의 ~하지 않다'라는 의미로 이미 부정의 의미가 포함되어 있다. 따라서 일반동사 use 앞에 빈도부사 hardly를 쓴 ②가 알맞다.

6. ② good의 비교급은 well이 아니라 better이다.

7. ③ What day is it?은 요일을 묻는 표현이다.
   ① 수요일이었어.
   ② 7월 9일이야.
   ③ 목요일이야.
   ④ 여기서 멀어요.
   • 오늘이 무슨 요일이니?
   • Wednesday 수요일   • July 7월
   • Thursday 목요일

8. ① How much ~?는 가격을 물을 때 쓰는 표현이다. 감탄문은 「How+형용사+주어+동사!」 또는 「What+a(n)+형용사+명사+주어+동사!」로 나타낸다. What 다음에 오는 명사가 복수이면 a(n)는 붙지 않는다.
   • 이 가방은 얼마예요?
   • 정말 멋진 다리구나!
   • 그것들은 정말 재미있는 시합이구나!
   • wonderful 훌륭한   • bridge 다리, 육교
   • exciting 재미있는   • match 시합, 경기

9. ③ '~ 옆에'라는 의미의 전치사는 next to이다.
   ① ~ 주변에, 주위에   ② ~ 뒤에
   ④ ~ 앞에

10. ① 내용상 접속사 or가 들어가고 나머지는 모두 and가 들어간다.
    ① 적게 먹어라, 그러지 않으면 너는 뚱뚱해질 것이다.
    ② 많이 웃어라, 그러면 너는 행복해질 것이다.
    ③ 그 버튼을 눌러라, 그러면 너는 그것을 열 수 있을 것이다.
    ④ 규칙적으로 운동해라, 그러면 너는 건강해질 것이다.
    • less 더 적게   • smile 웃다
    • press 누르다   • button 버튼, 단추
    • regularly 규칙적으로, 정기적으로
    • healthy 건강한

11. ④ this chair 또는 these chairs로 고쳐야 한다.
    ① 이 사과들은 단맛이 난다.
    ② 모든 학생이 책상을 갖고 있다.
    ③ 그 접시들을 좀 저에게 주세요.
    ④ 나는 우리 삼촌에게서 이 의자를 받았다.
    • taste 맛이 나다   • sweet 단, 단맛이 나는
    • pass 건네주다   • plate 접시

12. ② There is 다음에는 단수 명사나 셀 수 없는 명사가 오고, There are 다음에는 복수 명사가 온다. two men이 있으므로 Is는 Are로 고쳐야 한다. sheep(양)은 단수형과 복수형의 형태가 같다.
    ① 책상 위에 열쇠 하나가 있다.
    ② 그 방에 두 명의 남자가 있나요?
    ③ 농장 근처에 양들이 있다.
    ④ 식탁 위에 소금이 좀 있나요?
    • key 열쇠, 키   • farm 농장

13. ④ mountain을 꾸미는 지시형용사로 쓰인 Those는 단수형인 That으로 고쳐야 한다.
    ① 이것들은 Jenny의 바지이다.
    ② 저 소년들은 내 친구들이다.
    ③ 이것은 너의 스웨터이다.
    ④ 저 산은 높지 않다.
    • sweater 스웨터

14. ④는 주격과 소유대명사의 관계이며, 나머지는 모두 소유격과 소유대명사의 관계이다.

15. ① '~하자'는 「Let's+동사원형 ~」, '~하지 말자'라는 부정형은 「Let's not+동사원형 ~」으로 쓴다. '~하지 마라'는 「Don't+동사원형 ~」으로 쓴다.
    • tennis 테니스   • call 전화하다
    • tonight 오늘 밤에   • go out 나가다, 외출하다

16. ② '~해야 한다'라는 의미의 조동사 should는 have to로 바꿔 쓸 수 있다.
    • 너는 휴식을 취해야 한다.
    • rest 휴식

17. ③ 셀 수 있는 명사 앞에 쓰이는 '많은'이라는 의미의 many는 a lot of 또는 lots of와 바꿔 쓸 수 있다.
    • 너는 정원에서 많은 꽃들을 볼 수 있다.

18. ② 일반동사 started가 쓰인 긍정문이므로 부가의문문은 didn't it이 알맞다.
    • 그 영화는 5시에 시작했어, 그렇지 않니?

19. 감탄문에서 How 다음에는 형용사가 와야 하는데 이 문장은 뒤에 「a+형용사(nice)+명사(car)+주어(you)+동사(have)」가 있으므로 How를 What으로 고쳐야 한다.
    • 너 정말 멋진 차를 갖고 있구나!

20. 미래를 나타내는 표현 「be동사+going to」는 조동사 will로 바꿔 쓸 수 있다.
    • 우리는 내일 낚시를 갈 것이다.

21. be동사가 포함된 의문문이므로 「be동사+주어 ~?」로 묻는데, 주어가 your uncle로 3인칭 단수이므로 제시되어 있는 be는 is로 바꿔야 한다. 따라서 Is your uncle a police officer로 배열한다.
- uncle 삼촌　　　　　　　　• police officer 경찰관

22. last night으로 바꿔 쓴다는 것은 과거형으로 바꿔 쓰라는 것이므로 동사 takes를 took로 바꾼다. 따라서 빈칸에는 took a shower가 알맞다.
- Sue는 매일 샤워한다.
  → Sue는 어젯밤에 샤워했다.
- take a shower 샤워하다

23. milk는 셀 수 없는 명사인데 glass라는 말을 사용하라고 했고 한 잔이므로 a glass of milk로 나타낸다.

24. ④ 시간 앞에는 전치사 at을 쓰고, 구체적인 좁은 장소 앞에도 at을 쓴다.
- 지하철역에서 8시에 만나자.
- subway station 지하철역

25. (1) 시간이 '얼마나 오래' 걸리는지 물을 때에는 How long ~을 쓴다.
A: 시간이 얼마나 걸리나요?
B: 30분 걸립니다.
(2) 질문이 있었기 때문이라는 대답으로 보아 전화를 건 이유를 물었을 것이므로 Why가 알맞다.
A: 어제 나한테 왜 전화했어?
B: 왜냐하면 나는 질문이 있었어.
- take (시간이) 걸리다

DAY 24　Grammar Overall Test 14회　본책 p.102

1. ④	2. ①	3. ③	4. ③	5. ②	6. ①
7. ③	8. ③	9. ②	10. ①	11. ②	12. ④
13. ①	14. ③	15. ①	16. ③	17. ④	18. ③

19. You don't have to bring
20. Did Susan solve the difficult problem?
21. many → much
22. We are going to play computer games
23. They will get a prize.　**24.** ②　**25.** ④

해석 & 해설

1. ④를 제외한 나머지는 모두 반의어의 관계이다.
① 마른 - 뚱뚱한　　　　② 빠른 - 느린
③ 더운 - 추운　　　　　④ 강한 - 키가 큰

2. ① Let's ~로 시작하는 문장에 대한 부가의문문은 shall we?로 나타낸다.
- 오늘 캠핑 가자, 그럴래?
- go camping 캠핑 가다

3. ③ swim의 3인칭 단수형은 swims이다.
① 찾다, 발견하다　　　　② 가지고 가다, 잡다
③ 수영하다　　　　　　④ 걱정하다

4. ③ kind는 주어를 설명하는 역할을 하며, 나머지는 모두 바로 뒤의 명사를 꾸미는 역할을 한다.
① 한국은 긴 역사를 가지고 있다.
② 많은 사람들이 아침을 거른다.
③ 계산대의 직원은 아주 친절했다.
④ 우리는 그 도시의 아름다운 경치를 즐길 수 있다.
- history 역사　　　　　• skip 거르다, 건너뛰다
- clerk 점원　　　　　　• counter 계산대, 카운터
- view 경치, 조망

5. ② 교통수단과 함께 쓰는 전치사는 by가 알맞다.
A: 병원까지 얼마나 걸리나요?
B: 버스로 40분 걸립니다.
- hospital 병원　　　　　• minute 〈시간〉 분

6. ① day는 셀 수 있는 명사이므로 How much가 아닌 How many가 되어야 한다.
A: 1년은 며칠이 있니?
B: 365일이 있어.

7. ③ 주어가 Kevin and I로 복수이므로 are가 들어가고 나머지는 모두 주어가 3인칭 단수이므로 is가 들어간다.

① 나의 아내는 공학자이다.

② 그녀는 엄마에게 말하고 있다.

③ Kevin과 나는 초등학생이다.

④ James는 할머니와 점심을 먹고 있다.

- engineer 공학자, 기술자   • elementary 초등의

8. ③ 감탄문이므로 「What+a(n)+형용사+명사+주어+동사!」로 표현하는데 명사인 shoes가 복수이므로 a는 쓰지 않는다. 또는 How를 사용해 표현하려면 How pretty the shoes are!가 알맞다.

9. ② 첫 번째 빈칸에는 questions를 꾸미는 형용사, 두 번째 빈칸에는 very의 꾸밈을 받는 부사가 들어갈 자리이다. 따라서 빈칸에는 '어려운; 열심히'라는 의미를 모두 갖고 있는 hard가 알맞다.
- Jason은 나에게 어려운 질문을 했다.
- 나는 어젯밤에 매우 열심히 공부했다.
- ask 물어보다, 묻다   • difficult 어려운

10. ① '~하기 전에'라는 의미의 접속사는 before가 알맞다.
- dark 어두운

11. ② be동사가 쓰인 문장의 부정문은 be동사 뒤에 not을 붙인다. don't는 일반동사의 부정문에 쓰인다.
- 나는 우리 가족과 함께 여행 중이다.
- travel 여행하다

12. ④ 조동사 다음에는 동사원형을 써야 하므로 will 다음에 나온 marries는 marry로 고쳐야 한다.
① 너는 이 방에 들어오면 안 된다.
② 너는 규칙을 따라야 한다.
③ 우리는 만화 동아리에 가입할 수 없다.
④ 그녀는 내년에 그와 결혼할 것이다.
- enter 들어가다   • follow 따르다
- rule 규칙   • cartoon 만화
- marry 결혼하다

13. ① '~만큼 …하다'의 의미이므로 「as+원급(형용사/부사)+as ~」 표현을 사용한다. '높은; 높게'라는 의미의 형용사와 부사로 모두 쓰이는 high는 여기서는 동사인 jump를 꾸미는 부사로 쓰였다.
- frog 개구리   • jump 점프하다, 뛰다

14. ③ '~을 위한'이라는 의미의 전치사는 for를 쓰고, 요일 앞에는 on을 쓴다.
- present 선물

15. ① 의문사 Where로 물은 질문에는 Yes/No로 답할 수 없다.
① A: 그녀는 어디 사니?
   B: 응, 그래.

② A: 지민이는 축구를 잘하니?
   B: 응, 잘해.

③ A: 너 달력 있니?
   B: 아니, 없어.

④ A: 이 꼬마 아이는 누구니?
   B: 그는 내 남동생이야.

- be good at ~을 잘하다   • calendar 달력
- little 작은

16. ③ last weekend라는 과거를 나타내는 말에서 놀이동산에 갔었다는 대답이 되어야 함을 알 수 있다. 따라서 무엇을 했는지 묻는 과거형 문장이 되어야 하므로 첫 번째 빈칸에는 조동사 do의 과거형인 did가 들어가야 한다. you 다음에 나온 do는 '~을 하다'라는 일반동사이다. 대답도 go의 과거형인 went가 알맞다.
A: 너는 지난 주말에 무엇을 했니?
B: 나는 부모님과 놀이동산에 갔었어.
- weekend 주말   • amusement park 놀이동산

17. ④의 It은 앞에 언급한 doll을 가리키는 대명사이고 나머지는 모두 비인칭 주어로 쓰였다.
① A: 무슨 요일이니?
   B: 일요일이야.
② A: 지금 몇 시니?
   B: 4시 30분이야.
③ A: 날씨가 어때?
   B: 화창하고 따뜻해.
④ A: 이거 누구의 인형이니?
   B: 그건 Jenny의 것이야.
- thirty 30(분/세)   • warm 따뜻한

18. ③ '~하지 마라'라는 부정 명령문은 「Don't+동사원형 ~」으로 나타내므로 Don't[Do not] swim in ~으로 고쳐야 한다.
① 솔직해라.
② 큰소리로 말하지 말자.
③ 이 호수에서 수영하지 마세요.
④ 이 편지를 네 딸에게 전해라.
- honest 솔직한, 정직한   • aloud 큰소리로
- lake 호수   • daughter 딸

19. 주어 You를 쓰고 '~할 필요가 없다'라는 의미의 don't have to를 사용해서 don't have to bring으로 배열한다.
- textbook 교과서

20. 일반동사의 과거형 solved가 쓰였으므로 주어에 상관없이 의문문은 「Did+주어+동사원형 ~?」으로 쓴다.
- Susan은 그 어려운 문제를 풀었다.
- solve 풀다, 해결하다   • problem 문제

21. money는 셀 수 없는 명사이므로 many를 much로 고쳐야 한다.
- 어떤 사람들은 너무 많은 돈을 쓴다.
- spend (돈·시간을) 쓰다, 보내다

22. '~할 것이다'라는 예정을 나타내는데 괄호 안의 be를 활용하라고 했으므로 「be going to+동사원형」으로 나타낼 수 있다. 주어가 We이므로 be동사는 are를 써서 are going to play에 computer games를 붙인다.
- hour 시간

23. 주어가 The boys and girls(소년 소녀들)로 3인칭 복수이므로 They로 바꿔 쓴다.
- 그 소년 소녀들은 상을 받을 것이다.
- prize 상

24. ② 주어가 3인칭 단수이고 현재일 때는 be동사 is를 쓰고 일반동사에는 -s나 -es를 붙이므로 어법상 알맞게 쓰인 문장은 ⓐ, ⓓ이다.
ⓐ 새 한 마리가 새장에 있다.
ⓑ 그녀는 방에서 그림을 그린다. (draw → draws)
ⓒ 너의 남동생은 13살이니? (Are → Is)
ⓓ 그는 경기장에서 축구를 한다.
ⓔ 그들은 미국에 살지 않는다. (doesn't → don't)
- cage 새장
- football 축구, 미식축구
- stadium 경기장
- America 미국

25. ④ rarely는 '거의 ~하지 않는'이라는 의미로 hardly로 바꿔 쓸 수 있다.
- Judy는 집에 온 후에 거의 손을 씻지 않는다.

1. ①	2. ②	3. ④	4. ②	5. ②	6. ③
7. ①	8. ①	9. ④	10. ③	11. ①	12. ①
13. ①	14. ③	15. ②	16. ③	17. ①	18. ③

19. before you go to sleep
20. do not have enough money
21. (1) in (2) on (3) at (4) up   22. May I use this cart
23. How boring the movie is   24. ④   25. ③

해석 & 해설

1. ① 「모음+y」로 끝나는 명사는 -s를 붙이므로 monkey의 복수형은 monkeys이다.
① 원숭이   ② 벤치
③ 돌   ④ 늑대

2. ② catch는 불규칙 변화 동사로 과거형은 caught이다.
① 말하다   ② 잡다
③ 이기다   ④ 서두르다

3. ④ 수량 표현을 사용할 때 세는 단위를 복수형으로 나타내고 뒤에 명사에는 -s를 붙이지 않으므로 cereals는 cereal로 고쳐야 한다.
① 차 한 잔
② 고기 세 덩어리
③ 피자 한 조각
④ 시리얼 두 그릇

4. ② 뒤의 명사가 boy로 단수이므로 Those는 That으로 고쳐야 한다.
① 소파 위에 있는 저것은 누구의 시계니?
② 저 소년은 영리하지 않다.
③ 내가 널 위해 이 수프를 만들었어.
④ 이 사진들은 나에게 특별하다.
- watch 시계
- clever 영리한
- soup 수프
- special 특별한

5. ② 빈칸 앞에는 말할 수 있다는 내용이, 빈칸 뒤에는 말할 수 없다는 내용이 있어 서로 상반되므로 접속사 but이 들어가는 것이 가장 알맞다.
- 나는 한국어는 말할 수 있지만 일본어는 말할 수 없다.
- Japanese 일본어, 일본인

6. ③ 부사인 very가 꾸미는 자리에 있는 빈칸에는 주어 His voice를 설명하는 형용사가 들어가야 한다. peace는 명사이므로 빈칸에 들어갈 수 없다.
- 그의 목소리는 아주 ○○했다.

① 부드러운　　　　　　② 조용한
③ 평화　　　　　　　　④ 사랑스러운

7. ① '~할 필요가 없다, ~하지 않아도 된다'라는 의미는 「don't have to+동사원형」으로 나타낸다.
- battery 배터리, 건전지　　• change 바꾸다, 교체하다

8. ① 대화의 밑줄 친 it과 ①의 It은 대명사이고, 나머지는 모두 날짜, 거리, 날씨를 나타내는 비인칭 주어이다.
① 그건 사실이다.
② 4월 8일이다.
③ 약 3킬로미터이다.
④ 밖이 아주 춥다.
A: 이거 네 사진이니?
B: 응, 그래.
- true 사실인, 진짜인　　• April 4월
- about 약, 대략　　　　　• outside 바깥에

9. ④ 조동사는 주어의 인칭과 수에 상관없이 형태가 같으므로 musts는 must로 고쳐야 한다.
① 나는 바닥을 청소하지 않을 것이다.
② 너는 혼자 밖에 나가서는 안 된다.
③ Tom은 그 일을 제시간에 끝낼 수 없다.
④ 그는 학교 교복을 입어야만 한다.
- clean 청소하다　　　　• floor 바닥, 마루
- alone 혼자, 홀로　　　• on time 제시간에, 정시에
- wear 입다　　　　　　• uniform 교복, 유니폼

10. ③ there is 다음에는 단수 명사나 셀 수 없는 명사가 오고 there are 다음에는 복수 명사가 오므로 twelve deer 앞에는 are가 들어간다. deer(사슴)는 단수와 복수의 형태가 같다.
① 냉장고에 버터가 좀 있니?
② 병에 약간의 물이 있다.
③ 숲속에 12마리의 사슴이 있다.
④ 이 근처에 중국집이 있나요?
- butter 버터　　　　　• fridge 냉장고
- bottle 병　　　　　　• twelve 12, 열둘
- deer 사슴　　　　　　• forest 숲
- Chinese 중국의　　　• near ~ 근처에, 가까이에

11. ① 긍정문이고 3인칭 단수형 동사 brushes가 쓰였으므로 부가의문문은 doesn't she로 나타낸다.
- twice 두 번

12. ① 현재진행형 문장이므로 동사는 「현재형 be동사+-ing」로 나타낸 am waiting for ~가 알맞다.
- wait for ~을 기다리다　　• gate 정문, 문

13. ① 부가의문문은 주격 인칭대명사로 써야 하므로 he는 알맞게 쓰였다.
① 그는 전등을 껐어, 그렇지 않니?
② 나는 너와 함께 거기에 가고 싶어. (your → you)
③ 선생님께서 너와 나를 부르셨어. (my → me)
④ Mike가 우리에게 쿠키를 조금 보냈다. (we → us)
- turn off ~을 끄다

14. ③ 「between A and B」는 'A와 B 사이에'라는 의미이다.
① ~ 뒤에　　　　　② ~ 옆에　　　　　④ ~ 앞에
- lie 누워 있다, 눕다(-ing형: lying)

15. ② 의자 아래에서 찾았다는 대답으로 보아 어디서 찾았는지 물어야 하므로 첫 번째 빈칸에는 의문사 Where가 알맞다. 두 번째 빈칸에는 앞의 eraser를 지칭하는 단수형의 대명사가 들어가야 하므로 it이 알맞다.
A: 내 지우개를 어디서 찾았니?
B: 나는 그것을 의자 밑에서 찾았어.
- find 찾다, 발견하다　　• eraser 지우개

16. ③ large의 최상급은 largest이며, 최상급 앞에는 the를 붙인다. 「the+최상급+단수 명사+in[of] ~」는 '~에서 가장 …한'이라는 의미이다.
- country 나라　　　　• world 세계

17. ① catch a cold는 '감기에 걸리다'라는 표현이므로 창문을 닫지 않으면 감기에 걸릴 것이라는 내용이 되어야 한다. 따라서 '…해라, 그러지 않으면 ~할 것이다'의 의미인 「명령문, or ~」 표현을 써야 하므로 빈칸에는 or가 알맞다.
- 창문을 닫아라, 그러지 않으면 너는 감기에 걸릴 거야.
- catch a cold 감기에 걸리다

18. ③ 주어가 3인칭 단수(My mom)이고 일반동사 checks가 쓰였으므로 「Does+주어+동사원형 ~?」으로 묻는다.
- 우리 엄마는 대체로 일기 예보를 확인한다.
- check 확인하다　　　• weather report 일기 예보

19. '~하기 전에'의 의미를 가진 접속사 before를 추가하고 뒤에 주어(you)와 동사(go)를 쓴다. go to sleep은 '잠자리에 들다'라는 의미이다.

20. '가지고 있다'라는 의미의 일반동사 현재형인 have가 쓰였고 주어가 I이므로 부정문의 동사는 do not have로 나타낸다.
- 나는 충분한 돈이 있다.
- enough 충분한

21. 넓은 공간이나 나라 앞에는 전치사 in을 쓰고 시간 앞에는 at을 쓴다. climb up은 '~에 오르다'의 의미이다.

(1) 우리는 휴일을 캐나다에서 보냈다.
(2) Jim은 식탁 위에 피자 한 조각을 남겨놓았다.
(3) 그는 오늘 오후 3시에 올 수 있다.
(4) 우리는 그 산에 오를 것이다.
- holiday 휴가, 휴일　　　　- leave 남겨두다(-left)
- climb 오르다, 올라가다

22. 긍정과 부정의 대답으로 보아 조동사 may를 써서 '~해도 될까 요?'라는 의미인 May I ~로 물으면 된다. May I 다음에는 동사 원형이 오므로 use를 쓰고 목적어인 this cart를 배열한다.
- 제가 이 수레를 써도 될까요?
- cart 수레, 카트

23. 감탄문인데 how를 사용하도록 되어 있으므로 「How+형용사 (boring)+주어(the movie)+동사(is)」의 어순으로 배열한다.
- boring 지루한

24. ④ always는 be동사 뒤에 와야 하므로 Tony is always ~로 고 쳐야 한다.
① 그녀는 햄버거를 거의 먹지 않는다.
② 나는 절대 너의 얼굴을 잊지 않을 것이다.
③ 수민이는 가끔 교회에 간다.
④ Tony는 항상 모든 사람에게 친절하다.
⑤ 왕자는 보통 성에 있다.
- forget 잊다　　　　- face 얼굴
- church 교회　　　　- everyone 모든 사람
- prince 왕자　　　　- castle 성, 성곽

25. ③ places는 셀 수 있는 명사이므로 many는 알맞게 쓰였다. time과 homework는 셀 수 없는 명사이므로 much와 함께 쓰 이고, people과 orange는 셀 수 있는 명사이므로 many와 함 께 쓰인다.
① 나는 시간이 많지 않다.
② 나는 너무 많은 숙제가 있다.
③ 우리는 부산에서 많은 장소를 방문했다.
④ 지하철에 사람이 많을 것이다.
⑤ 나는 슈퍼마켓에서 오렌지를 많이 샀다.
- place 장소

1. ①	2. ①	3. ②	4. ④	5. ②	6. ②
7. ③	8. ③	9. ③	10. ④	11. ①, ②	12. ②
13. ④	14. ④	15. ①	16. ②	17. ③	18. ①

19. 주어: (two old) cars / 동사: are
20. Does he drink a glass of milk
21. What a shocking story that is　22. because → or
23. more carefully than　　　24. ①, ⑤　25. ②

해석 & 해설

1. ① 「모음 1개+자음 1개」로 끝나는 동사는 마지막 자음을 한 번 더 쓰고 -ed를 붙이므로 stop의 과거형은 stopped가 알맞다.
① 멈추다　　　　　　② 걷다
③ 다치게 하다　　　　④ 입다, 착용하다

2. ① start의 3인칭 단수형은 starts이다.
① 시작하다　　　　　② 건너다
③ 이해하다　　　　　④ 믿다

3. ② go down은 '내려가다'라는 의미이다.

4. ④ '그의 달력'이라는 의미가 되도록 him은 소유격인 his로 고쳐 야 한다.
① 네 여동생은 치과의사니?
② 부모는 그들의 아기를 돌본다.
③ Leo는 나와 함께 저녁을 먹었다.
④ 이것은 그의 달력이니?
- dentist 치과의사　　　- care for ~을 돌보다
- calendar 달력

5. ② '가지고 있다'라는 의미의 일반동사인 have가 쓰이는 의문문 이므로 「Do[Does]+주어+동사원형 ~?」의 형태로 쓴다. 현재형 이고 주어가 2인칭 복수(you and your brother)이므로 Do로 묻는다.
- concert 콘서트　　　- ticket 표, 티켓

6. ② 형용사 busy는 very의 꾸밈을 받으며 주어 Chris를 설명 하는 역할을 한다. 나머지는 모두 바로 뒤의 명사 boy, coins, season을 꾸미는 형용사로 쓰였다.
① Jim은 호기심 많은 소년이다.
② Chris는 최근에 아주 바쁘다.
③ 그는 유명한 동전들을 수집한다.
④ 여름은 내가 가장 좋아하는 계절이다.
- curious 호기심 많은　　- lately 최근에
- collect 수집하다, 모으다　- coin 동전
- season 계절

7. ③ 일반동사 know가 쓰인 문장에서 과거형 부정문이므로 동사는 「didn't+동사원형(know)」으로 써야 하므로 knew를 know로 고쳐야 한다.
   ① Tom은 자전거를 갖고 있지 않다.
   ② Lisa는 재미 삼아 무엇을 하니(취미가 뭐니)?
   ③ 그들은 그 사실을 몰랐다.
   ④ 책장을 누가 옮겼니?
   • know 알다, 알고 있다   • fact 사실
   • bookshelf 책장, 책꽂이

8. ③ '~만큼 …한'이라는 의미의 「as+원급+as ~」 표현이 쓰인 문장으로 비교급인 larger는 들어갈 수 없다. 비교급은 than과 함께 쓰인다.
   ① 빠른   ② 좋은
   ③ 더 큰   ④ 낡은
   • 그의 차는 내 것만큼 ○○하다.

9. ③ soft의 비교급과 최상급은 softer, softest이다.
   ① 많은   ② 신선한
   ③ 부드러운   ④ 어려운

10. ④ 빈칸 뒤에는 셀 수 없는 명사 snow와 셀 수 있는 명사 people이 있으므로 빈칸에는 셀 수 있는 명사와 셀 수 없는 명사 앞에 모두 쓸 수 있는 a lot of가 들어가야 한다. a few는 셀 수 있는 명사와, a little과 much는 셀 수 없는 명사와 함께 쓰인다.
   • 지난주에는 눈이 많이 왔다.
   • 많은 사람들이 매일 탄산음료를 마신다.
   • soda 탄산음료

11. ① 주어의 인칭과 수에 상관없이 조동사 뒤에는 동사원형이 오는데 의문문이 되면서 Can이 주어 she 앞으로 나간 것이므로 drives는 동사원형인 drive로 고쳐야 한다.
   ② 예정을 나타내는 표현은 「be going to+동사원형」으로 나타내므로 staying은 stay로 고쳐야 한다.
   ① 그녀는 차를 운전할 수 있나요?
   ② 그는 오늘 여기에 머무를 것이다.
   ③ 너는 그 꽃들을 만져서는 안 된다.
   ④ 나는 오늘 도서관에 그 책을 반납할 것이다.
   • stay 머무르다   • touch 만지다
   • flower 꽃   • return 반납하다, 돌려주다

12. ② 앞에 언급된 단수의 물건을 지칭할 때는 대명사 It으로 받으며 It is는 It's로 줄여 쓸 수 있다. Its는 '그것의'라는 의미이다.
   A: 이건 누구의 반지니?
   B: 그건 Tina의 것이야.
   • ring 반지; (벨이) 울리다

13. ④ Are there ~?(~가 있나요?)로 물은 것에는 Yes, there are. 또는 No, there aren't.로 답할 수 있으므로 대답에서 they는 there로 바꿔 말해야 한다.
   ① A: 이건 너의 편지니?
      B: 응, 그래.
   ② A: 너는 어디 가는 중이니?
      B: 나는 박물관에 가고 있어.
   ③ A: 너는 학교에 어떻게 가니?
      B: 나는 버스를 타고 학교에 가.
   ④ A: 운동장에 많은 학생들이 있니?
      B: 응, 있어.

14. ④ 주어가 3인칭 단수이고 동사가 practiced이므로 과거진행형은 「was -ing」 형태로 쓴다.
   • Jenny는 체육관에서 요가를 연습했다.
   • practice 연습하다   • yoga 요가
   • gym 체육관

15. ① late는 '늦은; 늦게'라는 의미로 형용사와 부사의 형태가 같다. lately는 '최근에'라는 의미이다.

16. ② 유미에게서 온 편지를 인쇄하고 있다는 대답으로 보아 Jim이 '무엇'을 하고 있는지 물어야 하므로 What이 알맞다.
   A: Jim은 무엇을 하고 있니?
   B: 그는 유미에게서 온 편지를 인쇄하고 있어.
   • print 인쇄하다

17. ③ 첫 번째 빈칸에는 뒤에 to가 있으므로 조동사는 올 수 없다. 따라서 am able to ~로 이어져 '~할 수 있다'라는 가능의 의미를 나타내는 것이 알맞다. 두 번째 빈칸에는 내용상 '~하면 안 된다'라는 must not이 들어가는 것이 알맞다.
   • 나는 스페인어를 말할 수 있다.
   • 너는 도서관에서 소음을 내서는 안 된다.
   • Spanish 스페인어   • noise 소음

18. ① 빈칸에는 앞에 나온 a blue dress를 가리키는 목적격 대명사가 필요하다. 따라서 단수형 it이 알맞다.
   • 엄마와 나는 지난 주말에 쇼핑몰에 다녀왔다. 나는 파란색 원피스를 샀다. 나는 오늘 그것을 입을 것이다.

19. '~이 있다'라는 의미의 「There is[are] ~」 표현에서는 be동사가 문장의 동사이고 다음에 주어가 온다. 여기서 There는 해석하지 않는다.
   • 차고에 두 대의 낡은 차가 있다.
   • garage 차고(지)

20. 주어가 3인칭 단수(he)이고 일반동사 drink가 쓰인 의문문이므로 Does he drink ~로 묻고, 목적어인 우유 한잔은 a glass of milk로 쓴다.

21. 감탄문인데 a가 주어져 있으므로 what을 추가하여 문장을 만든다. 따라서 「What+a+형용사(shocking)+명사(story)+주어(that)+동사(is)!」의 어순으로 배열한다.
   • shocking 충격적인

22. '…해라, 그러지 않으면 ~할 것이다'라는 의미의 「명령문, or ~」로 표현해야 하므로 because는 or로 고쳐야 한다.
   • promise 약속   • lose 잃다, 잃어버리다

23. 빈칸에는 '~보다 더 조심스럽게'라는 말이 들어가야 하므로 비교급 more carefully than을 쓴다. -ly로 끝나는 부사는 앞에 more, most를 붙여서 비교급과 최상급을 만든다.

24. ① 명령문의 부가의문문은 긍정, 부정에 상관없이 will you?를 쓴다.
   ⑤ 앞에 일반동사의 과거형 met이 쓰였고 긍정문이므로 did you는 didn't you로 고쳐야 한다.
   ① 창문을 닫아라, 알겠지?
   ② Amy는 아주 영리해, 그렇지 않니?
   ③ 체스동아리에 가입하자, 그럴래?
   ④ Anderson 씨는 너를 좋아하지 않아, 그렇지?
   ⑤ 너는 도서관에서 네 언니를 만났어, 그렇지 않니?
   • clever 영리한   • chess 체스

25. ② 계절 앞에는 in을 쓰고, 위치와 장소를 나타낼 때 쓰는 in은 '~ 안에, ~ 속에'의 의미이다. '~을 가지고'라는 의미로 수단을 나타낼 때 쓰는 전치사는 with이다.
   • a lot 많이

DAY 27   Grammar Overall Test 17회   본책 p.114

1. ④	2. ②	3. ③	4. ②	5. ③	6. ②
7. ④	8. ①	9. ②	10. ①	11. ②	12. ①
13. ④	14. ①	15. ③	16. ①	17. ③	18. ③

19. (1) Yes, she does. (2) No, he doesn't.
20. (1) because (2) before (3) but   21. ①: slices
22. (1) her (2) them
23. is able to run 100 meters in 13 seconds
24. ①, ③   25. (1) × (2) ○ (3) × (4) × (5) ○ (6) ○

해석 & 해설

1. ④ '사랑; 사랑하다'라는 의미의 love에 -ly를 붙이면 '사랑스러운'이라는 형용사가 된다. 나머지는 모두 형용사와 부사의 관계이다.
   ① 차분한 – 차분하게   ② 깊은 – 깊게
   ③ 쉬운 – 쉽게   ④ 사랑 – 사랑스러운

2. ② 계절은 in과 함께 쓰므로 at summer는 in summer가 되어야 한다.
   ① 목요일에   ② 여름에
   ③ 프랑스에(서)   ④ 택시로, 택시를 타고

3. ③ thin의 비교급은 thinner, 최상급은 thinnest이다. 「모음 1개+자음 1개」로 끝나는 1음절 형용사는 끝 자음을 하나 더 쓰고 -er, -est를 붙인다.
   ① 싼   ② 낮은
   ③ 얇은; 마른   ④ 적은

4. ② 셀 수 없는 명사를 복수형으로 나타낼 때는 수량 표현을 복수형으로 써야 하므로 밑줄 친 부분을 two bottles of water로 고쳐야 한다.
   ① 나는 우유 한 통이 필요하다.
   ② 그는 물 두 병을 가지고 있다.
   ③ 그녀는 시리얼 세 그릇을 먹었다.
   ④ 너는 종이 여섯 장이 있니?

5. ③ '그것들을' 가져오라는 의미로 Bring 뒤에는 목적격이 와야 하므로 소유격 their는 them으로 고쳐야 한다. 나머지 대명사 us, his, my는 알맞게 쓰였다.
   ① 우리에게 그 소식을 말해주세요.
   ② 그의 생일을 잊어버리지 말자.
   ③ 그것들을 제게 가져다주세요.
   ④ 나는 내 인형들을 선반 위에 두었다.
   • bring 가져오다   • shelf 선반

6. ② 「be going to+동사원형」은 「will+동사원형」으로 바꿔 쓸 수 있다.
   • 그들은 그 방을 주황색으로 칠할 예정이다.
   • paint 칠하다; 페인트, 물감

7. ④ 표를 보면 Jake는 일주일에 5번 청바지를 입으므로 '대체로, 보통(usually)' 청바지를 입는다고 하는 것이 가장 알맞다.
   ① Jake는 거의 청바지를 입지 않는다.
   ② Jake는 절대 청바지를 입지 않는다.
   ③ Jake는 항상 청바지를 입는다.
   ④ Jake는 대체로 청바지를 입는다.
   • jeans 청바지

8. ① 두 문장을 연결하는 접속사가 들어갈 자리인데, 앞뒤의 내용이 반대이므로 but이 알맞다.
   • 나는 사탕을 좋아하지 않지만 내 남동생은 단것을 좋아한다.

9. ② 요일은 on과 함께 쓰므로 in은 on으로 고쳐야 한다. 나머지 전치사 at, along, about은 알맞게 쓰였다.
   ① 회의는 2시에 시작한다.
   ② 목요일에 만나자.
   ③ 우리는 강을 따라 걸었다.
   ④ 너의 휴가 계획에 대해 우리에게 말해봐.
   • meeting 회의

10. ① 〈보기〉의 It은 자정이라는 시간을 나타내는 비인칭 주어이고 ①의 It은 명암을 나타내는 비인칭 주어이다. 나머지는 모두 대명사로 쓰였다.
    ① 바깥이 매우 밝다.
    ② 그것은 꼬리가 있어, (그것은) 그렇지 않니?
    ③ 그것은 Eric의 이메일 주소야.
    ④ 나는 시험을 잘 봤다. 그것(= 시험)은 쉬웠다.
    • 우리는 늦게까지 일하고 있어. 벌써 자정이야.
    • already 벌써
    • e-mail address 이메일 주소

11. ② 일반동사의 부정문은 didn't 뒤에 동사원형을 쓴다. heard는 hear의 과거형이므로 didn't 뒤에 올 수 없고 밑줄 친 부분은 didn't hear로 고쳐야 한다.
    ① 그는 우리를 역사박물관으로 안내했다.
    ② 정말? 우리는 그 소식을 듣지 못했어.
    ③ 그 동물은 혼자서 사냥하지 않는다.
    ④ 그 수업은 언제 시작하니?
    • guide 안내하다; 안내   • history 역사
    • hunt 사냥하다   • alone 혼자, 홀로

12. ① 〈보기〉의 밑줄 친 형용사 clean은 바로 뒤의 명사 water를 꾸

며주고, great도 마찬가지로 idea를 꾸며준다. 나머지 형용사는 모두 감각동사 smell, look, feel과 함께 쓰여 주어를 설명한다.
    ① 그거 좋은 생각이야.
    ② 공기가 상쾌한 냄새가 나.
    ③ 그 장소는 이제는 달라 보인다.
    ④ 나는 기분이 안 좋아. 집에 가야겠어.
    • 걱정하지 마. 그건 깨끗한 물이야.
    • clean 깨끗한   • air 공기
    • fresh 상쾌한, 신선한   • different 다른

13. ④ What을 사용한 감탄문이므로 알맞은 어순은 「What+an+형용사(exciting)+명사(adventure)+주어(it)+동사(was)!」로 쓰는 것이 알맞다.
    • adventure 모험

14. ① 명령문 다음에 '그러지 않으면'은 or를 쓴다. 또한 '감기에 걸릴 거야'라고 했으므로 you'll(= you will) catch ~가 알맞다.
    • dry 말리다, 건조하다

15. ③ were로 물었으므로 대답도 were/weren't가 되어야 한다. 또한 대답이 긍정이면 「Yes+긍정문」이고, 부정이면 「No+부정문」이어야 하는데, 「Yes+부정문」으로 대답했으므로 ③은 알맞지 않다.
    ① A: 인터뷰할 준비가 되었니?
       B: 아니, 안 됐어.
    ② A: 너희 가게는 항상 이렇게 바쁘니?
       B: 응, 우리는 손님이 많아.
    ③ A: 버섯은 할인 판매 중이 아니었어, 그렇지?
       B: 응, 그렇지 않았어.
    ④ A: Tony는 하루 종일 아팠어, 그렇지 않니?
       B: 응, 그랬어.
    • interview 인터뷰, 면접   • on sale 할인 판매 중인
    • all day 하루 종일

16. ① 방학이 어땠는지 과거인 was로 물었는데, 현재인 It's(= It is)로 대답했으므로 알맞지 않다. It was는 줄여 쓸 수 없으며, It was not bad.로 답해야 알맞다.
    ① A: 너의 방학은 어땠니?
       B: 나쁘지 않았어.
    ② A: John의 사무실에 있던 그 여자분은 누구였어?
       B: 음, 나는 아무도 못 봤는데.
    ③ A: 너는 오늘 왜 그렇게 즐겁니?
       B: 나는 눈을 좋아하는데 밖에 눈이 오고 있어.
    ④ A: 이 신발 네 것이니?
       B: 응, 그래
    • anybody 아무도

17. ③ 전화기가 울리고 있다고 했으므로 현재진행형이 되어야 한다. 따라서 동사는 「be동사+-ing」로 써야 하는데 주어가 3인칭 단수(The phone)이므로 is ringing이 알맞다. ring은 '반지'라는 명사의 뜻도 있지만 '(벨 등이) 울리다'라는 동사로도 쓰인다. 진행형으로 쓰려면 -ing를 붙인 ringing으로 써야 한다.

18. ③ 전쟁이 있었을 때 Fabio는 용감하게 싸워 영웅이 되었지만 Luca는 도망쳤으므로 Luca가 Fabio만큼 용감하지 않았다는 것을 알 수 있다. 따라서 「not as+원급+as ~」를 바르게 쓴 ③이 알맞다.
① Fabio는 Luca만큼 용감했다.
② Luca는 Fabio보다 더 용감했다.
③ Luca는 Fabio만큼 용감하지 않았다.
④ Fabio는 Luca만큼 용감하지 않았다.
• 오래전에, 제노바에는 큰 전쟁이 있었다. Fabio는 전쟁에서 용감하게 싸웠고 많은 사람들을 구했다. 하지만 그의 친구 Luca는 도망쳤다. Fabio는 그 마을의 영웅이 되었다.
• a long time ago 오래전에
• war 전쟁   • fight 싸우다(-fought)
• bravely 용감하게   • save 구하다
• run away 도망치다   • hero 영웅
• town 마을

19. 주어가 3인칭 단수이고 일반동사 speak가 쓰인 문장에서 부가의문문으로 물었으므로, 긍정이면 Yes, he/she does., 부정이면 No, he/she doesn't.로 답한다.
A: Sarah는 영어와 한국어를 말하지, 그렇지 않니?
B: 응, 그래.
A: Roy는 어때? 그는 중국어를 하지 못해, 그렇지?
B: 응, 하지 못해.
• Russian 러시아어   • Spanish 스페인어
• Chinese 중국어   • Japanese 일본어

20. (1) 점수가 안 좋아서 시험에 떨어졌을 것이므로 이유를 나타내는 because가 알맞다.
• 나는 내 점수가 안 좋았기 때문에 시험에 떨어졌다.
(2) 떠나기 '전에' 확인하라는 뜻이 되도록 before가 알맞다.
• 떠나기 전에 사무실을 한 번 더 점검하세요.
(3) '그렇지만, 하지만' 괜찮다는 뜻이므로 but이 알맞다.
• 나는 이벤트를 놓쳤지만 괜찮다.
• fail 실패하다, 떨어지다   • score 점수
• poor 좋지 못한, 형편없는
• check 점검하다, 확인하다   • miss 놓치다
• event 이벤트, 사건, 일

21. a few(몇 개의, 약간의)는 셀 수 있는 명사의 복수형과 쓴다. cheese는 셀 수 없는 명사지만, 세는 단위인 slice(~ 장)를 복수

로 나타낼 수 있다. 따라서 ① slice를 복수형 slices로 고쳐 써야 한다.
• Fred는 냉장고에서 치즈 몇 장을 꺼냈다.
• refrigerator 냉장고

22. (1) 명사 앞이고 '~의 선글라스'가 되는 것이 자연스러우므로 소유격 her가 알맞다.
• 나는 그녀의 선글라스를 빌릴 거야. 너는 네 것을 가져올 거니?
(2) try 뒤에서 '~을 먹어보라'는 뜻이 되어야 하므로 (the) new dishes(= 새 요리들)를 가리키는 복수형의 목적격 대명사 them이 알맞다.
• 우리는 그 식당에서 새로운 요리들을 먹었어. 너도 나중에 그것들을 한번 먹어 봐.
• dish 요리, 접시   • try 먹어보다, 입어보다

23. 능력을 나타내는 can은 be able to로 바꿔 쓸 수 있는데 주어가 3인칭 단수(Jimmy)이므로 is able to run ~으로 쓴다.
• Jimmy는 100미터를 13초 안에 뛸 수 있다.
• second 〈시간〉 초, 순간

24. ① 일반동사 rain(비가 오다)이 있는 의문문이므로 「의문사+do/does/did+주어+동사원형 ~?」에 맞도록 Why did it rain ~?이 되어야 한다.
③ 일반동사 close(문을 닫다)가 쓰였고 주어는 the bank이므로 의문문에서 does를 쓴 것은 옳지만 '몇 시'를 물을 때는 What time ~이 되어야 한다. 따라서 바르게 고치면 What time does the bank close?가 된다.
① 왜 비가 그렇게 많이 왔니?
② 너는 언제 잠자리에 드니?
③ 은행이 몇 시에 문을 닫니?
④ 너는 얼마가 필요하니?
⑤ 누가 전화 통화를 하고 있니?

25. 동사가 was로 과거이므로 빈칸에는 과거를 나타내는 말이 들어갈 수 있다. 따라서 (2) last week(지난주), (5) 50 minutes ago(50분 전에), (6) the day before yesterday(그저께)가 들어갈 수 있다. (1) next time(다음에), (4) two years later(2년 뒤에는)는 미래이고, (3) now(지금)는 현재이므로 빈칸에 들어갈 수 없다.
• 지난주에/50분 전에/그저께 우리 학교 근처에서 끔찍한 자동차 사고가 있었다.
• terrible 끔찍한   • accident 사고
• near ~ 근처에, ~ 가까이에

1. ② **2.** ④ **3.** ④ **4.** ② **5.** ④ **6.** ①
7. ③ **8.** ② **9.** ③ **10.** ② **11.** ③ **12.** ②
13. ③ **14.** ③ **15.** ① **16.** ② **17.** ②
18. (1) Peter passes the salt to Karen.
(2) What does your cousin usually collect?
19. (1) through (2) in front of
20. What an honest boy he is
21. (1) doesn't it (2) are they
22. You must not take photos in the gallery.
23. The two lizards fought one hour ago.
24. ④   **25.** Is this your most important exam

해석 & 해설

1. ② hero의 복수형은 heroes이다.
① 아내   ② 영웅
③ 교회   ④ 회사

2. ④ much는 셀 수 없는 명사와 쓰는데, vegetables는 셀 수 있는 명사의 복수형이므로 알맞지 않다.
① 거의 없는 고기   ② 몇 개의 단추
③ 많은 유머   ④ 많은 채소
• humor 유머

3. ④ 조동사 부정문은 조동사 뒤에 not을 쓰므로 should not ~이 되어야 한다.
① 너는 그 공을 이 배트로 칠 수 있니?
② Charlie와 통화할 수 있을까요?
③ Tom은 그 기차를 타지 않을 거야, 그렇지?
④ 너는 그 탑에 들어가면 안 돼.
• hit 치다   • bat 배트, 방망이
• tower 탑

4. ② 자기의(= 그것의) 우리로 뛰어 들어갔다는 뜻이며, 소유격 대명사 its(그것의)가 알맞다.
• 토끼가 자기의 우리로 뛰어 들어갔다.
• cage 우리, 새장

5. ④ choose(고르다)의 과거형은 chose이다.
• design 디자인

6. ① 첫 번째 문장의 8월 3일은 날짜이므로 on이 알맞다. 두 번째 문장은 '손가락으로, 손가락을 사용해서'라는 뜻이므로 with가 알맞다.
• 나는 이 여행을 8월 3일에 시작했다.

• 너의 손가락으로 원 하나를 그려라.
• trip 여행   • finger 손가락

7. ③ '친절해라'라는 뜻의 명령문이 되도록 동사원형 be로 시작하는 것이 알맞다. 명령문이므로 주어가 없는 형태이다.
• 항상 다른 사람들에게 친절해라.
• other 다른

8. ② 「비교급+than」이 알맞다. safe의 비교급은 safer이다.

9. ③ tastes는 일반동사이므로 does로 부가의문문을 만든다. 앞이 긍정이므로 뒤에는 부정인 doesn't가 들어간다. 나머지는 모두 be동사인 is가 들어간다.
① 네가 가장 좋아하는 작가는 누구니?
② 화면에 있는 주소는 무엇이니?
③ 우유가 상한 맛이 나, 그렇지 않니?
④ Austin은 독일에서 오지 않았다.
• writer 작가, 글쓰는 사람   • address 주소
• sour (우유가) 상한, 맛이 신   • Germany 독일

10. ② 모두 일반동사가 있으므로 Do/Does로 의문문을 만드는데, its wings는 복수 명사이므로 Do를 쓴다. 나머지는 모두 does가 들어간다.
① 그는 방과 후에 무엇을 하니?
② 그것의 날개들이 갈색으로 보이니?
③ 그녀는 어디에서 왔니?
④ 그 영화는 어떻게 끝나니?
• end 끝나다; 끝

11. ③ 주어가 단수이면 There is를, 복수이면 There are를 쓰는데, any chance는 단수이므로 Is를 쓴다. 나머지는 모두 are[Are]가 들어간다.
① 인터넷에 재미있는 영상들이 있다.
② 한국에 항공사들이 많이 있지 않다.
③ 우리에게 기회가 좀 있니?
④ 무슨 문제가 있니?
• clip 영상, 클립   • airline 항공사
• chance 기회

12. ② 첫 번째는 명령문 후에 '그러지 않으면'이므로 or가 들어간다. 두 번째에 or가 들어가면 '버스로 또는 지하철로'라는 뜻이 되므로 알맞다.
• 그것을 마시지 마, 그러지 않으면 너는 아플 거야.
• 너는 거기에 버스로 또는 전철로 갈 수 있어.
① 그리고, 그러면   ② 그러지 않으면, 또는
③ 하지만, 그러나   ④ ~ 후에

13. ③ her라고 써야 소유격이며, her's는 알맞지 않다.
 ① Clare의 계획은 멋져 보인다.
 ② 나는 부모님의 자동차를 자주 사용한다.
 ③ 그녀의 소식을 Sam에게 말하지 마라. (→ her)
 ④ Lisa는 남자 옷을 몇 벌 샀다.
 • plan 계획　　　　　　• clothes 옷

14. ③ are singing이 되어야 한다. sing을 진행형으로 만들 때는 singing이라고 쓴다. 동사에 원래 있는 ing를 진행형으로 착각하면 안 된다.
 ① 비가 내리기 시작하고 있다.
 ② 그 소년은 나에게 거짓말하고 있다.
 ③ 새 몇 마리가 나무 위에서 노래하고 있다(→ singing).
 ④ 우리는 그 위험에 대해 이야기하고 있다.
 • begin 시작하다　　　• lie 거짓말하다
 • danger 위험

15. ① can은 be able to로 바꿔 쓸 수 있다. 주어가 you이므로 Are를 썼다.
 ① 너는 곧 돌아올 수 있니?
 ② 너는 곧 돌아와야 하니?
 ③ 너는 곧 돌아올 예정이니?
 ④ 너는 곧 돌아와야 하는 거 아니니?
 • 너는 곧 돌아올 수 있니?
 • return 돌아오다, 돌아가다
 • soon 곧

16. ② 소유격은 최상급 앞에 쓰므로 most 앞에 들어간다.
 • try 시도하다, 해보다　　• dish 요리, 접시

17. ② 명사 day를 꾸미는 자리이므로 형용사가 들어가는데, clearly (분명히)는 부사이므로 알맞지 않다.
 • 오늘은 특별한/흐린/사랑스러운 날이야, 그렇지 않니?
 • special 특별한
 • lovely 사랑스러운, 아름다운

18. (1) Peter는 3인칭 단수 주어이고, 시제는 현재이므로 passes로 바꿔 쓴다.
 • 너(→ Peter)는 소금을 Karen에게 전달한다.
 (2) your cousin은 3인칭 단수 주어이고, 시제는 현재이므로 does로 바꿔 쓴다.
 • 그들은(→ 너의 사촌은) 주로 무엇을 모으니?
 • pass 전달하다　　　• collect 모으다

19. (1) '~을 통과해서'는 through가 알맞다.
 (2) '~ 앞에'는 in front of가 알맞다.
 • mice 쥐(mouse의 복수형)　　• hole 구멍

20. 「What+a(n)+형용사(honest)+명사(boy)+주어(he)+동사(is)!」 순서로 배열한다.
 • 그는 정말 정직한 소년이구나!
 • honest 정직한

21. (1) smells는 일반동사이므로 does로 부가의문문을 만든다. 앞이 긍정이므로 뒤에는 doesn't를 쓴다. 주어 The tea는 it으로 받는다.
 • 그 차는 좋은 냄새가 나, 그렇지 않니?
 (2) 앞에 부정인 are not이 있으므로 뒤에는 긍정인 are를 쓴다. 주어 Amy and Tony는 they로 받는다.
 • Amy와 Tony는 설거지하고 있지 않아, 그렇지?
 • do the dishes 설거지하다

22. 조동사 부정문은 조동사 뒤에 not을 쓴다.
 • 너는 미술관에서 사진을 찍으면 안 된다.
 • gallery 미술관

23. fight(싸우다)의 과거형은 fought이다.
 • 도마뱀 두 마리가 한 시간 전에 싸웠다.
 • lizard 도마뱀　　　• ago ~ 전에

24. ④ because 뒤에는 「주어+동사」를 갖춘 문장이 와야 하는데, 주어 없이 동사 forgot이 왔으므로 알맞지 않다. 바르게 고치면 '~ because I forgot about it.'이다.
 ① Henry는 어리지만 현명하다.
 ② 우리가 여기를 청소한 후에 휴식을 취하자.
 ③ 너는 오늘 밖에 나가니, 아니면 집에 있니?
 ④ 나는 그것에 관해 잊었기 때문에 그에게 전화하지 않았다.
 ⑤ 너는 들어가기 전에 그 쇼에 대해 돈을 내야 해.
 • wise 현명한　　　　• clean 청소하다
 • forget 잊다　　　　• pay 돈을 내다

25. 의문문이므로 동사 Is를 주어 앞에 쓴다. 「소유격+최상급」 순서로 쓰고, 소유격을 쓸 때는 최상급이라도 the를 쓰지 않으므로 the를 뺀다.
 • exam 시험　　　　　• important 중요한

1. ② **2.** ③ **3.** ③ **4.** ③ **5.** ④ **6.** ②
7. ② **8.** ② **9.** ① **10.** ④ **11.** ② **12.** ②
13. ④ **14.** ④ **15.** ③ **16.** ③

17. Who drank the sour milk yesterday
18. Why are those jeans so expensive?
19. Let's not touch the screen, shall we?
20. is not as thick as mine
21. with   **22.** didn't he   **23.** them
24. Mr. Roger has to finish the work before 5 p.m.
25. ①, ④

해석 & 해설

1. ② these는 셀 수 있는 명사의 복수형과 쓰는데, salt는 셀 수 없는 명사이므로 알맞지 않다.
   ① 이 지역   ② 이 소금(→ this salt)
   ③ 그[저] 속도   ④ 그[저] 아이디어들

2. ③ turn의 -ing형은 turning이다.
   ① 나누다   ② 잡다, 붙잡다
   ③ 돌다, 돌리다   ④ 논의하다

3. ③ 일반동사 print(인쇄하다)가 있으므로 do/does/did로 의문문을 만들어야 하는데, are는 be동사이므로 들어갈 수 없다.
   ① 그 사람들은 왜 그 사진들을 인쇄하니?
   ② Jim은 왜 그 사진들을 인쇄하니?
   ④ 그녀는 왜 그 사진들을 인쇄했니?
   • print 인쇄하다

4. ③ date(날짜)를 물었고, it으로 대답해야 하므로 ③이 알맞다.
   A: 오늘이 며칠이니?
   B: 4월 13일이야.

5. ④ clear(맑은)는 원형이고, 비교급은 clearer이다. 발음 때문에 헷갈리지 않도록 한다.
   ① 그의 목소리는 나의 것(목소리)보다 더 낮다.
   ② A방은 B방보다 더 따뜻하다.
   ③ Steve는 Andrea보다 기름을 덜 사용한다.
   ④ 물은 차보다 더 맑다(→ clearer).
   • low 낮은
   • little 적은(little − less − least)
   • clear 맑은, 분명한

6. ② May로 물었고, may로 긍정의 의미를 알맞게 대답했다.
   ① A: 너는 그 수업을 들을 거니?

   B: 응, 그럴 거야. (→ Yes, I will.)
   ② A: 제가 이 테이블을 빌려도 될까요?
      B: 네, 그러세요.
   ③ A: 너는 그 기계를 고칠 수 있니?
      B: 응, 그래. (→ Yes, I am.)
   ④ A: Nick이 오늘 자기 차를 세차할 예정이니?
      B: 아니, 그러지 않을 거야. (→ No, he isn't.)

7. ② '절대 지지 않는다(never)'라고 했으므로 '항상(always) 이긴다'가 알맞다.
   ① 그 배구팀은 경기에서 절대 이기지 않는다.
   ② 그 배구팀은 경기에서 항상 이긴다.
   ③ 그 배구팀은 경기에서 거의 이기지 않는다.
   ④ 그 배구팀은 경기에서 주로 진다.
   • 그 배구팀은 경기에서 절대 지지 않는다.
   • volleyball 배구   • lose 지다, 잃다

8. ② 중식당은 경찰서 옆에(next to) 있다.
   A: 실례합니다만, 중식당이 어디에 있나요?
   B: 그것은 바로 저기에, 경찰서 옆에 있어요.
   ① ~을 가로질러   ② ~ 옆에
   ③ ~을 통과해서   ④ ~을 따라서
   • right there 바로 저기에

9. ① 감탄문 끝의 「주어+동사」는 함께 생략해야 하며, 주어만 생략하거나 동사만 생략할 수는 없다. 따라서 주어는 없고 동사 is만 있으므로 알맞지 않다.
   ① 정말 어려운 문제구나!
   ② 아기가 정말 귀엽구나!
   ③ 정말 환상적인 경치구나!
   ④ 그거 정말 멋지구나!
   • problem 문제   • fantastic 환상적인
   • wonderful 멋진

10. ④ like(좋아하다)는 진행형으로 쓸 수 없다. 바르게 고쳐 쓰면 'Why does he like ~?'이다.
   ① 그녀는 오늘 어떻게 일하고 있니?
   ② 너는 어디에서 점심 식사를 하고 있니?
   ③ 그들은 무엇에 관해 이야기하고 있니?
   ④ 그는 왜 모바일 게임을 좋아하니?

11. ② 수량 표현 sheets를 복수형으로 쓰고 셀 수 없는 명사 paper는 그대로 쓴다.

12. ② 동사가 were이므로 복수형인 lazy students로 써야 한다. were 뒤에 not을 쓰고, any를 쓴다.

13. ④ after와 before 뒤의 문장에는 will을 쓰지 않는다. 바르게 고치면 '~ after she comes ~'이다.
    ① 공부하기 전에 너의 스마트폰을 치워 두어라.
    ② 그는 그 퀴즈가 쉽지 않았기 때문에 그것을 이해하지 못했다.
    ③ 너는 감자칩을 샀니, 아니면 샌드위치를 샀니?
    ④ 그녀가 여기에 온 후에 그 상자를 열자.
    • put ~ away ~을 치워 두다
    • understand 이해하다   • quiz 퀴즈

14. ④ 소유대명사(~의 것)가 들어가면 된다. 그런데 its(그것의)는 소유격이므로 단독으로 쓸 수 없고, 뒤에 명사가 필요하므로 알맞지 않다.
    • 이 지도는 그들의 것/그녀의 것/그의 것이지만 너는 그것을 복사해도 돼.
    • map 지도   • copy 복사하다

15. ③ 첫 번째에는 '하다'를 뜻하는 일반동사 do가 들어간다. 두 번째는 Do로 물었으므로, 대답에 do가 들어간다. 따라서 공통으로 들어갈 말은 do이다.
    A: 그녀는 주말에 무엇을 하니?
    B: 그녀는 소설을 좀 써.
    C: Eva와 Tom은 올해 옥수수를 기르니?
    D: 응, 그래.
    • novel 소설   • grow 기르다, 자라다
    • corn 옥수수

16. ③ the most는 동사 like를 꾸미는 부사 much의 최상급으로 쓰였다. 나머지는 모두 명사를 꾸미는 형용사의 최상급이다.
    ① Harry는 가장 어려운 질문을 했다.
    ② 그것은 멕시코에서 가장 높은 탑이다.
    ③ 너는 왜 초콜릿을 가장 좋아하니?
    ④ Gloria는 우리 반에서 가장 빨리 배우는 사람이다.
    • learner 배우는 사람, 학습자

17. Who가 주어이므로 Who 뒤에 동사 drink를 쓰는데, yesterday는 과거이므로 drank로 바꿔 쓰고, did를 뺀다.
    • sour (우유가) 상한, 맛이 신

18. do로 의문문을 만들었으면 주어 뒤에 일반동사의 동사원형이 와야 한다. 그런데 주어 those jeans 뒤에 동사원형이 없으므로 일반동사 의문문이 아니라는 뜻이다. 따라서 do를 are로 바꿔 써서 be동사 의문문이 되도록 쓴다.
    • 그 청바지는 왜 그렇게 비싸니?
    • jeans 청바지

19. 부정문은 「Let's not+동사원형 ~」이다.
    • 화면을 만지지 말자, 그럴래?

• screen 화면, 스크린

20. 주어가 3인칭 단수인 book이므로 be를 is로 바꿔 쓰고, 부정문이므로 뒤에 not을 쓴다. 그리고 원급 비교인 「as+형용사(thick)+as ~」를 써서 '~만큼 …한'의 의미를 나타낸다.
    • thick 두꺼운

21. 첫 번째는 '~을 사용해서, ~(으)로'라는 뜻이므로 with가 들어가면 알맞다. 두 번째 with는 '~와 함께'라는 뜻이다.
    • 한국 사람들은 면을 젓가락으로 먹는다.
    • 여러분은 이 재미있는 게임을 가족과 함께 즐길 수 있다.
    • noodle 면, 국수   • chopstick 젓가락

22. introduced는 일반동사 과거형이고 긍정이므로 부가의문문은 didn't를 쓰고 Paul을 받는 대명사 he를 쓴다.
    • introduce 소개하다   • wife 아내

23. 복수 명사 some good ideas를 받는 복수 대명사 them을 쓴다. them이 remember의 목적어이다.
    • boss 사장, 상사   • remember 기억하다

24. must를 have to로 바꿔 쓸 수 있는데, Mr. Roger는 3인칭 단수이므로 has to로 쓴다. 동사원형 finish는 그대로 쓴다.
    • 너는(→ Roger 씨는) 그 일을 오후 5시 전에 끝내야 한다.

25. ① 의문문이므로 be동사 are가 주어 you 앞에 와야 한다.
    ④ become(~이 되다)은 일반동사이므로 과거시제 의문문을 만들 때 did를 써야 하는데, be동사 was를 썼으므로 알맞지 않다.
    ① 너는 무엇을 찾고 있니?
    ② Monica는 30분 전에 여기에 서 있었다.
    ③ 서두르지 마, 그러지 않으면 너는 무언가를 놓칠 거야.
    ④ Oliver는 어떻게 마술사가 되었니?
    ⑤ 너는 그 빈칸들을 채울 필요가 없어.
    • stand 서다(-stood)   • minute (시간) ~ 분
    • become ~이 되다   • magician 마술사
    • don't have to ~할 필요가 없다, ~하지 않아도 된다
    • fill in ~을 채우다   • blank 빈칸

1. ③	**2.** ②	**3.** ④	**4.** ④	**5.** ③	**6.** ③
7. ④	**8.** ②	**9.** ③	**10.** ④	**11.** ③	**12.** ②
13. ④	**14.** ②	**15.** ①	**16.** ④	**17.** ④	

18. angrily → angry
19. Are you able to use the ladder safely?
20. Austin doesn't understand your plan.
21. There are a lot of countries in Asia
22. Look carefully before you cross the road
23. I bought two loaves of bread last night.
24. ③   **25.** That, It

해석 & 해설

1. ③ birthday 등 day(하루)에는 on을 쓰므로 at을 on으로 고쳐야 한다.
① 밤에   ② 2026년에
③ 너의 생일에   ④ 저녁에

2. ② its가 소유격이므로 '(아포스트로피)를 또 붙이지 않는다.
① 우리의 여행   ② 그것의 다리
③ 미나의 습관   ④ 그들의 고객
• habit 습관   • customer 고객

3. ④ a few(몇 개의, 약간의)는 셀 수 있는 명사의 복수형과 쓰므로 sandwiches가 되어야 한다.
① 많은 모래   ② 작은 소녀
③ 많은 동전   ④ 몇 개의 샌드위치
• sand 모래   • coin 동전

4. ④ famous의 최상급은 (the) most famous이다.
① 가장 밝은 빛   ② 가장 어두운 방
③ 가장 달콤한 과일   ④ 가장 유명한 노래
• bright 밝은

5. ③ last month(지난달)는 과거이므로 got이 되어야 한다. 나머지는 과거형의 형태가 현재형과 같은 동사이다.
① 그는 어제 그 이메일을 두 번 읽었다.
② 그녀는 지난주에 자기 스카프를 거기에 두었다.
③ 너는 지난달에 그 상을 받았다.
④ 나는 한 시간 전에 그 돌을 세게 쳤다.
• twice 두 번   • scarf 스카프
• prize 상   • stone 돌

6. ③ 주어가 3인칭 단수인 She이므로 예정을 나타내는 「be going to+동사원형」의 be를 is로 쓴다.

• Emily는 두 시간 전에 그 기차를 탔다. 지금은 8시 정각이다. 그녀는 곧 도착할 예정이다.
• soon 곧

7. ④ There 뒤에 원형 be를 썼으므로 알맞지 않다. 단수 주어인 a library에 맞춰 is 또는 was가 되어야 한다.
① 바깥이 따뜻하니?
② 그것은 나의 목표[골]가 아니다.
③ 이것들은 좋은 경우가 아니다.
④ 이 근처에 도서관이 있다[있었다].
• goal 목표, 골   • case 경우, 케이스

8. ② than이 있으므로 원급 many가 아니라, 비교급 more를 써야 한다.
① Tom의 아이디어는 네 것(아이디어)만큼 말도 안 된다.
② Becky는 나보다 더 많은 것을 했다.
③ 나는 오늘 어제보다 더 슬프다.
④ 서울은 경주만큼 차분하지 않다.
• crazy 말도 안 되는, 미친, 엄청난, 대단한
• thing 것, 일   • calm 차분한, 평온한

9. ③ 복수 주어 your grandparents에 맞춰 Do로 물었고, Yes로 대답했으므로 they do가 들어간다.
A: 너희 조부모님께서는 벼를 기르시니?
B: 응, 그래.
• rice 벼, 쌀, 밥

10. ④ 일반동사 begin이 있으므로 의문문을 만드는 does가 들어간다. 나머지는 모두 is가 들어간다.
① John은 어떻게 지내고 있니?
② 그 곰은 왜 달리고 있니?
③ 누가 가위를 사용하고 있니?
④ 그녀는 언제 자기 콘서트를 시작하니?
• scissors 가위   • begin 시작하다
• concert 콘서트, 음악회

11. ③ early는 명사 bird를 꾸미는 형용사이다. 나머지는 모두 부사이다.
① 운 좋게, 나는 내 지갑을 찾았다.
② 우리는 그 숫자를 더 분명하게 볼 수 있다.
③ 이른[일찍 일어나는] 새가 벌레를 잡는다.
④ 괜찮아요. 자유롭게 말씀하세요.
• wallet 지갑   • number 숫자, 번호
• worm 벌레   • freely 자유롭게

12. ② 「소유격+최상급」 순서가 알맞다. 소유격이 있으므로 the를 쓰지 않는다.

- 나는 지우개 세 개가 있다. 흰 지우개는 1달러, 분홍 지우개는 2달러, 검은 지우개는 3달러이다.
  → 검은 지우개가 나의 가장 비싼 지우개이다.
  - eraser 지우개
  - dollar 달러

13. ④ will not을 won't로 줄이고, 동사원형 listen은 그대로 쓴다.
  - Maria는 오늘 밤 음악을 듣지 않을 것이다.
  - listen to ~을 듣다

14. ② 'Let's ~' 뒤의 부가의문문은 shall we?를 쓴다.
  - discuss 논의하다

15. ① How 감탄문은 「How+형용사(boring)+주어(the story)+동사(is)!」 순서이다.
  - 정말 지루한 이야기구나!
  - boring 지루한

16. ④의 it은 '그것(대명사)'이다. 나머지 it[It]은 날씨, 요일, 시간을 나타내는 비인칭 주어이므로 해석하지 않는다.
  ① Billy, 밖에 안개가 끼었니?
  ② 집에 일찍 가. 금요일이야.
  ③ 미안하지만, 지금 몇 시니?
  ④ 소가 벽을 발로 찼고 내가 그것을 봤어.
  - foggy 안개가 낀
  - outside 바깥에, 밖에

17. ④ 의문사 who 뒤에 break의 과거형인 broke를 알맞게 썼다.
  - 얘들아, 누가 꽃병을 깼니?
  - break 깨다, 깨트리다 (- broke)
  - vase 꽃병

18. 부사 angrily를 주어 The dog를 설명하는 형용사 angry로 고쳐 써야 한다.
  - 그 개는 누군가가 그 개의 꼬리를 붙잡고 있기 때문에 화나 보인다.
  - someone 누군가
  - hold 붙잡다, 잡다
  - tail 꼬리

19. Can을 be able to로 바꿔 쓰면 되는데, 주어가 you이므로 Are ~가 된다.
  - 너는 사다리를 안전하게 사용할 수 있니?
  - ladder 사다리

20. 「3인칭 단수 주어+does not+동사원형 ~」으로 바꿔 쓰면 되는데, 다섯 단어가 되도록 doesn't로 쓴다.
  - 나는 너의 계획을 이해한다.
  (→ Austin은 너의 계획을 이해하지 못한다.)
  - understand 이해하다
  - plan 계획

21. 「There is/are ~」 표현을 쓰면 되는데, a lot of countries가

복수 주어이므로 be를 are로 바꿔 쓴다.
  - country 나라
  - Asia 아시아

22. 명령문이 되도록 동사원형 Look으로 시작한다. 접속사 before (~ 전에)를 추가하고, before와 after 뒤에는 will을 쓰지 않으므로 will을 뺀다.
  - cross 건너다
  - carefully 조심히
  - road 길, 도로

23. 지난밤(last night)은 과거이므로 buy를 과거형 bought로 바꿔 쓴다. bread는 셀 수 없는 명사이므로 단위인 loaf를 복수형인 loaves로 바꿔 쓴다.

24. ③ should 뒤에는 동사원형을 쓰는데, to check이 왔으므로 should를 쓸 수 없다. 바르게 고쳐 쓰면 ~ should check ~ 또는 have to check ~로 쓸 수 있다.
  ① 나는 옳은 답을 찾아야 한다.
  ② 그들은 교과서를 가져와야 한다.
  ③ 우리는 날짜를 다시 확인해야 한다.
  ④ 그는 Amy에게 100달러를 보내야 한다.
  ⑤ 너는 이제 TV를 꺼야 한다.
  - correct 옳은
  - bring 가져오다
  - textbook 교과서
  - check 확인하다
  - again 다시
  - turn off ~을 끄다

25. 빈칸은 주어 자리이고 동사가 단수형 was이므로 3인칭 단수 That과 It이 들어갈 수 있다. 복수인 They는 들어갈 수 없다. 주어 자리이므로 소유격 Its와 목적격 Them도 들어갈 수 없다. I는 주격이지만, '나는 나의 첫 직장이었다'라는 내용이 되므로 들어갈 수 없다.
  - 나는 3년 전에 ABC 회사에서 일했다. 그것은 나의 첫 직장이었다.
  - company 회사
  - job 직장, 직업, 일

Workbook 정답

DAY 01 명사
Workbook p.01

Step 1

1. five classes
2. an eagle
3. Elephants
4. Three sheep
5. peace
6. knives
7. women
8. jeans
9. eight tomatoes
10. three pockets

Step 2

1. They have three <u>bags of salt</u>.
2. Can I buy some <u>loaves of meat</u> here?
3. There are three <u>blue buses</u> at the bus stop.
4. He made two <u>jars of apple jam</u> at home.
5. <u>A glass of cold water</u> is enough for me.
6. There are four <u>pieces of lemon cake</u> on the table.

Step 3

1. The truck carries the <u>fish</u> from the market.
2. The <u>puppies</u> are so cute.
3. There are twelve <u>geese</u> at Peter's farm.
4. I saw <u>a mouse</u> under the bench.
5. How many <u>cities</u> will you visit?
6. I bought these <u>sunglasses</u> last month.

Step 4

1. slices of cheese
2. a bowl, soup
3. a bag of flour
4. loaves of bread
5. bars of, soap
6. a carton of milk
7. pieces of glass

듣고 받아쓰기

1. <u>How</u> <u>many</u> <u>knives</u> do you need?
2. They have <u>three</u> <u>bags</u> <u>of</u> <u>salt</u>.
3. Can I buy some <u>loaves</u> <u>of</u> <u>meat</u> here?
4. There are <u>three</u> <u>blue</u> <u>buses</u> at the bus stop.
5. He made <u>two</u> <u>jars</u> <u>of</u> apple jam at home.
6. There are <u>four</u> <u>pieces</u> <u>of</u> lemon cake on the table.
7. There are <u>twelve</u> <u>geese</u> at Peter's farm.
8. The guy wants <u>a</u> <u>bowl</u> <u>of</u> delicious soup.
9. I will give her <u>four</u> <u>bars</u> of nice <u>soap</u>.
10. My son drinks <u>a</u> <u>carton</u> <u>of</u> <u>milk</u> every day.

DAY 02 대명사
Workbook p.05

Step 1

1. it
2. he
3. its
4. mine
5. It
6. her
7. them

해석

1. 오늘이 무슨 요일이니?
2. 나는 어제 너희 삼촌을 만났고 그는 매우 친절하셨어.
3. 나는 이 컵을 살 거야. 나는 그것의 색깔이 마음에 들어.
4. 저 회색 장갑은 나의 것이다.
5. 한국은 여름이다.
6. 한 여자가 공원에 있고 그녀의 모자는 멋져 보인다.
7. 그녀는 개 두 마리가 있고, 그녀는 그들을 사랑한다.

Step 2

1. <u>We</u> are from Canada.
2. The book on the desk is <u>Jenny's</u>.
3. <u>It's[It is]</u> Tuesday.
4. Why don't you come with <u>us</u>?
5. <u>This</u> is Amy's backpack and <u>that</u> is mine.
6. I gave my sunglasses to <u>her</u>.
7. Is this watch <u>yours</u>?
8. Lena told <u>him</u> about the new library.

Step 3

1. It is
2. parents'
3. him
4. ours
5. theirs
6. is it
7. Julia's

Step 4

1. <u>Their</u> parents work very hard
2. <u>It</u> is June 24th
3. Mike is <u>our</u> friend
4. This song is for <u>them</u>
5. This is <u>my</u> new chair
6. <u>It</u> was foggy
7. Susan told me about the house and <u>its</u> price
8. What time is <u>it</u> now
9. Are these glasses <u>yours</u>

듣고 받아쓰기

1. What day <u>is</u> <u>it</u> today?

2. I will buy <u>this</u> cup. I like <u>its</u> color.

3. <u>Those</u> gray gloves are <u>mine</u>.

4. Why don't you come <u>with</u> <u>us</u>?

5. <u>Please</u> <u>call</u> <u>him</u> Mr. Brown.

6. The car outside <u>is</u> <u>ours</u>.

7. <u>Those</u> sneakers <u>are</u> <u>theirs</u>.

8. <u>How</u> <u>far</u> <u>is</u> <u>it</u>?

9. This song is <u>for</u> <u>them</u>.

10. <u>Are</u> <u>these</u> glasses <u>yours</u>?

DAY 03 be동사
Workbook p.09

Step 1

1. Is, No, is

2. Are, are

3. is, is

4. Are, are not

5. is, It is

6. are, They are

7. Who is, is

8. Why are, are, are

9. Is, Yes, is

Step 2

1. <u>Are</u> the eggs in the refrigerator fresh?

2. <u>Is</u> that chair expensive?

3. How much <u>are</u> the potatoes here?

4. Brian and Sally <u>are</u> not wrong.

5. Who <u>is</u> the young man next to Jessica?

6. Those <u>are</u> not my books.

7. <u>Is</u> the black car theirs?

8. Four cups of coffee <u>are</u> in the kitchen.

해석

1. 냉장고 안의 달걀들은 신선하니?

2. 그 의자는 비싸니?

3. 여기 감자가 얼마인가요?

4. Brian과 Sally는 틀리지 않다.

5. Jessica 옆에 있는 젊은 남자는 누구니?

6. 저것들은 내 책이 아니다.

7. 그 검은색 자동차는 그들의 것이니?

8. 커피 네 잔이 주방에 있다.

Step 3

1. Is their son in the swimming pool

2. Mr. Scott is not from England

3. When is Sophia's birthday

4. How is the weather in winter

5. Where are the three sheets of paper

6. Why are they at home now

7. Mina is not in the classroom

8. Red and brown are not my favorite colors

Step 4

1. is not[isn't] a

2. Why is

3. These are not[aren't]

4. What is

5. Where is

6. Who is

7. men are not[aren't]

8. are those people

해석

1. Paul은 중학생이 아니다.

2. 그 개는 왜 화가 났니?

3. 이것들은 너의 운동화가 아니다.

4. 그 파란색 종이는 무엇이니?

5. 너의 필통은 어디에 있니?

6. 너의 가장 친한 친구는 누구니?

7. 그 남자들은 음악가가 아니다.

8. 그 사람들은 왜 아프니?

✏️ 듣고 받아쓰기

1. <u>Is</u> that watermelon <u>ours</u>?

2. <u>Are</u> <u>the</u> <u>leaves</u> bright green?

3. <u>Are</u> <u>the</u> <u>players</u> <u>ready</u> for the game?

4. <u>How</u> <u>is</u> the weather in Egypt?

5. Brian and Sally <u>are</u> <u>not</u> <u>wrong</u>.

6. <u>Who</u> <u>is</u> <u>the</u> <u>young</u> man next to Jessica?

7. <u>Those</u> <u>are</u> <u>not</u> my books.

8. <u>Is</u> the black car <u>theirs</u>?

9. <u>These</u> <u>are</u> <u>not</u> your sneakers.

10. <u>Why</u> <u>are</u> <u>those</u> people sick?

DAY 04 일반동사
Workbook p.13

Step 1

1. Mr. Green <u>goes</u> to work by subway.

2. The children <u>enjoy</u> camping near the lake.

3. Does David <u>eat</u> meat?

4. My father doesn't <u>wear</u> glasses.

5. Who <u>practices</u> the violin in the music room?

6. <u>Do</u> your cats play with the toy?

7. We don't <u>know</u> her e-mail address.

8. What <u>does she have</u> for dinner?

9. Ally doesn't take the math class, <u>does</u> she?

Step 2

1. Who remembers
2. When do you go
3. Does your uncle come
4. Why does
5. Where do, stay
6. doesn't it
7. How does, go

Step 3

1. Who cleans the bathroom

2. The girl doesn't wear a school uniform

3. Do your grandparents live in Seoul

4. Her brother has short hair, doesn't he

5. When does Catherine visit New York

6. What does your friend prepare for the party

Step 4

1. What do you have
2. Does, wear
3. Who drinks
4. climbs, doesn't
5. Does Tiffany need
6. Where does, teach
7. does not have
8. How do you listen
9. Why does, start
10. What does Patrick do

✏️ 듣고 받아쓰기

1. My father <u>doesn't</u> <u>wear</u> glasses.

2. <u>Who</u> <u>practices</u> the violin in the music room?

3. <u>What</u> <u>does</u> <u>she</u> <u>have</u> for dinner?

4. <u>When</u> <u>do</u> <u>you</u> <u>go</u> to school?

5. The river <u>looks</u> so deep, <u>doesn't it</u>?

6. <u>Does</u> Tiffany <u>need</u> some new clothes?

7. <u>Where</u> <u>does</u> your grandmother <u>teach</u> science?

8. <u>How</u> <u>do</u> <u>you</u> <u>listen</u> to music?

9. <u>Why</u> <u>does</u> the football game start at eight?

10. What <u>does</u> Patrick <u>do</u> after school?

DAY **05** 시제   Workbook p.17

Step 1

1. Fred did not <u>buy</u> the expensive necklace

2. The cook <u>is</u> tasting the soup in the kitchen

3. Where did you <u>meet</u> Olivia yesterday

4. I did not <u>get</u> up early

5. They were <u>discussing</u> the problem

6. Why did James <u>leave</u> so early

7. Some goats are <u>sleeping</u> on the hill

8. The cat <u>caught</u> a spider above the shelf

Step 2

1. What is, cutting
2. did not eat
3. Did, bring
4. Was, playing
5. How did, get
6. sent
7. Who dropped
8. is hitting
9. When did, read
10. Are, practicing

Step 3

1. <u>What did you buy</u> for your son?

2. The little boy <u>is reading</u> English aloud.

3. <u>Why were you doing</u> your homework at Steve's house?

4. Lisa's uncle <u>taught</u> science at middle school.

5. My daughter <u>was writing</u> a letter to her friend.

6. <u>Who swam</u> here last night?

7. Andrew did <u>not drop</u> the ruler on the floor.

Step 4

1. Was Ms. Dale shopping at the department store?

2. How did the chickens get on the roof?

3. She put the magazine on the desk.

4. Where were they going?

해석

1. Dale 씨와 그녀의 아들이 백화점에서 쇼핑하고 있었니?

→ Dale 씨가 백화점에서 쇼핑하고 있었니?

2. 닭들이 지붕 위에 올라갔니?

→ 닭들이 어떻게 지붕 위에 올라갔니?

3. 그녀는 그 잡지를 책상 위에 놓고 있었다.

→ 그녀는 그 잡지를 책상 위에 놓았다.

4. 그들은 어디로 갔니?

→ 그들은 어디로 가고 있었니?

✏️ 듣고 받아쓰기

1. <u>The</u> <u>cook</u> <u>is</u> <u>tasting</u> the soup in the kitchen.

2. <u>Where</u> <u>did</u> <u>you</u> <u>meet</u> Olivia yesterday?

3. <u>They</u> <u>were</u> <u>discussing</u> the problem.

4. <u>The</u> <u>cat</u> <u>caught</u> a spider above the shelf.

5. <u>How</u> <u>did</u> the monkeys <u>get</u> bananas?

6. My uncle <u>sent</u> <u>this</u> <u>photo</u> to me last week.

7. <u>When</u> <u>did</u> <u>you</u> <u>read</u> that novel?

8. What did you buy for your son?

9. Lisa's uncle taught science at middle school.

10. Andrew did not drop the ruler on the floor.

DAY 06 조동사
Workbook p.21

Step 1

1. The girl is able to ride a bike.

2. The boy must listen to his parents.

3. Will your aunt visit France next year?

4. Emma will go to Leo's birthday party.

5. He should return to his country this month.

6. Every student has to exercise regularly.

7. Eric won't learn chess.

8. Are Nick and Tracy able to join us tomorrow?

9. Your parents are going to stay in L.A.

10. You should not[shouldn't] drink coffee in the morning.

해석

1. 그 소녀는 자전거를 탈 수 있다.

2. 그 소년은 부모님의 말씀을 들어야 한다.

3. 너희 고모는 내년에 프랑스를 방문하실 예정이니?

4. Emma는 Leo의 생일 파티에 갈 거니?

  → Emma는 Leo의 생일 파티에 갈 것이다.

5. 그는 이번 달에 자기 나라로 돌아가야 한다.

6. 너는 규칙적으로 운동해야 한다.

  → 모든 학생은 규칙적으로 운동해야 한다.

7. Eric은 체스를 배우지 않을 것이다.

8. 너의 친구가 내일 우리와 함께 할 수 있니?

  → Nick과 Tracy가 내일 우리와 함께 할 수 있니?

9. 너희 부모님께서는 L.A.에 머무르실 예정이니?

  → 너희 부모님께서는 L.A.에 머무르실 예정이다.

10. 너는 아침에 커피를 마시는 것이 좋다.

  → 너는 아침에 커피를 마시지 않는 것이 좋다[마시지 말아야 한다].

Step 2

1. 들어갈 수 없다　　　　2. 도착할 수 있니

3. 읽을 필요가 없다 / 읽지 않아도 된다

4. 끝내야 한다　　　　5. 치지 못한다 / 칠 수 없다

6. 사용해도 될까요

7. 먹어야 한다/먹는 것이 좋다

8. 탈 수 없다

Step 3

1. He should[has to] exercise every day for his health.

2. Will you find another job next year?

3. She is going to finish the work soon.

4. You must not take photos in the gallery.

5. Tommy and Jane have to move to another city.

6. You don't have to fill the cup with water.

7. This monkey is able to kick a ball.

8. Are you able to ride a horse?

Step 4

1. My sister can speak

2. You must not sleep

3. Are they going to go

4. You may come

5. I cannot[can't] arrive

6. You have to pay for

7. You may not borrow

✏️ 듣고 받아쓰기

1. The boy has to listen to his parents.

2. Is your aunt going to visit France next year?

3. Eric won't learn chess.

4. Are Nick and Tracy able to join us tomorrow?

5. You should not drink coffee in the morning.

6. You don't have to read the e-mail.

7. May I use this chair?

8. They can't take the bus in time.

9. Will you find another job next year?

10. You must not sleep in the classroom.

DAY 07 형용사와 부사
Workbook p.25

Step 1

1. happily	2. little	3. perfect
4. my close	5. safe	6. a lot of
7. every	8. lots of, careful	9. much
10. a little	11. high	12. lots of

Step 2

1. hardly	2. busy	3. my favorite
4. sad	5. A lot of	6. large
7. sick	8. your nice	

Step 3

1. <u>A few</u> ducks are on the river.
2. Harry is an <u>honest</u> man. He never tells a lie.
3. The egg smells <u>bad</u>. You should not eat it.
4. <u>A lot of[Lots of]</u> people enjoy fishing.
5. I don't like <u>sweet</u> food.
6. Why are you so <u>late</u>? We don't have <u>much[a lot of/lots of]</u> time.

Step 4

1. dances를 꾸밈
2. dreams를 꾸밈
3. balls를 꾸밈
4. send를 꾸밈
5. I를 설명
6. book을 꾸밈
7. 문장 전체를 꾸밈
8. My dog를 설명
9. beach를 꾸밈

해석

1. Tracy는 춤을 잘 춘다.
2. 나는 매일 밤 나쁜 꿈을 꾼다.
3. 너는 이 작은 공들을 어디에서 찾았니?
4. 너는 어머니께 꽃을 자주 보내니?
5. 나는 오늘 기분이 좋다.
6. 그 아이는 책장 위의 모든 책을 읽었다.
7. 운 좋게도, 나는 경기가 시작하기 전에 거기에 도착했다.
8. 나의 개는 졸려 보인다.
9. 해운대는 한국에서 유명한 해변이다.

✏️ 듣고 받아쓰기

1. They <u>do</u> <u>little</u> <u>work</u> in rainy summer.
2. <u>That</u> <u>sounds</u> <u>perfect</u>.
3. Clara got <u>a lot of</u> <u>honey</u> from her grandparents.
4. Basketball players <u>can</u> <u>jump</u> <u>high</u>.
5. <u>I</u> <u>hardly</u> <u>watch</u> sad movies.
6. <u>A few</u> <u>ducks</u> are on the river.
7. Harry is <u>an</u> <u>honest</u> <u>man</u>.
8. <u>Why</u> are you <u>so</u> <u>late</u>?
9. Do you <u>often</u> <u>send</u> flowers to your mom?
10. The kid <u>read</u> <u>every</u> <u>book</u> on the bookshelf.

DAY 08 비교 표현

Workbook p.29

Step 1

1. These books are cheaper than those
2. Your hair is not as short as mine
3. This plant grows most quickly in my garden
4. Daniel's notebook is not as thick as this magazine
5. What is the highest mountain in the world?
6. The music festival is as popular as the World Cup

Step 2

1. easier, more difficult
2. important, exciting
3. salty, expensive
4. useful
5. interesting
6. the wisest, the bravest
7. most quickly, quickly

해석

1. 수학은 과학보다 더 쉬워/더 어려워, 그렇지 않니?
2. 댄스 경연대회는 노래 경연대회보다 더 중요했다/더 흥미진진했다.
3. 이 치즈는 저 샌드위치만큼 짜다/비싸다.
4. 너의 아이디어는 내 것보다 더 유용하다.
5. 그 답들은 질문만큼 흥미롭지 않다.
6. Harrison 씨는 마을에서 가장 현명한/가장 용감한 사람이다.
7. 너는 그 문제를 가장 빨리/빨리 풀었다.

Step 3

1. ✕: That screen looks <u>brighter than</u> this.
2. ✕: I always wake up <u>as early</u> as my grandmother.
3. ✕: My room is <u>cleaner</u> than my sister's room.
4. ○
5. ○
6. ✕: Are these <u>her most favorite post cards</u>?
7. ✕: I can finish the work <u>as quickly as Tom</u>.

해석

1. 저 화면은 이것보다 더 밝아 보인다.
2. 나는 항상 나의 할머니만큼 일찍 일어난다.
3. 나의 방은 나의 언니의 방보다 더 깨끗하다.
4. 골프는 나에게 가장 지루한 스포츠이다.
5. 이 지역의 봄은 한국의 봄만큼 따뜻하지 않다.
6. 이것들은 그녀가 가장 좋아하는 엽서들이니?
7. 나는 일을 Tom만큼 빨리 끝낼 수 있다.

Step 4

1. Steve can run (the) fastest in my class.

2. The toy is not larger than this box.

3. Sleeping is more important than eating for me.

4. Amy's voice is louder than Ben's.

5. The second bowl is the heaviest of the four.

6. What is the best painting in this gallery?

7. This lake is not as deep as the sea.

8. Her dress is more beautiful than that dress.

9. I feel worse this week than last week.

✏️ 듣고 받아쓰기

1. Your hair is not as short as mine.

2. This plant grows most quickly in my garden.

3. What is the highest mountain in the world?

4. The music festival is as popular as the World Cup.

5. Math is easier than science, isn't it?

6. Mr. Harrison is the bravest man in his village.

7. I always wake up as early as my grandmother.

8. Golf is the most boring sport for me.

9. The second bowl is the heaviest of the four.

10. I feel worse this week than last week.

DAY 09 전치사와 접속사
Workbook p.33

Step 1

1. ✕: between
2. ✕: across
3. ○
4. ✕: about
5. ✕: in
6. ○
7. ✕: next to
8. ✕: by
9. ✕: through
10. ✕: but

Step 2

1. Are you coming to the Christmas party with us?

2. You should arrive before the game begins.

3. I didn't eat the cake because I was full.

4. Yujin is going to take the test in December.

5. Please take three cups out of the box.

6. Will you go fishing or go shopping?

7. They met another engineer at noon.

8. I caught a cold because it was so cold last week.

9. What are you going to do on September fifth?

10. Ben is going down the ladder so carefully.

Step 3

1. He doesn't remember my name because we met long
   ago

---

2. knock on the door before you come in

3. You can see the beautiful beach after the sun rises

4. I will call her on Monday or Tuesday

5. You can see lions, giraffes, and zebras

6. She was speaking loud but I couldn't hear her voice

7. Cathy will buy some bread before she goes home

8. Wash your hands before meals

9. I'll clean the living room after they leave

✏️ 듣고 받아쓰기

1. A blue boat is moving across the river.

2. The earth moves around the sun.

3. Brian's team won the first prize in 2021.

4. The shoes factory is in front of the museum.

5. We should walk through the tunnel. It's faster.

6. Please take three cups out of the box.

7. What are you going to do on September fifth[5th]?

8. I will call her on Monday or Tuesday.

9. Wash your hands before meals.

10. I'll clean the living room after they leave.

DAY 10 다양한 문장 형태
Workbook p.37

Step 1

1. There is not any salt in the bottle.

2. There are many toys in the box.

3. Is there any chance for me?

4. Are there any questions?

5. There is not much money in my bank account.

6. There was a car accident last Saturday.

7. Are there a lot of offices in the building?

8. Were there any good ideas?

9. Are there any customers at the bookstore?

10. There is not any water in the bottle.

Step 2

1. Let's not swim at night, shall we?

2. Let's have lunch together on Sunday.

3. Let's not read the letter.

4. Try hard, or you can't win the game.

5. Be careful, will you?

6. Please follow me, and you will find him.

7. Don't be afraid, will you?

Step 3

1. it is

2. fast the player runs

3. amazing the stories are

4. exciting the match is

5. What big

6. an old tree

7. What a sunny

8. a fantastic sky it is

9. sweet the ice cream is

10. an expensive chair

11. they are

해석

1. 정말 위험한 도로구나!

2. 저 선수는 정말 빠르게 달리는구나!

3. 이야기들이 정말 놀랍구나!

4. 시합이 정말 흥미진진하구나!

5. 정말 큰 수박들이구나!

6. 정말 오래된 나무구나!

7. 정말 맑은 날이구나!

8. 정말 환상적인 하늘이구나!

9. 아이스크림이 정말 달콤하구나!

10. 정말 비싼 의자구나!

11. 정말 높은 탑들이구나!

Step 4

1. How smart Sally is

2. What heavy boxes they are

3. How dirty the kitchen is

4. How fresh the vegetables are

5. What an easy exam this is

✎ 듣고 받아쓰기

1. There is not any salt in the bottle.

2. There are many toys in the box.

3. Is there any chance for me?

4. There was a car accident last Saturday.

5. Let's not swim at night, shall we?

6. Try hard, or you can't win the game.

7. Be careful, will you?

8. How amazing the stories are!

9. How dirty the kitchen is!

10. What an easy exam this is!

Level
5

초등영문법
문장의 원리

Final
실전 테스트

메가스터디BOOKS
내용 문의 02-6984-6908 | 구입 문의 02-6984-6868,9 | www.megastudybooks.com

명사

정답 p. 45

Step 01 우리말 뜻과 같도록 빈칸을 채우세요.

1 My daughter has _____ _____ today.
나의 딸은 오늘 다섯 개의 수업이 있다.

2 There is _____ _____ in the sky.
하늘에 독수리 한 마리가 있다.

3 _____ have big ears. 코끼리들은 귀가 크다.

4 _____ _____ are on the hill.
양 세 마리가 언덕 위에 있다.

5 William always wants _____.
William은 항상 평화를 원한다.

6 How many _____ do you need?
너는 몇 개의 칼이 필요하니?

7 Some _____ make baskets.
여자들 몇 명은 바구니를 만든다.

8 Does he wear these old _____?
그는 이 낡은 청바지를 입니?

NEW 9 Steve got _____ _____ from his aunt.
Steve는 고모에게서 토마토 여덟 개를 받았다.

10 The jacket has _____ _____.
그 재킷에는 주머니가 세 개 있다.

Step 02 밑줄 친 부분을 바르게 고쳐 문장을 다시 쓰세요.

1 They have three <u>bag of salt</u>. 그들은 소금 세 봉지를 가지고 있다.
→ _____

2 Can I buy some <u>loaf of meat</u> here? 제가 여기서 고기 몇 덩어리를 좀 살 수 있을까요?
→ _____

3 There are three <u>blue buss</u> at the bus stop. 버스정류장에 파란 버스 세 대가 있다.
→ _____

4 He made two <u>jar of apple jams</u> at home. 그는 집에서 사과잼 두 병을 만들었다.
→ _____

5 <u>Glass of cold water</u> is enough for me. 차가운 물 한 잔이면 나에게는 충분해.
→ _____

NEW 6 There are four <u>piece of lemon cakes</u> on the table. 식탁 위에 레몬 케이크 네 조각이 있다.
→ _____

Step 03 틀린 단어를 고쳐 문장을 다시 쓰세요.

1 The truck carries the fishs from the market. 그 트럭은 시장에서 온 생선을 나른다.
→ _____

2 The puppys are so cute. 그 강아지들은 매우 귀엽다.
→ _____

3 There are twelve gooses at Peter's farm. Peter의 농장에는 거위 열두 마리가 있다.
→ _____

4 I saw mice under the bench. 나는 벤치 아래에서 쥐 한 마리를 보았다.

➡ _____

5 How many city will you visit? 너는 얼마나 많은 도시들을 방문할 거니?

➡ _____

6 I bought these sunglass last month. 나는 지난달에 이 선글라스를 샀다.

➡ _____

Step **04** 우리말 뜻과 같도록 주어진 말을 사용해 문장을 완성하세요. (필요시 형태를 바꿀 것)

1 slice, cheese ➡ I need six _____ _____ _____ to make

sandwiches. 나는 샌드위치를 만들기 위해 치즈 여섯 장이 필요하다.

2 bowl, soup ➡ The guy wants _____ _____ of delicious

_____. 그 남자는 맛있는 수프 한 그릇을 원한다.

3 bag, flour ➡ Why do you need _____ _____ _____

_____? 너는 밀가루 한 봉지가 왜 필요하니?

4 loaf, bread ➡ I have two _____ _____ _____.

나는 빵 두 덩어리가 있다.

5 bar, soap ➡ I will give her four _____ _____ nice _____.

나는 그녀에게 좋은 비누 네 개를 줄 거야.

6 carton, milk ➡ My son drinks _____ _____ _____

_____ every day. 나의 아들은 매일 우유 한 통을 마신다.

NEW 7 piece, glass ➡ There are some _____ _____ _____ on the

floor. 바닥에 유리 몇 조각이 있다.

🎧 듣기 Mp3

1 _____ _____ _____ do you need?

2 They have _____ _____ _____ _____.

3 Can I buy some _____ _____ _____ here?

4 There are _____ _____ _____ at the bus stop.

5 He made _____ _____ _____ apple jam at home.

6 There are _____ _____ _____ lemon cake on the table.

7 There are _____ _____ at Peter's farm.

8 The guy wants _____ _____ _____ delicious soup.

9 I will give her _____ _____ of nice _____.

10 My son drinks _____ _____ _____ _____ every day.

정답 p. 45

Step **01** 네모 안에서 알맞은 말을 골라 빈칸을 채우세요.

NEW **1** this / it / that ➔ What day is _____ today?

2 it / he / him ➔ I met your uncle yesterday and _____ was very kind.

NEW **3** it / its / their ➔ I will buy this cup. I like _____ color.

4 I / my / mine ➔ Those gray gloves are _____.

5 These / It / Its ➔ _____ is summer in Korea.

6 her / hers / its ➔ A woman is in the park and _____ hat looks nice.

NEW **7** they / them / their ➔ She has two dogs and she loves _____.

Step **02** 틀린 부분을 바르게 고쳐 문장을 다시 쓰세요.

1 **Our are from Canada.** 우리는 캐나다에서 왔다.
➔ _____

2 **The book on the desk is Jennys.** 책상 위에 있는 책은 Jenny의 것이다.
➔ _____

NEW **3** **Its Tuesday.** 화요일이야.
➔ _____

4 Why don't you come with ours? 우리와 함께 갈래?

→ _____

5 These is Amy's backpack and those is mine. 이것은 Amy의 배낭이고, 저것은 나의 것이다.

→ _____

6 I gave my sunglasses to hers. 나는 내 선글라스를 그녀에게 주었다.

→ _____

7 Is this watch your? 이 손목시계는 너의 것이니?

→ _____

NEW **8** Lena told his about the new library. Lena는 그에게 새 도서관에 대해 말해주었다.

→ _____

Step **03** 우리말 뜻과 같도록 빈칸에 알맞은 말을 쓰세요.

1 _____ _____ time to go to bed. 잠자리에 들 시간이야.

2 This house is my _____. 이 집은 나의 부모님의 것이다.

NEW **3** Please call _____ Mr. Brown. 그를 Brown 씨라고 불러 주세요.

4 The car outside is _____. 밖에 있는 자동차는 우리의 것이다.

5 Those sneakers are _____. 저 운동화는 그들의 것이다.

6 How far _____ _____? 얼마나 머니?

NEW **7** Those notebooks under the table are _____.
테이블 아래의 저 공책들은 Julia의 것이다.

괄호 안의 말을 알맞게 배열해 문장을 완성하세요. (반드시 대명사를 추가할 것)

1 (very / parents / hard / work) 그들의 부모님은 매우 열심히 일하신다.
➡ _____.

2 (24th / is / June) 6월 24일이야.
➡ _____.

3 (is / friend / Mike) Mike는 우리의 친구이다.
➡ _____.

NEW **4** (song / is / this / for) 이 노래는 그들을 위한 것이다.
➡ _____.

5 (new / is / this / chair) 이것은 나의 새 의자이다.
➡ _____.

NEW **6** (foggy / was) 어젯밤에 안개가 꼈었다.
➡ _____ last night.

7 (told / and / price / Susan / about / me / the house)
Susan은 나에게 그 집과 그것의 가격에 대해 말해주었다.
➡ _____.

8 (now / time / is / what) 지금 몇 시니?
➡ _____.

NEW **9** (glasses / these / are) 이 안경은 너의 것이니?
➡ _____ ?

⊙ **Day 02**에서 공부한 문장 중,
10개를 듣고 써보세요.

🎧 듣기 Mp3

1 What day _____ _____ today?

2 I will buy _____ cup. I like _____ _____.

3 _____ gray gloves are _____.

4 Why don't you come _____ _____?

5 _____ _____ _____ Mr. Brown.

6 The car outside _____ _____.

7 _____ sneakers _____ _____.

8 _____ _____ _____ _____?

9 This song is _____ _____.

10 _____ _____ glasses _____?

정답 p. 46

Step 01 다음 대화의 빈칸에 알맞은 말을 쓰세요.

1 A: _____ that watermelon ours? 그 수박은 우리 것이니?

B: _____, it _____ not. 아니, 그렇지 않아.

2 A: _____ the leaves bright green? 그 잎들은 밝은 녹색이니?

B: Yes, they _____. 응, 그래.

3 A: What _____ your favorite food? 네가 가장 좋아하는 음식은 무엇이니?

B: My favorite food _____ chocolate milk. 내가 가장 좋아하는 음식은 초콜릿 우유야.

4 A: _____ the players ready for the game? 그 선수들은 경기를 위한 준비가 되었니?

B: No, they _____ _____. 아니, 그렇지 않아.

5 A: How _____ the weather in Egypt? 이집트의 날씨는 어떠니?

B: _____ _____ hot. 더워.

6 A: Where _____ your red gloves? 너의 빨간색 장갑은 어디에 있니?

B: _____ _____ in my pocket. 그것들은 내 주머니 안에 있어.

7 A: _____ _____ the guy over there? 저기에 있는 남자는 누구니?

B: He _____ my brother. 그는 나의 오빠야.

8 A: _____ _____ the babies sad? 그 아기들은 왜 슬프니?

B: They _____ sad because they _____ hungry.
그들은 배가 고프기 때문에 슬퍼.

9 A: _____ that woman Eric's sister? 저 여자는 Eric의 누나이니?

B: _____ , she _____. 응, 그래.

1 <u>Be</u> the eggs in the refrigerator fresh?

➡ _____

2 <u>Be</u> that chair expensive?

➡ _____

NEW **3** How much <u>be</u> the potatoes here?

➡ _____

4 Brian and Sally <u>be</u> not wrong.

➡ _____

5 Who <u>be</u> the young man next to Jessica?

➡ _____

6 Those <u>be</u> not my books.

➡ _____

7 <u>Be</u> the black car theirs?

➡ _____

8 Four cups of coffee <u>be</u> in the kitchen.

➡ _____

Step **03** 괄호 안의 말을 알맞게 배열해 문장을 완성하세요.

1 (the / in / son / is / swimming pool / their) 그들의 아들이 수영장에 있니?

➡ _____ ?

NEW **2** (from / is / England / Mr. Scott / not) Scott 씨는 영국에서 오지 않았다.

➡ _____ .

3 (is / when / birthday / Sophia's) Sophia의 생일은 언제니?

➡ _____ ?

4 (winter / is / the / how / in / weather) 너희 나라에서 겨울에 날씨가 어떠니?

→ _____ in your country?

NEW **5** (of / the / are / three / paper / sheets / where) 그 종이 세 장이 어디에 있니?

→ _____ ?

6 (at / now / why / they / are / home) 그들은 왜 지금 집에 있니?

→ _____ ?

7 (the / not / Mina / classroom / is / in) 미나는 교실에 있지 않다.

→ _____ .

NEW **8** (red / not / colors / and / my / brown / favorite / are)
빨간색과 갈색은 내가 가장 좋아하는 색들이 아니다.

→ _____ .

Step **04** 밑줄 친 부분을 바르게 고쳐 쓰세요.

1 Paul is a not middle school student. → _____

2 Why are the dog angry? → _____

3 These not are your sneakers. → _____

NEW **4** Are what that blue paper? → _____

5 Are where your pencil case? → _____

6 Who are your best friend? → _____

7 The man not is musicians. → _____

8 Why those people are sick? → _____

듣고 받아쓰기

○ **Day 03**에서 공부한 문장 중, 10개를 듣고 써보세요.

🎧 듣기 Mp3

1 _____ that watermelon _____?

2 _____ _____ _____ bright green?

3 _____ _____ _____ _____ for the game?

4 _____ _____ the weather in Egypt?

5 Brian and Sally _____ _____ _____.

6 _____ _____ _____ _____ _____ next to Jessica?

7 _____ _____ _____ my books.

8 _____ the black car _____?

9 _____ _____ _____ your sneakers.

10 _____ _____ _____ people sick?

일반동사

정답 p. 46

Step 01 **틀린** 부분을 바르게 고쳐 문장을 다시 쓰세요.

1 Mr. Green go to work by subway. Green 씨는 지하철을 타고 일하러 간다.
→ _____

2 The children enjoys camping near the lake.
그 아이들은 호수 근처에서 캠핑을 즐긴다.
→ _____

3 Does David eats meat? David는 고기를 먹니?
→ _____

4 My father doesn't wears glasses. 나의 아버지는 안경을 쓰지 않는다.
→ _____

5 Who practice the violin in the music room?
누가 음악실에서 바이올린을 연습하니?
→ _____

6 Does your cats play with the toy? 너의 고양이들은 그 장난감을 가지고 노니?
→ _____

7 We don't knew her e-mail address. 우리는 그녀의 이메일 주소를 알지 못한다.
→ _____

8 What she has for dinner? 그녀는 저녁으로 무엇을 먹니?
→ _____

9 Ally doesn't take the math class, doesn't she?
Ally는 그 수학 수업을 듣지 않아, 그렇지?
→ _____

우리말 뜻과 같도록 빈칸에 알맞은 말을 쓰세요.

1 _____ _____ the name of the mobile game? 누가 그 모바일 게임의 이름을 기억하니?

2 _____ _____ _____ _____ to school? 너는 언제 학교에 가니?

3 _____ _____ _____ _____ home late?
너희 삼촌은 집에 늦게 오시니?

4 _____ _____ Ms. Johnson leave early? Johnson 씨는 왜 일찍 떠나니?

5 _____ _____ the women _____ this week?
그 여자들은 이번 주에 어디에서 머무르니?

6 The river looks so deep, _____ _____? 강이 매우 깊어 보여, 그렇지 않니?

7 _____ _____ Emily _____ to Australia? Emily는 호주에 어떻게 가니?

Step 03 우리말 뜻과 같도록 괄호 안의 말을 바르게 배열하세요.

1 (the bathroom / cleans / who) 누가 욕실을 청소하니?
→ _____?

2 (wear / the girl / a school uniform / doesn't) 그 소녀는 교복을 입지 않는다.
→ _____.

3 (grandparents / Seoul / do / live / your / in) 너희 조부모님은 서울에 사시니?
→ _____?

4 (he / her brother / short hair / doesn't / has) 그녀의 오빠는 머리가 짧아, 그렇지 않니?
→ _____?

5 (when / visit / does / New York / Catherine) Catherine은 언제 뉴욕을 방문하니?
→ _____?

6 (your friend / does / for the party / what / prepare)
너의 친구는 파티를 위해 무엇을 준비하니?
→ _____?

1 what, have ➔ _____ _____ _____ _____ for breakfast? 너는 아침 식사로 무엇을 먹니?

2 wear ➔ _____ your aunt _____ scarf?

너의 이모는 스카프를 착용하시니?

3 who, drink ➔ _____ _____ green tea? 누가 녹차를 마시니?

4 climb ➔ Your dog Max _____ up the stairs so well, _____ he? 너의 개 Max는 계단을 매우 잘 올라가, 그렇지 않니?

5 need ➔ _____ _____ _____ some new clothes? Tiffany는 새 옷이 좀 필요하니?

6 where, teach ➔ _____ _____ your grandmother _____ science? 너희 할머니는 어디에서 과학을 가르치시니?

7 have ➔ The tennis coach _____ _____ _____ a car, does she? 그 테니스 감독님은 자동차를 가지고 있지 않아, 그렇지?

NEW 8 how, listen ➔ _____ _____ _____ _____ to music? 너는 음악을 어떻게 듣니?

9 why, start ➔ _____ _____ the football game _____ at eight? 왜 그 축구 경기는 8시에 시작하니?

10 what, do ➔ _____ _____ _____ _____ after school? Patrick은 방과 후에 무엇을 하니?

1 My father _____ _____ glasses.

2 _____ _____ the violin in the music room?

3 _____ _____ _____ _____ for dinner?

4 _____ _____ _____ _____ to school?

5 The river _____ so deep, _____ _____?

6 _____ Tiffany _____ some new clothes?

7 _____ _____ your grandmother _____ science?

8 _____ _____ _____ _____ to music?

9 _____ _____ the football game start at eight?

10 What _____ Patrick _____ after school?

DAY 05 시제

정답 p. 47

Step **01** 괄호 안의 단어를 바르게 배열하세요. (반드시 단어 하나의 형태를 바꿀 것)

1 (not / bought / the / did / expensive necklace / Fred) Fred는 그 비싼 목걸이를 사지 않았다.
➡ _____.

2 (tasting / are / in the kitchen / the cook / the soup) 그 요리사는 주방에서 수프를 맛보고 있다.
➡ _____.

3 (Olivia / met / you / yesterday / did / where) 너는 어제 어디에서 Olivia를 만났니?
➡ _____?

NEW 4 (got / early / I / not / did / up) 나는 오늘 일찍 일어나지 않았다.
➡ _____ today.

5 (the problem / they / discussed / were) 그들은 그 문제를 논의하고 있었다.
➡ _____.

6 (so early / did / why / left / James) 왜 James는 그렇게 일찍 떠났니?
➡ _____?

7 (on the hill / are / some goats / sleep) 염소 몇 마리가 언덕에서 잠을 자고 있다.
➡ _____.

8 (a spider / catched / above the shelf / the cat) 고양이가 선반 위에서 거미를 잡았다.
➡ _____.

Step 02 우리말 뜻과 같도록 주어진 말을 사용해 문장을 완성하세요. (필요시 형태를 바꿀 것)

1 | what, be, cut | ➡ _____ _____ he _____ in the garden now? 그는 지금 정원에서 무엇을 자르고 있니?

2 | not, eat | ➡ The horses _____ _____ _____ carrots yesterday. 그 말들은 어제 당근을 먹지 않았다.

3 | bring | ➡ _____ Victoria _____ her textbook? Victoria는 자기 교과서를 가져왔니?

4 | be, play | ➡ _____ your cousin _____ soccer after school? 너의 사촌은 방과 후에 축구하고 있었니?

5 | how, got | ➡ _____ _____ the monkeys _____ bananas? 원숭이들이 어떻게 바나나를 얻었니?

6 | send | ➡ My uncle _____ this photo to me last week. 나의 삼촌께서 지난주에 나에게 이 사진을 보내셨다.

7 | who, drop | ➡ _____ _____ these earrings here? 누가 여기에 이 귀걸이를 떨어뜨렸니?

NEW 8 | be, hit | ➡ The baseball player _____ _____ the ball with his bat. 그 야구선수는 자기 배트로 공을 치고 있다.

9 | when, read | ➡ _____ _____ you _____ that novel? 너는 언제 그 소설을 읽었니?

10 | be, practice | ➡ _____ you _____ tennis? 너는 테니스 연습을 하고 있니?

1 <u>Did you buy what</u> for your son? 당신은 아들을 위해 무엇을 샀나요?
→ _____

2 The little boy <u>reading</u> English aloud. 그 작은 소년은 영어를 소리 내어 읽는 중이다.
→ _____

3 <u>Why you were doing</u> your homework at Steve's house?
너는 왜 숙제를 Steve의 집에서 하고 있었니?
→ _____

4 Lisa's uncle <u>teached</u> science at middle school. Lisa의 삼촌은 중학교에서 과학을 가르치셨다.
→ _____

5 My daughter <u>did writing</u> a letter to her friend. 나의 딸은 자기 친구에게 편지를 쓰고 있었다.
→ _____

6 <u>Who did swim</u> here last night? 누가 어젯밤에 여기서 수영했니?
→ _____

7 Andrew did <u>dropping not</u> the ruler on the floor. Andrew는 자를 바닥에 떨어뜨리지 않았다.
→ _____

1 Were Ms. Dale and her son shopping at the department store? (주어를 Ms. Dale로)
→ _____

NEW **2** Did the chickens get on the roof? (How로 시작하는 의문문으로)
→ _____

3 She was putting the magazine on the desk. (과거 시제로)
→ _____

4 Where did they go? (과거진행형 의문문으로)
→ _____

1 _____ _____ _____ _____ the soup in the kitchen.

2 _____ _____ _____ _____ Olivia yesterday?

3 _____ _____ _____ the problem.

4 _____ _____ _____ a spider above the shelf.

5 _____ _____ the monkeys _____ bananas?

6 My uncle _____ _____ _____ to me last week.

7 _____ _____ _____ _____ that novel?

8 _____ _____ _____ _____ for your son?

9 Lisa's uncle _____ _____ at middle school.

10 Andrew _____ _____ _____ the ruler on the floor.

DAY 06 조동사

정답 p. 48

Step 01 괄호 안의 지시대로 문장을 바꿔 쓰세요.

1 The girl can ride a bike. (be able to를 사용해서)
➡ _____

2 The boy has to listen to his parents. (must를 사용해서)
➡ _____

3 Is your aunt going to visit France next year? (will을 사용해서)
➡ _____

4 Will Emma go to Leo's birthday party? (평서문으로)
➡ _____

NEW **5** He has to return to his country this month. (should를 사용해서)
➡ _____

6 You have to exercise regularly. (주어를 Every student로)
➡ _____

7 Eric will not learn chess. (줄임말을 써서)
➡ _____

8 Is your friend able to join us tomorrow? (주어를 Nick and Tracy로)
➡ _____

NEW **9** Are your parents going to stay in L.A.? (평서문으로)
➡ _____

NEW **10** You should drink coffee in the morning. (부정문으로)
➡ _____

1 You cannot enter that building before 9:00.

→ 너는 9시 전에는 그 건물에 _____ .

2 Is Mr. Benson able to arrive at the station at seven?

→ Benson 씨가 역에 7시에 _____ ?

3 You don't have to read the e-mail.

→ 너는 그 이메일을 _____ .

4 Mark has to finish the work right now.

→ Mark는 그 일을 지금 바로 _____ .

5 I am not able to play the piano.

→ 나는 피아노를 _____ .

6 May I use this chair?

→ 제가 이 의자를 _____ ?

7 You should eat healthy food.

→ 너는 건강에 좋은 음식을 _____ .

8 They can't take the bus in time.

→ 그들은 제시간에 버스를 _____ .

Step 03 밑줄 친 부분을 바르게 고쳐 문장을 다시 쓰세요.

NEW 1 <u>He should to exercise</u> every day for his health. 그는 건강을 위해 매일 운동해야 한다.

→ _____

2 <u>Will find you</u> another job next year? 너는 내년에 다른 직업을 찾을 거니?

→ _____

3 <u>She is to going finish</u> the work soon. 그녀는 그 일을 곧 끝낼 예정이다.

→ _____

4 You <u>must take not photos</u> in the gallery. 너는 미술관에서 사진을 찍으면 안 된다.

→ _____

NEW **5** <u>Tommy and Jane has to move</u> to another city. Tommy와 Jane은 다른 도시로 이사해야 한다.

→ _____

6 You <u>not have to fill</u> the cup with water. 그 컵에 물을 채울 필요가 없어.

→ _____

7 This monkey <u>be able to kick</u> a ball. 이 원숭이는 공을 찰 수 있다.

→ _____

NEW **8** <u>Are you to able ride</u> a horse? 너는 말을 탈 수 있니?

→ _____

Step **04** 괄호 안의 말을 사용해 문장을 완성하세요.

1 (can, speak) 나의 누나[언니]는 러시아어를 말할 수 있다.

→ _____ Russian.

2 (must, sleep) 너는 교실에서 자면 안 된다.

→ _____ in the classroom.

NEW **3** (be going to, go) 그들이 거기에 갈 예정이니?

→ _____ there?

4 (may, come) 너는 들어와도 된다.

→ _____ in.

NEW **5** (can, arrive) 나는 오늘 밤에 공항에 도착할 수 없다.

→ _____ at the airport tonight.

6 (have to, pay for) 너는 그 음식에 대해 돈을 내야 해.

→ _____ the food.

NEW **7** (may, borrow) 너는 그 책을 빌릴 수 없다.

→ _____ the book.

○ **Day 06**에서 공부한 문장 중, 10개를 듣고 써보세요.

 🎧 듣기 Mp3

1 The boy _____ _____ _____ to his parents.

2 _____ your aunt _____ _____ _____ France next year?

3 Eric _____ _____ chess.

4 _____ Nick and Tracy _____ _____ _____ us tomorrow?

5 You _____ _____ _____ coffee in the morning.

6 You _____ _____ _____ _____ the e-mail.

7 _____ _____ _____ this chair?

8 _____ _____ _____ the bus in time.

9 _____ _____ _____ another job next year?

10 _____ _____ _____ _____ in the classroom.

형용사와 부사

정답 p. 48

Step 01 우리말 뜻과 같도록 괄호 안에서 알맞은 말을 고르세요.

1 The story ended (happy / happily). 그 이야기는 행복하게 끝났다.

2 They do (little / a little) work in rainy summer.
그들은 비가 오는 여름에는 거의 일을 하지 않는다.

NEW **3** That sounds (perfect / perfectly). 그것은 완벽한 것 같아.

4 William knows (close my / my close) friends. William은 나의 친한 친구들을 안다.

5 This is a (safe / safely) boat. 이것은 안전한 배다.

6 Clara got (lot of / a lot of) honey from her grandparents.
Clara는 조부모님으로부터 많은 꿀을 받았다.

NEW **7** My family goes to Jejudo (all / every) year. 나의 가족은 해마다 제주도에 간다.

8 There are (lots of / much) cars on the road. We should be (careful / carefully).
도로에 차가 많아. 우리는 조심해야 해.

9 Mike doesn't drink (many / much) water. Mike는 물을 많이 마시지 않는다.

10 I have (a few / a little) paper in my backpack. 나는 가방에 종이가 약간 있다.

11 Basketball players can jump (high / highly). 농구 선수들은 높이 점프할 수 있다.

12 We can see (many / a few / lots of) snow in winter.
우리는 겨울에 눈을 많이 볼 수 있다.

1 hard → I _____ watch sad movies. 나는 슬픈 영화를 거의 보지 않는다.

2 busy → My wife is _____ this week. 나의 아내는 이번 주에 바쁘다.

3 favorite, my → This is _____ _____ song. 이것은 내가 가장 좋아하는 노래야.

NEW 4 sadly → I feel _____ today, but I don't know why.
나는 오늘 기분이 슬프지만, 왜 그런지를 모르겠어.

5 lot, of → _____ _____ _____ students are studying
at the library. 많은 학생들이 도서관에서 공부하고 있다.

6 largely → This _____ dinosaur did not live in Korea.
이 커다란 공룡은 한국에 살지 않았다.

7 sick → You look _____. 너 아파 보인다.

NEW 8 nicely, your → I want to meet _____ _____ friends.
나는 너의 멋진 친구들을 만나고 싶어.

1 Few a ducks are on the river. 오리 몇 마리가 강 위에 있다.
→ _____

2 Harry is an honestly man. He never tells a lie.
Harry는 정직한 사람이다. 그는 절대 거짓말을 하지 않는다.
→ _____

3 The egg smells badly. You should not eat it. 그 달걀은 냄새가 안 좋아. 너는 그것을 안 먹는 게 좋아.

→ _____

4 A lots of people enjoy fishing. 많은 사람들이 낚시를 즐긴다.

→ _____

5 I don't like sweetly food. 나는 단 음식을 좋아하지 않는다.

→ _____

6 Why are you so lately? We don't have many time. 왜 이렇게 늦었니? 우리는 시간이 많지 않아.

→ _____

Step **04** 밑줄 친 단어의 알맞은 쓰임을 고르세요.

1 Tracy dances <u>well</u>. → [Tracy를 설명 / dances를 꾸밈]

2 I have <u>bad</u> dreams every night. → [have를 꾸밈 / dreams를 꾸밈]

3 Where did you find <u>these little</u> balls? → [find를 꾸밈 / balls를 꾸밈]

4 Do you <u>often</u> send flowers to your mom? → [send를 꾸밈 / flowers를 꾸밈]

NEW **5** I feel <u>good</u> today. → [I를 설명 / today를 꾸밈]

6 The kid read <u>every</u> book on the bookshelf. → [book을 꾸밈 / 문장 전체를 꾸밈]

NEW **7** <u>Luckily</u>, I got there before the game started. → [문장 전체를 꾸밈 / I를 꾸밈]

8 My dog looks <u>sleepy</u>. → [My dog를 설명 / looks를 꾸밈]

9 Haeundae is a <u>famous</u> beach in Korea. → [Haeundae를 설명 / beach를 꾸밈]

1 They _____ _____ _____ in rainy summer.

2 _____ _____ _____.

3 Clara got _____ _____ _____ _____ from her grandparents.

4 Basketball players _____ _____ _____.

5 _____ _____ _____ sad movies.

6 _____ _____ _____ are on the river.

7 Harry is _____ _____ _____.

8 _____ are you _____ _____?

9 Do you _____ _____ flowers to your mom?

10 The kid _____ _____ _____ on the bookshelf.

정답 p. 49

Step **01** 우리말 뜻과 같도록 괄호 안의 말을 알맞게 배열하세요.

1 (books / than / are / those / these / cheaper) 이 책들이 저것들보다 더 싸다.
→ _____.

2 (not / as / mine / your hair / is / short / as) 너의 머리는 나의 것만큼 짧지 않다.
→ _____.

3 (most / grows / in my garden / quickly / this plant) 이 식물은 나의 정원에서 가장 빨리 자란다.
→ _____.

4 (as / thick / this magazine / not / Daniel's notebook / is / as)
Daniel의 공책은 이 잡지만큼 두껍지 않다.
→ _____.

5 (highest / what / mountain / is / in the world / the) 세계에서 가장 높은 산은 무엇이니?
→ _____?

6 (as / popular / the music festival / as / the World Cup / is)
그 음악 축제는 월드컵만큼 인기가 있다.
→ _____.

Step **02** 다음 문장에 들어갈 수 있는 말을 <u>모두</u> 고르세요.

1 Math is (useful / easier / more difficult) than science, isn't it?

2 The dance contest was more (important / better / exciting) than the singing contest.

3 This cheese is as (salty / expensive / more delicious) as that sandwich.

4 Your idea is more (useful / nice / fresh) than mine.

5 The answers are not as (newer / interesting / greatest) as the questions.

6 Mr. Harrison is (the wisest / honestly / the bravest) man in his village.

7 You solved the problem (most quickly / the quickly / quickly).

Step **03** 밑줄 친 부분이 옳으면 ○를 쓰고, 틀리면 ✕를 쓰고 문장을 고쳐 쓰세요.

1 That screen <u>looks more bright than</u> this.

➡ [   ]: _____

2 I always wake up <u>as earliest</u> as my grandmother.

➡ [   ]: _____

3 My room is <u>more clean</u> than my sister's room.

➡ [   ]: _____

4 Golf is <u>the most boring sport</u> for me.

➡ [   ]: _____

5 Spring in this area is <u>not as warm as</u> spring in Korea.

➡ [   ]: _____

6 Are these <u>most her favorite post cards</u>?

➡ [   ]: _____

7 I can finish the work <u>as quickly Tom</u>.

➡ [   ]: _____

1 (can run, in my class, fast, Steve) Steve는 우리 학급에서 가장 빨리 달릴 수 있다.
→ _____

2 (not, the toy, is, larger, this box) 그 장난감은 이 상자보다 더 크지 않다.
→ _____

3 (for me, eating, is, important, sleeping) 자는 것은 먹는 것보다 나에게 더 중요하다.
→ _____

4 (loud, voice, is, Ben's, Amy's) Amy의 목소리는 Ben의 것보다 더 크다.
→ _____

5 (is, of the four, heavy, the second bowl) 두 번째 그릇이 넷 중 가장 무겁다.
→ _____

6 (in this gallery, is, painting, what, good)
이 미술관에서 최고의 그림은 무엇입니까?
→ _____

7 (as, the sea, not, deep, this lake, is) 이 호수는 바다만큼 깊지 않다.
→ _____

8 (is, her dress, that dress, beautiful)
그녀의 드레스가 저 드레스보다 더 아름답다.
→ _____

NEW 9 (than, I, this week, bad, feel, last week)
나는 이번 주에 지난주보다 기분이 더 안 좋다.
→ _____

듣고 받아쓰기

○ Day 08에서 공부한 문장 중,
10개를 듣고 써보세요.

🎧 듣기 Mp3

1 Your hair _____ _____ _____ _____ _____
mine.

2 This plant grows _____ _____ in my garden.

3 What is _____ _____ _____ in the world?

4 The music festival is _____ _____ _____ the World Cup.

5 Math is _____ _____ science, _____ _____?

6 Mr. Harrison is _____ _____ _____ in his village.

7 I always wake up _____ _____ _____ my grandmother.

8 Golf is _____ _____ _____ sport for me.

9 The second bowl is _____ _____ of the four.

10 I _____ _____ this week _____ last week.

전치사와 접속사

정답 p. 50

Step 01 밑줄 친 부분이 옳으면 ○를 쓰고, 틀리면 ✕를 쓰고 바르게 고쳐 쓰세요.

1 Who is that little kid <u>before</u> Lena and Bill? → [   ]: _____
Lena와 Bill 사이에 있는 저 꼬마 아이는 누구니?

2 A blue boat is moving <u>out of</u> the river. → [   ]: _____
파란색 배 한 대가 강을 가로질러 움직이고 있다.

NEW **3** The earth moves <u>around</u> the sun. → [   ]: _____
지구는 태양 주위를 움직인다.

4 Can you borrow me some books <u>by</u> Korean history? → [   ]: _____
한국 역사에 관한 책을 좀 빌려줄 수 있니?

5 Brian's team won the first prize <u>at</u> 2021. → [   ]: _____
Brian의 팀은 2021년에 1등을 차지했다.

NEW **6** A lot of butterflies are flying <u>above</u> the fence. → [   ]: _____
많은 나비들이 울타리 위로 날고 있다.

7 The shoes factory is <u>in front of</u> the museum. → [   ]: _____
신발 공장은 박물관 옆에 있다.

8 Do you go to school <u>in</u> bus? → [   ]: _____
너는 버스를 타고 학교에 가니?

9 We should walk <u>on</u> the tunnel. It's faster. → [   ]: _____
우리는 터널을 통과해 걷는 것이 낫겠어. 그게 더 빨라.

10 We did our best <u>because</u> we lost the game. → [   ]: _____
우리는 최선을 다했지만 경기에서 졌다.

1 Are you coming to the Christmas party <u>to us</u>?

크리스마스 파티에 우리와 함께 가겠니?

➞ _____

2 You should arrive <u>for the game begins</u>. 너는 경기가 시작하기 전에 도착해야 해.

➞ _____

3 I didn't eat the cake <u>because full</u>. 나는 배가 불렀기 때문에 케이크를 먹지 않았다.

➞ _____

NEW 4 Yujin is going to take the test <u>on December</u>. 유진이는 12월에 그 시험을 볼 예정이다.

➞ _____

5 Please take three cups <u>into the box</u>. 컵 세 개를 상자 밖으로 꺼내세요.

➞ _____

6 Will you go fishing <u>but go shopping</u>? 너는 낚시하러 갈래, 아니면 쇼핑하러 갈래?

➞ _____

NEW 7 They met another engineer <u>on noon</u>. 그들은 또 다른 기술자를 정오에 만났다.

➞ _____

8 I caught a cold <u>because so cold</u> last week.

나는 지난주에 매우 추웠기 때문에 감기에 걸렸다.

➞ _____

9 What are you going to do <u>at September fifth</u>? 너는 9월 5일에 무엇을 할 거니?

➞ _____

NEW 10 Ben is going <u>with the ladder</u> so carefully. Ben은 매우 조심히 사다리를 내려오고 있다.

➞ _____

1 (remember / long ago / he / met / we / doesn't / my name)

그는 우리가 오래전에 만났기 때문에 내 이름을 기억하지 못한다.

→ _____.

2 (on the door / in / knock / you / come) 들어오기 전에 문을 노크하세요.

→ Please _____.

NEW 3 (see / the sun / the beautiful beach / you / rises / can)

너는 해가 뜬 후에 아름다운 해변을 볼 수 있다.

→ _____.

4 (Tuesday / will / I / her / on Monday / call)

나는 그녀에게 월요일 또는 화요일에 전화할 것이다.

→ _____.

5 (zebras / see / can / lions / giraffes / you)

너는 아프리카에서 사자와 기린과 얼룩말을 볼 수 있다.

→ _____ in Africa.

NEW 6 (I / loud / her voice / was / couldn't / she / hear / speaking)

그녀는 크게 말하고 있었지만, 나는 그녀의 목소리를 들을 수 없었다.

→ _____.

7 (goes / will / some bread / she / Cathy / home / buy)

Cathy는 집에 가기 전에 빵을 좀 살 것이다.

→ _____.

NEW 8 (your / wash / hands / meals) 식사 전에 네 손을 씻어라.

→ _____.

9 (leave / I'll / they / the living room / clean) 나는 그들이 떠난 후 거실을 청소할 것이다.

→ _____.

1 A blue boat is moving _____ _____ _____.

2 The earth moves _____ _____ _____.

3 Brian's team won the first prize _____ _____.

4 The shoes factory _____ _____ _____ _____ the museum.

5 We should walk _____ _____ _____. It's faster.

6 Please take three cups _____ _____ _____ _____.

7 What are you going to do _____ _____ _____?

8 I will call her _____ Monday _____ Tuesday.

9 Wash your hands _____ _____.

10 I'll clean the living room _____ _____ _____.

DAY 10 다양한 문장 형태

정답 p. 50

Step 01 밑줄 친 부분을 바르게 고쳐 문장을 다시 쓰세요.

1 <u>There are not</u> any salt in the bottle. 병 안에 소금이 전혀 없다.
→ _____

2 <u>There is</u> many toys in the box. 상자 안에 많은 장난감들이 있다.
→ _____

3 Is <u>there chance any</u> for me? 나에게 기회가 좀 있니?
→ _____

4 <u>Is there any</u> questions? 질문이 있나요?
→ _____

NEW **5** <u>There is much not</u> money in my bank account.
나의 은행 계좌에 많은 돈이 있지 않다.
→ _____

6 <u>There is a car accident</u> last Saturday. 지난 토요일에 자동차 사고가 있었다.
→ _____

7 <u>Are a lot of there</u> offices in the building? 건물 안에 많은 사무실이 있니?
→ _____

NEW **8** <u>Was there any</u> good ideas? 좋은 아이디어가 좀 있었니?
→ _____

9 <u>Is there any</u> customers at the bookstore? 서점에 손님들이 좀 있니?
→ _____

10 <u>There are any not</u> water in the glass. 컵에 물이 전혀 없다.
→ _____

1 Let's swim not at night, shall we? 밤에 수영하지 말자, 그럴래?

➡ _____

2 Let have lunch together on Sunday. 일요일에 같이 점심 식사하자.

➡ _____

NEW **3** Let's not to read the letter. 그 편지를 읽지 말자.

➡ _____

4 Try hard, but you can't win the game.
열심히 노력해라, 그러지 않으면 너는 경기에서 이길 수 없어.

➡ _____

5 Be careful, you will? 조심해라, 알았지?

➡ _____

6 Please follow me, because you will find him.
저를 따라오세요, 그러면 당신은 그를 찾을 것입니다.

➡ _____

7 Don't be afraid, will be? 두려워하지 마, 알았지?

➡ _____

Step 03 밑줄 친 부분을 바르게 고쳐 쓰세요.

1 What a dangerous road is it! ➡ _____

2 How fast runs the player! ➡ _____

3 How the stories amazing are! ➡ _____

4 How the match is exciting! ➡ _____

5 How big watermelons they are! → _____

6 What old a tree it is! → _____

7 How a sunny day it is! → _____

8 What fantastic a sky is! → _____

9 How is sweet the ice cream! → _____

10 What the an expensive chair it is! → _____

11 What high towers it is! → _____

Step **04** 우리말 뜻과 같도록 괄호 안의 말을 알맞게 배열하세요.

1 (how / is / smart / Sally) Sally는 정말 똑똑하구나!

→ _____!

2 (they / what / heavy / are / boxes) 정말 무거운 상자들이구나!

→ _____!

3 (the / how / is / kitchen / dirty) 주방이 정말 더럽구나!

→ _____!

4 (how / are / vegetables / fresh / the) 채소가 정말 신선하구나!

→ _____!

5 (this / an / what / exam / is / easy) 이것은 정말 쉬운 시험이구나!

→ _____!

듣고 받아쓰기

◎ **Day 10**에서 공부한 문장 중,
10개를 듣고 써보세요.

1 _____ _____ _____ _____ salt in the bottle.

2 _____ _____ many _____ in the box.

3 _____ _____ any _____ for me?

4 _____ _____ a car accident last Saturday.

5 _____ _____ swim at night, _____ _____?

6 Try hard, _____ _____ _____ win the game.

7 _____ _____, _____ _____?

8 _____ _____ the stories _____!

9 _____ _____ the kitchen is!

10 _____ _____ _____ exam this is!

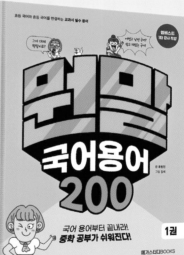